Kündigung
Abfindung
Neuorientierung

Michael Lorenz ist seit 2001 selbstständiger Unternehmensberater und Trainer der grow.up Managementberatung Gummersbach. Davor war er Geschäftsfüher der Kienbaum Management Consultants GmbH und leitete den Geschäftsbereich Human Resource Management.

Uta Rohrschneider gründete 1997 die grow.up Managementberatung. Als Managementberaterin und Trainerin berät sie in Fragen der strategischen Personalentwicklung und Diagnostik. Ihre weiteren Schwerpunkte liegen im Managementcoaching und im Training von Mitarbeitern und Führungskräften.

Stephan Wecke ist Fachanwalt für Arbeitsrecht und Partner der Anwaltssozietät Steiner Wecke & Kollegen in Gütersloh.

Michael Lorenz, Uta Rohrschneider
und Stephan Wecke

Kündigung
Abfindung
Neuorientierung

So holen Führungskräfte das Beste für sich raus

Campus Verlag
Frankfurt/New York

Bibliografische Information der Deutschen Bibliothek:
Die Deutsche Bibliothek verzeichnet diese Publikation in der
Deutschen Nationalbibliografie. Detaillierte bibliografische Daten sind
im Internet über http://dnb.ddb.de abrufbar.
ISBN 3-593-37434-X

Das Werk einschließlich aller seiner Teile ist urheberrechtlich geschützt. Jede Verwertung
ist ohne Zustimmung des Verlags unzulässig. Das gilt insbesondere für
Vervielfältigungen, Übersetzungen, Mikroverfilmungen und die Einspeicherung
und Verarbeitung in elektronischen Systemen.
Copyright © 2004 Campus Verlag GmbH, Frankfurt/Main
Umschlaggestaltung: Guido Klütsch, Köln
Umschlagmotiv: Photonica, Hamburg
Satz: Fotosatz L. Huhn, Maintal-Bischofsheim
Druck und Bindung: Druckhaus Beltz, Hemsbach
Gedruckt auf säurefreiem und chlorfrei gebleichtem Papier.
Printed in Germany

Besuchen Sie uns im Internet: www.campus.de

Inhaltsverzeichnis

Vorwort 9

1. Führungskraft: Ein mehrdeutiger Begriff 11
»Führungskraft«: Eine arbeitsrechtliche Betrachtung 11
»Leitende Angestellte« 12

2. Trennungssituationen und Abfindung 15
Erste Anzeichen rechtzeitig erkennen 16
Wenn das Unternehmen im Umbruch ist 18

**3. Kündigung: Den Schock verarbeiten und wieder
handlungsfähig werden** 32
Mit Veränderungen richtig umgehen 34

4. Kündigungsformen 57
Außerordentliche Kündigung 57
Fristgerechte Kündigung 67
Kündigung von Geschäftsführern und anderen Organen
einer Gesellschaft 78
Nach der Kündigung: Kooperation oder Konfrontation? . . . 79

5. Ihr Rechtsweg gegen eine Kündigung 89
Kündigungsschutzklage beim Arbeitsgericht 89
Feststellungsklage beim Landgericht 91

6. Wenn das Selbstbild ins Wanken gerät 94
Mein Stärken- und Schwächenprofil 97

Selbstbild versus Fremdbild 99
Bilanz ziehen: Erwartungen an den zukünftigen
Arbeitgeber 102

7. Den Überblick behalten: Prozessdokumentation 105

8. Beendigungsvereinbarungen: Strategie und Inhalte 108
Regelungen des zurückliegenden Vertragsverhältnisses 110
Nach der Beendigung des Arbeitsverhältnisses 118

9. In schwierigen Situationen richtig handeln 132
Cash-Management: Den persönlichen Lebensstandard
absichern 132
Veränderungen in der Familie meistern 136
Aus der persönlichen Haltung Energie schöpfen 137
Stress- und Belastungsmanagement: Was hilft? 141

10. Das A und O: Gesprächsstrategie und -kompetenz 147
Überzeugungskraft gewinnen 148
Ihre Verhandlungspartner 150
Die eigenen Interessen und Ziele fest im Blick 157
Verhandlungen zum Erfolg führen 169
Was tun, wenn keine Einigung in Sicht ist? 175
Das Erreichte sichern 178

11. Der Weg in die Zukunft: Frühzeitig die richtigen Kontakte knüpfen 181
Jetzt bekommt Ihr persönliches Netzwerk eine neue
Bedeutung 182
Zusammenarbeit mit dem Arbeitsamt 185
Was leisten Personalberater? 186
Das eigene Stellengesuch 191
Sich selbst vermarkten: Die professionelle Bewerbung 197
Outplacement-Beratung: Professionelle Unterstützung
bei der beruflichen Neuorientierung 201

12. Blick nach vorn: Ziele, Strategie und Planung 213

Standortbestimmung: Wo stehe ich heute? 214
Zielfindung: Was ist wirklich wichtig? 216
Vom Ziel zur Handlung 226

13. Der Arbeitsvertrag für morgen 229
Die richtige Form, der richtige Inhalt 230

14. Ausblick 235

Abkürzungsverzeichnis 237

Literaturhinweise 238

Register 240

Vorwort

»Kündigungen betreffen nur andere und schon gar nicht Führungskräfte. Auf keinen Fall mich.« Vielleicht stimmte das bis vor ein paar Jahren noch – einmal abgesehen von den Ausnahmen, die es schon immer gab. Doch die Situation hat sich gewandelt. Auch als Mitarbeiter und Führungskraft in guter und herausgehobener Position können Sie heute schnell von Kündigung betroffen sein. Stehen Sie noch am Anfang Ihrer beruflichen Karriere, ist dies vielleicht gar nicht so tragisch. Vielleicht hätten Sie früher oder später von sich aus das Unternehmen gewechselt, um bei einem anderen Arbeitgeber neue Chancen wahrzunehmen. Trotzdem ist die Kündigung durch den Arbeitgeber immer ein schwerwiegender Einschnitt und in der Mehrzahl der Fälle mit einer deutlichen persönlichen Kränkung verbunden, die erst einmal verarbeitet werden will. Wie schwer dieses Ereignis für Sie persönlich wiegt, ist zum einen von Ihrer individuellen Situation, aber auch von der gesamtwirtschaftlichen Situation und insbesondere von der in Ihrer Branche abhängig.

Mit diesem Buch wollen wir Ihnen eine effiziente und praxisorientierte Unterstützung bieten – sowohl für die relevanten juristischen Fragen als auch für die vielen persönlichen Fragen, die in einer Kündigungssituation entstehen. Wie wichtig gerade auch diese Seite ist, machen die Erfahrungsberichte der Betroffenen deutlich, die Sie in diesem Buch finden. Wir wollen Sie anregen, sich intensiv mit der Situation auseinander zu setzen, sie richtig einzuordnen und auch als Chance für eine Veränderung hin zu Neuem zu nutzen. Die arbeitsrechtlichen Beiträge sollen Sie dabei unterstützen, mögliche Fallen rechtzeitig zu erkennen, Ihre Rechte zu nutzen und die für Sie richtigen Entscheidungen zu treffen.

Wir wollen einen Beitrag dazu leisten, dass Sie mit Energie und der richtigen Selbsteinschätzung Ihre berufliche Zukunft neu gestalten. Dafür wünschen wir Ihnen viel Erfolg. An dieser Stelle danken wir Saskia Rickmeier, Ilona Lepperhoff, Catrin Grubst, Juliane Winterhagen und Andrea Osthoff der grow.up. Managementberatung GmbH und der Rechtswirtin Clarissa Braunsmann aus der Sozietät Steiner Wecke & Kollegen für ihren Einsatz und ihre Unterstützung bei der Erstellung und fortwährenden Überarbeitung der vorliegenden Texte.

Gummersbach/Gütersloh im Dezember 2003

Michael Lorenz
Uta Rohrschneider
Stephan Wecke

Kapitel 1
Führungskraft: Ein mehrdeutiger Begriff

In einer Trennungssituation wird schnell deutlich, dass Sie sich zunächst über Ihre Stellung im Unternehmen Klarheit verschaffen müssen. Für die anstehenden Verhandlungen mit Ihrem Arbeitgeber ist es von großer Bedeutung, wie Ihre Positionierung unter arbeitsrechtlicher Sicht zu bewerten ist. Führungskräfte finden wir auf den unterschiedlichsten Positionen und mit den verschiedensten Titeln. Der Titel, den Sie tragen, spielt bei der Bewertung dessen, was in Ihren Trennungsverhandlungen wichtig ist, aber keine Rolle, er sagt vor allem noch nichts darüber aus, ob etwa das Betriebsverfassungsrecht auf Sie Anwendung findet oder nicht. Vor diesem Hintergrund ist es im Grunde genommen auch unerheblich, was die gängige Wirtschafts- und Managementliteratur unter einer »Führungskraft« versteht. Wirklich entscheidend ist die arbeitsrechtliche Betrachtung Ihrer Position im Unternehmen.

»Führungskraft«: Eine arbeitsrechtliche Betrachtung

Den von Personalverantwortlichen üblicherweise verwendeten Begriff der »Führungskraft« sucht man in der arbeitsrechtlichen Begriffssystematik vergeblich. »Führungskraft« ist hier kein von der Gesetzgebung oder Rechtsprechung verwandter beziehungsweise mit Leben erfüllter Fachbegriff. Es handelt sich vielmehr um eine »unjuristische« Beschreibung eines Mitarbeiters, der, abhängig von Größe und Organisationsstruktur des jeweiligen Arbeitgebers, Führungs- und Leitungsaufgaben wahrnimmt. Vor diesem Hintergrund ist es zunächst sinnvoll, den allgemeinen Begriff der »Führungskraft« aus arbeitsrechtlicher Sicht genauer einzugrenzen und sich mit den gesetzlichen Regelungen über Mitarbeiter zu befassen, die eine leitende / führende Position in einem Unternehmen ausfüllen.

»Leitende Angestellte«

Leitende Angestellte sind gemäß der einschlägigen gesetzlichen Regelungen des Betriebsverfassungsgesetzes (§ 5 Abs. 3 BetrVG) Angestellte, die sich von den übrigen Arbeitnehmern eines Unternehmens dadurch unterscheiden, dass sie für das Unternehmen unter eigener Verantwortung typische Unternehmerfunktionen mit eigenem erheblichen Entscheidungsspielraum wahrnehmen. Aufgrund ihrer Nähe zum Status des Arbeitgebers findet deshalb das Betriebsverfassungsgesetz, das unter anderem die Kompetenz des Betriebsrates bei Kündigungen regelt, auf leitende Angestellte – soweit nicht ausdrücklich etwas anderes bestimmt ist – *keine* Anwendung Die konkrete Einstufung eines leitenden Angestellten ergibt sich aus der Bewertung des Gesetzgebers. Im Sinne des Betriebsverfassungsgesetzes (§ 5 Abs. 3 BetrVG) wird dieser wie folgt qualifiziert:

> **Leitender Angestellter ist, wer nach Arbeitsvertrag und Stellung im Unternehmen oder im Betrieb ...**
>
> – zur selbstständigen Einstellung und Entlassung von im Betrieb oder in der Betriebsabteilung beschäftigten Arbeitnehmern berechtigt ist, oder
> – Generalvollmacht oder Prokura hat und die Prokura auch im Verhältnis zum Arbeitgeber nicht unbedeutend ist, oder
> – regelmäßig sonstige Aufgaben wahrnimmt, die für den Bestand und für die Entwicklung des Unternehmens oder eines Betriebs von Bedeutung sind und deren Erfüllung besondere Erfahrungen und Kenntnisse voraussetzt.

Dabei trifft er entweder im Wesentlichen von Weisungen freie Entscheidungen oder beeinflusst sie maßgeblich; dies kann auch bei Vorgaben, insbesondere aufgrund von Rechtsvorschriften, Plänen oder Richtlinien sowie in der Zusammenarbeit mit anderen leitenden Angestellten gegeben sein.

> **Leitender Angestellter nach Betr.VG Abs. 3 Nr. 3 ist im Zweifel, wer**
>
> - aus Anlass der letzten Wahl des Betriebsrates, des Sprecherausschusses oder von Aufsichtsratsmitgliedern und Arbeitnehmern oder durch rechtskräftige gerichtliche Entscheidung den leitenden Angestellten zugeordnet worden ist, oder
> - einer Leitungsebene angehört, auf der in dem Unternehmen überwiegend leitende Angestellte vertreten sind, oder
> - ein regelmäßiges Jahresarbeitsentgelt erhält, das für leitende Angestellte in dem Unternehmen üblich ist, oder
> - falls auch bei der Anwendung von Nr. 3 noch Zweifel bleiben, ein regelmäßiges Jahresarbeitsentgelt erhält, das das Dreifache der Bezugsgröße nach § 18 des 4. Buches Sozialgesetzbuch überschreitet.

Aus dem vorstehenden Gesetzestext ist erkenntlich, dass der Gesetzgeber zusammengefasst folgende Kriterien zur Einstufung eines leitenden Angestellten festgelegt hat: Einstellungs- und Entlassungsbefugnis oder Generalvollmacht und Prokura, die auch im Verhältnis zum Arbeitgeber nicht unbedeutend ist, oder zugeordnete Aufgaben, die für den Bestand und die Entwicklung des Unternehmens oder eines Betriebes von Bedeutung sind, soweit es sich um unternehmerische Leistungs- oder Leitungsaufgaben handelt.

Sämtlichen Einzelmerkmalen zur entsprechenden Qualifizierung ist gemeinsam, dass der leitende Angestellte seine Entscheidungen im Wesentlichen frei von Weisungen treffen oder sie maßgeblich beeinflussen können muss, und ihm somit ein rechtlich und tatsächlich eigener erheblicher Entscheidungsspielraum zur Verfügung stehen muss (BAG 11.1.1995, DB 95, 1333).

Anhand der genannten Kriterien lässt sich leicht erkennen, dass die klassischen »leitenden Angestellten« im Sinne der gesetzlichen Regelungen nur einen geringen Anteil der üblicherweise als Führungskraft bezeichneten Arbeitnehmer im Unternehmen ausmachen. Dies insbesondere vor dem Hintergrund, dass für die Mehrzahl der Führungskräfte die von Gesetzgeber und Rechtsprechung geforderte wesentliche Weisungsbefugnis und Entscheidungsfreiheit hinsichtlich des Aufgabenfeldes nur in den wenigsten Fällen vollumfänglich gegeben ist. Leitende Angestellte sind mithin lediglich eine kleine Untergruppe von Arbeitnehmern, die aufgrund ihrer Nähe zum Arbeitgeber zum Beispiel nur in eingeschränkter Weise Kündigungsschutzrechte in Anspruch nehmen können. Hierauf wird in den nachfolgenden Ausführungen noch eingegangen. Der Begriff der »Führungskraft« erschöpft sich in seinem gesamten Spektrum daher sicherlich nicht in der bloßen Anbindung an die gesetzlichen Regelungen. Die Vielfalt an Positionen, Verantwortungsbereichen und Entscheidungsbefugnissen ist zu groß, um mit den gesetzlichen Regelungen für leitende Angestellte abgedeckt zu werden. In diesem Buch ist der entscheidende Rahmen für die Betrachtung aller im Trennungsprozess relevanten Handlungsoptionen aber sehr wohl der durch die Rechtsprechung gegebene. Hier müssen für eine sachliche Betrachtung der eigenen Rechte und der zu nutzenden Mittel und Wege gegenüber dem Arbeitgeber die rechtlichen und die persönlichen / psychologischen Aspekte getrennt voneinander gesehen werden. Beide können gegebenenfalls einander ergänzen, sollten aber auf keinen Fall vermischt werden. Bereits an dieser Stelle wird deutlich, wie wichtig eine kompetente arbeitsrechtliche Beratung und Unterstützung für einen erfolgreichen Trennungsprozess ist.

Kapitel 2
Trennungssituationen und Abfindung

Eine Kündigung kommt für die Betroffenen oft völlig überraschend und unvorbereitet. Das ist bitter – besonders wenn man sich zum ersten Mal in einer solchen Situation wiederfindet und man sich bis dahin sehr stark mit seinem Unternehmen identifizierte. Offenbar war man bisher doch ein geschätzter Mitarbeiter, vielleicht hielt man sich sogar für unentbehrlich. Und dennoch, nach dem ersten Schock lässt sich die vermeintliche Niederlage mit der richtigen Strategie wieder in eine neue Chance und oft sogar in eine Verbesserung der beruflichen und persönlichen Situation umwandeln.

> **H. E., Leiter Marketing:** »Wenn man sich nach der Ausbildung sorgfältig mit der Suche und Auswahl seines ersten Arbeitgebers beschäftigt hat und dann auch noch das passende Angebot bekommt, setzt man sich mit maximaler Schaffenskraft und Energie für das neue Unternehmen und natürlich auch für seinen Chef ein. Im Idealfall läuft alles gut, man bekommt umfangreichere und anspruchsvollere Aufgaben, man wird befördert, Position und Ansehen steigen. Ein erstes schockierendes Erlebnis kann sein, wenn man erlebt, wie sich das Unternehmen oder der eigene Chef von einem Kollegen trennt, man selbst aber diese Trennung nicht wirklich für gerechtfertigt hält. Im Normalfall macht man sich aber nicht allzu lange Gedanken darüber, denn die eigene Leistung (und nicht nur der Einsatz) stimmen ja. Wenn Dir aber dann aus heiterem Himmel gesagt wird, dass man sich von Dir trennen möchte, trifft einen das wie ein Blitz. Das erste Mal, als mir dies in meiner Karriere passierte, war ich völlig unvorbereitet, über-

> rascht und extrem betroffen. Das Schwierigste während dieser Zeit war, festzustellen, dass meine Expertise auf einmal gar nicht mehr gefragt war. Ich hatte einen »netten« Chef, der mir die widrige Situation erklärte und philosophische Ausführungen machte, warum in jedem Wechsel auch eine Chance liegt – im Nachhinein gebe ich ihm Recht, in der Situation selbst half es aber ziemlich wenig. Als extrem hilfreich hingegen erwies es sich, ein gutes halbes Jahr Zeit bekommen zu haben, um aus »ungekündigter Stellung« heraus die Suche nach einem neuen Job starten zu können. Das erlaubt einem – in dieser Rolle völlig ungeübt – bei der Jobsuche den Wunsch nach neuen Herausforderungen mit Zukunftsperspektive glaubhaft und wahrheitsgemäß in den Vordergrund zu stellen. Sicher stellt man bei seinem ersten Jobwechsel durchaus öfter erstaunt fest, dass sich der persönliche Marktwert schneller entwickelt hat, als man glaubte – und vor allem als auf dem alten Gehaltszettel stand. Ich realisierte bei meinem ersten Wechsel nach sechseinhalb Jahren tatsächlich fast 40 Prozent Gehaltssteigerung – okay, ein bisschen Poker war dabei.«

Erste Anzeichen rechtzeitig erkennen

Hört man den von einer Kündigung Betroffenen zu, fällt schnell auf, dass die Kündigung für fast alle letztendlich unerwartet kam. Dies auch, wenn es ausreichend viele Warnzeichen oder Hinweise im Vorfeld gab. In den Situationen ist es ein wenig wie bei schweren Erkrankungen: »Uns selber trifft es nicht – das passiert nur anderen.« Selbst wenn die Zeichen erkannt werden, heißt das noch nicht, dass sie richtig interpretiert werden – manches wollen wir oftmals einfach nicht sehen. Vielleicht, weil die Bedrohung daraus zu groß ist.

Die nachfolgenden Ausführungen sollen dafür sensibilisieren, gerade in kritischen Unternehmenssituationen auch feine Signale wahrzunehmen. Sie sollen helfen, Situationen richtig einzuschätzen und frühzeitig zu handeln. Das Schlimmste an einer »überraschenden« Kündigung ist das Gefühl, nicht mehr selber aktiv handeln zu können, ausgeliefert zu sein und nur noch reagieren, anstatt agieren zu können. Auch wenn das in Wirklichkeit so nicht ist (wie dieses Buch verdeutlichen wird), wird es subjektiv häufig so empfunden. Um aber gar nicht erst in diese unangenehme Lage zu kommen, sollten Sie sich frühzeitig auf mögliche Veränderungen hinsichtlich Ihres Beschäftigungsverhältnisses einstellen. Für Ihre berufliche Zukunft gilt: Je früher Sie wirksam handeln, desto besser.

> **H. O., Geschäftsbereichsleiter:** »In meinem ehemaligen Unternehmen gab es außer mir einen weiteren Geschäftsbereichsleiter. Als in großem Stil Entlassungen anstanden, zunächst nur auf den unteren Ebenen, wurde auch uns beiden Geschäftsbereichsleitern von der Geschäftsführung eröffnet, dass irgendwann einer von uns gehen müsse. Von dieser Ankündigung bis zur finalen Entscheidung vergingen dann circa elf Monate. Von Anfang an war mir klar, dass ich zu kurz im Unternehmen war, um mittels »Hausmacht« eine Entscheidung zu meinen Gunsten »erzwingen« zu können. Ich habe deshalb versucht, meinen zu dieser Zeit durch drohende Insolvenz sehr schwierigen Job so gut wie möglich zu machen, ohne mich jedoch mit der auf unbestimmte Zeit angesetzten Entscheidung genügend auseinander zu setzen. So hat sich auch meine berufliche Neuorientierung unnötig verzögert.«

Für die nachfolgenden Ausführungen gilt, dass nicht jedes einzelne Ereignis kritisch zu betrachten ist. Aufmerksam sollten Sie werden, wenn bestimmte Dinge häufiger passieren, wenn ein bestimmtes Vorgehen oder bestimmte Einschränkungen nur Sie betreffen. Es geht dabei eher um die Beachtung einer Häufung von bisher so nicht aufgetretenen Vorkommnissen und um die richtige Einschätzung Ihrer Situation und Positionierung, wenn diese sich im Vergleich zu Ihren Kollegen ändert. Sollte die Trennungsentscheidung durch das Unternehmen schon ausgesprochen sein, sind die nachfolgenden Ausführungen vielleicht hilfreich, um rückblickend den Verlauf noch einmal zu reflektieren und zu erkennen, wann und womit der Prozess eigentlich begonnen hat, auch wenn Sie die Ereignisse zum damaligen Zeitpunkt noch nicht so eingeschätzt haben. Eine Auseinandersetzung mit dem Verlauf des Trennungsprozesses gibt Ihnen vielleicht auch neue Einsichten oder Informationen, die Sie für die noch ausstehenden Verhandlungen mit Ihrem Arbeitgeber nutzen können.

Wenn das Unternehmen im Umbruch ist

Die aktuelle Wirtschaftslage gibt reichlich Beispiele für notwendige organisatorische Veränderungen in Unternehmen, die auch vom Personal ihren Tribut verlangen. Dies gilt für alle Hierarchieebenen, die der Mitarbeiter, der Führungskräfte und des Managements. Solche Umorganisationen und der Abbau von Personal können sich grundsätzlich aus überbetrieblichen, aber auch aus betrieblichen Gründen ergeben. Dabei können überbetriebliche Rahmenbedingungen, die zu einem Personalabbau führen, in konjunkturellen Schwankungen, in der Verschlechterung der wirtschaftlichen Situation, im Wegfall ganzer Märkte oder Teilmärkte aufgrund einer veränderten Konkurrenzsituation, aber auch in strukturellen Veränderungen, wie zum Beispiel technologische Entwicklungen oder in zunehmender Konkurrenz durch Wettbewerbsprodukte am Markt begründet sein.

Zu den betrieblichen Faktoren zählen hingegen Reorganisationen im Unternehmen, die Bereinigung der Produkt- oder Geschäftsfeldpolitik (z. B. durch die Konzentration auf Kerngeschäfte), die Anpassung der internen organisatorischen Aufstellung an veränderte Markterfordernisse, Standortverlagerungen, Betriebsstilllegungen sowie Fusionen.

Je direkter und je umfangreicher Ihr eigener Verantwortungsbereich von diesen oder vergleichbaren organisatorischen Veränderungen betroffen ist, desto sensibler sollten Sie für Zeichen sein, die darauf hinweisen, dass Sie selbst auch zu den Betroffenen personeller Konsequenzen gehören könnten. Kündigungen machen nicht vor dem Chef-Büro halt. Dies ist Führungskräften jedoch allzu oft nicht bewusst.

M. B., Vertriebsleiter: »›Ich hab' den Laden ja mit groß gemacht, da wird man mich wohl nicht rausschmeißen. Außerdem bin ich ja mit am längsten dabei, da dürfen die mich gar nicht vor die Tür setzen!‹ Das waren meine Gedanken während der finanziellen Krise bei meiner alten Firma. Dass wir als Beratungsunternehmen in den Krisenjahren 2001/2002 Personal entlassen müssen, lag auf der Hand. So sind wir auch von 125 auf 30 geschrumpft, und noch immer hat es mich nicht getroffen. Aber auch als wir noch 30 Mitarbeiter waren, war mir klar, dass diese Zahl noch zu groß ist – bei den geringen Umsätzen. Und wieder dachte ich ›Mich trifft es zuletzt. Ich gehe mit dem Kapitän von Bord, also frühestens bei Insolvenz.‹ Nun kam es aber anders und einen Tag vor dem Ablauf der kommenden Kündigungsfrist bat mich mein Chef auf ein kurzes Gespräch. Ohne Umschweife kam er auf den Punkt. Natürlich tue es ihm leid, und es sei tragisch, aber die wirtschaftliche Situation erfordert nun einmal weitere Kündigungen.«

Fragen, die die persönliche Aufmerksamkeit schärfen sollten:

- Gibt es eine Führungskraft, die den gleichen Positionsanspruch hat wie ich? Kann das Unternehmen wirklich beide beschäftigen (z. B. bei Fusionen)?
- Wie umfangreich ist der Personalabbau im Unternehmen? Inwieweit ist mein Verantwortungsbereich davon betroffen?
- Wie umfangreich ist der Personalabbau in meinem Verantwortungsbereich?
- Was bedeutet eine strategische und organisatorische Neuausrichtung für meinen Verantwortungsbereich?
- Welche Auswirkung hat die veränderte Produktpolitik auf meinen Verantwortungsbereich?
- Bleibt mein Verantwortungsbereich so, dass meine Position weiterhin gerechtfertigt und notwendig ist?
- Gibt es im Unternehmen sinnvolle Positionsalternativen für mich?

Die Situation des Unternehmens sollte aufmerksam machen. In der Regel denkt jeder in einer kritischen Unternehmenssituation »mal«

über Alternativen nach – auch wenn das noch nicht unbedingt zu einer tatsächlichen Neuorientierung führt, denn es muss Sie ja nicht treffen. Kommen nun aber zu einer kritischen Unternehmenssituation – und auch ohne diese – Zeichen hinzu, die sich ganz konkret auf Ihre Person beziehen, sollten Sie unbedingt Alternativen ins Auge fassen oder wenigstens über eine »Was-wäre-wenn-Strategie« nachdenken.

Indirekte Signale, bei denen Sie selbstkritisch hinterfragen sollten, wie gut und fest Ihre Position im Unternehmen noch ist, beziehen sich auf:

- das Kommunikations- und Informationsverhalten Ihnen gegenüber,
- den formalen Umgang mit Ihnen,
- Ihre Beteiligung an Entscheidungen und Projekten,
- die Entwicklung Ihrer internen Karriere,
- Angebote alternativer interner Positionen, die kein Aufstieg sind,
- plötzlich beginnende Anfragen von Headhuntern.

Folgt man Fischer (2001), machen Rationalisierung und Umstrukturierung zwar den Großteil von Kündigungen aus, persönliche Gründe sind aber dennoch nicht zu unterschätzen.

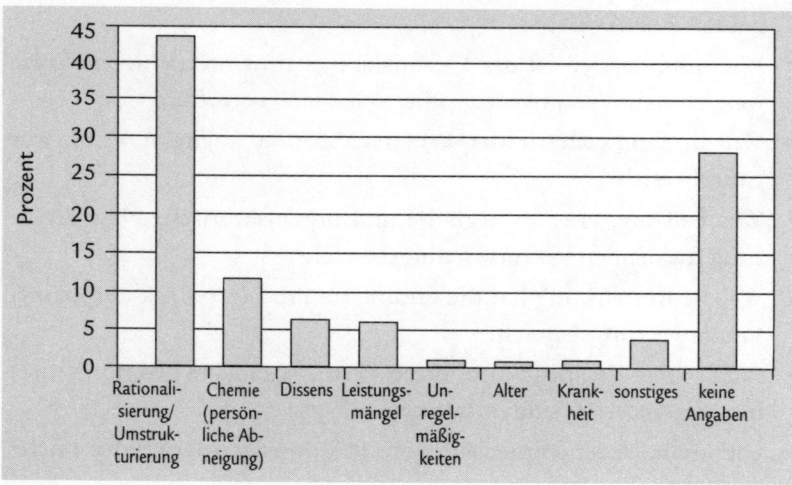

Abbildung 1: Gründe der Trennung
Quelle: Fischer, C., aus Andrzejewski, L. (2002)

Dass diese Zahlen nicht nur für die Mitarbeiterebene gelten, macht nachfolgende Übersicht der von Kündigung betroffenen Gehaltsklassen deutlich.

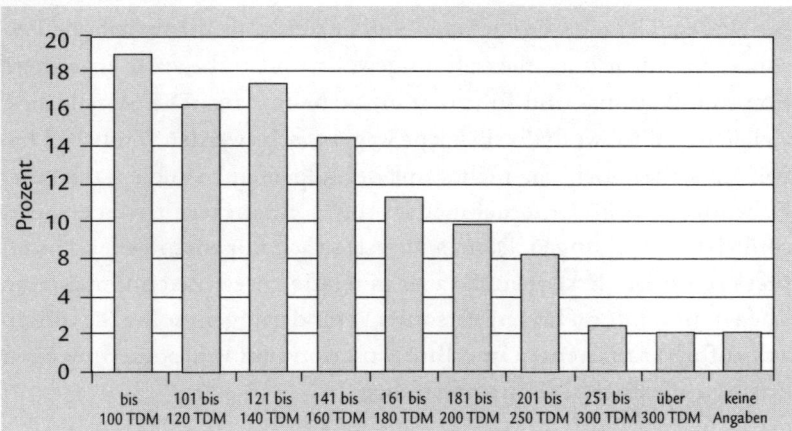

Abbildung 2: Altes Jahreseinkommen in Tausend DM
Quelle: Fischer, C., aus Andrzejewski, L. (2002)

Die Zahlen sind im Rahmen einer Dissertation (Fischer, 2001) zum Thema Outplacement erhoben worden. Sie spiegeln nur einen Ausschnitt wieder, geben aber dennoch einen guten Anhaltspunkt. Dass die genannten Trennungsgründe nicht zu unterschätzen sind, macht auch die Nennung der häufigsten Kündigungsgründe in Kapitel 2 deutlich.

Zeichen der Veränderung

Die folgenden Ausführungen sollen Sie für unterschiedliche Anzeichen von Veränderungen in Ihrem Unternehmen sensibilisieren, die auch Sie persönlich betreffen. Diese Veränderungen können – müssen aber nicht – auf eine Entwicklung hinweisen, an deren Ende für Sie die Kündigung steht.

Kommunikations- und Informationsverhalten

Hinweise darauf, dass die eigene Position nicht mehr so unumstritten stabil und sicher ist, lassen sich oft im direkten und indirekten Kommunikationsverhalten von Kollegen und Vorgesetzten Ihnen gegenüber finden. Gerade wenn jemand »mehr weiß« als die betroffene Person selber, drückt er dies oft ungewollt und unbewusst in seinem Kommunikations- und Informationsverhalten aus. Die Signale sind vielleicht subtil, weshalb sie leicht weggewischt werden. Zum Teil haben sie sicher auch gar nichts mit der allgemeinen Akzeptanz einer Führungskraft im Unternehmen zu tun, sondern resultieren aus persönlichen Beziehungen. Dann sollten sie auch nur entsprechend interpretiert werden. Erkennen Sie aber in relativ kurzer Zeit auf mehreren Ebenen und mit mehreren Personen Veränderungen, sollte Sie durchaus aufmerksam werden und Ihre Situation und Positionierung einer kritischen Selbstreflexion unterziehen.

> **S. H., Vorstand Vertrieb:** »Durch die Häufung verschiedener Veränderungen im Umgang mit meiner Person wurde mir auf einmal klar, dass man sich von mir trennen wollte. Das waren zunehmende Uneinigkeiten in Fragen der Führung bestimmter Unternehmensbereiche, zunehmende als unqualifiziert empfundene / schlecht fundierte Kommentierung der eigenen Arbeit, Einmischung anderer in eigene Projekte, mangelnde Kooperation bei bereichsübergreifenden Projekten, Nichteinhaltung von Zusagen bei der Übergabe von Teil-Tasks.«

Veränderungen auf der informellen Ebene der Information und Kommunikation sind zum Beispiel:

- Ihr Wissen und Ihr Rat ist plötzlich nicht mehr so stark gefragt. Obwohl Sie Fachmann sind, wendet man sich an andere.
- Anstatt Sie zu fragen, wendet man sich an eine Hierarchieebene über Ihnen.
- Zu Besprechungen, die Ihr Fachwissen betreffen und bei denen Sie

einen wertvollen Beitrag liefern könnten, werden Sie nicht mehr eingeladen.
- Sie hören Neuigkeiten immer »als Letzter«, fühlen sich von der Informationskette abgeschnitten.
- Gerüchte bekommen Sie erst mit, wenn sie quasi schon in der Zeitung stehen.
- Das informelle (neben dem dienstlichen) Kommunikationsverhalten verändert sich (der Chef führt nicht mehr den gewohnten privaten Plausch mit Ihnen, ist kurz angebunden, meidet Ihre Nähe und intensive Gespräche mit Ihnen. Die Kollegen haben mittags häufiger keine Zeit, Treffen nach Feierabend finden nicht mehr statt, Gespräche verstummen schon mal, wenn Sie dazu kommen – dies sind schon sehr deutliche Signale, auf die Sie achten sollten).
- Sie merken, dass Kollegen, die in der betrieblichen Bedeutungshierarchie weiter unten stehen, den Kontakt zu Ihnen intensivieren.
- Es kommt häufiger zu kritischen und konfliktären, scheinbar sachlichen Diskussionen mit Mitarbeitern, die ein bis zwei Ebenen unter Ihnen sind, zum Beispiel in Projekten (Ihre Autorität ist nicht mehr unzweifelhaft).

Formaler Umgang und Zusammenarbeit

Störungen und Erschwernisse in der Zusammenarbeit mit anderen Abteilungen und Servicebereichen können ebenfalls kritische Hinweise sein:

- Servicebereiche halten sich plötzlich sehr an formale Vorschriften und Regeln, Ausnahmen, die gestern noch möglich waren, sind heute unmöglich. Während für andere bestimmte Ausnahmen noch möglich sind, gelten bei Ihnen nur noch formale Kriterien.
- Informationen für gemeinsame Projekte kommen nur noch schleppend und verzögert.

*Einschränkungen und ungewöhnliche Entwicklungen
in der beruflichen Karriere*

Auch auffällige Verläufe der beruflichen Karriere, Versetzungsvorschläge oder die plötzliche Beschneidung Ihres bisherigen Einflussbereichs sollten Sie aufmerken lassen.

- Plötzliche vermehrte Anfragen von Headhuntern (manche Unternehmen engagieren Headhunter, die »ungeliebten« Führungskräften Angebote unterbreiten sollen, damit diese von sich aus das Unternehmen verlassen und man sich Kündigungen, Abfindung etc. erspart).
- Lange Phasen ohne Beförderung (mehr als fünf Jahre, je nach Unternehmen und Branchengepflogenheiten).
- Bei Beförderungen werden Sie aus nicht nachvollziehbaren Gründen übergangen.
- Eigene Projekte werden nicht mehr oder nur sehr schleppend bewilligt.
- Wünsche an Gehaltsanpassungen werden sehr schwierig in der Durchsetzung.
- Obwohl eine sachlich klare Notwendigkeit besteht, wird der Personalstand in Ihrem Verantwortungsbereich nicht aufgestockt.
- Es werden Ihnen Positionen angeboten, die keine Beförderung, sondern vielmehr ein Versetzen auf einen Platz sind, an dem Sie weniger Einfluss und eine geringere Wirkung haben (»kalt stellen«, »Elefantenfriedhof«).
- Es werden Ihnen Positionen angeboten, die real einen Schritt zurück bedeuten.
- In der aktuellen Position werden Verantwortung, Zugriff auf Ressourcen, Macht und Status eingeschränkt.
- Der persönliche Gestaltungsspielraum wird eingeschränkt, es werden mehr Kontrollen und Rücksprachen gefordert, auch zu Themen, die bisher eindeutig im eigenen Verantwortungsbereich lagen.

- Persönliche Privilegien, die zum Teil auch Statussymbole waren, werden zurückgenommen oder eingeschränkt (schlechter liegendes Büro, kein neues Laptop/Handy, kleinere Klasse des Dienstwagens).

Positionsveränderungen sind bei Stellenwechseln und Beförderungen auch unter arbeitsrechtlichen Aspekten genauer zu betrachten. Schnell können Sie Schutzrechte verlieren, was dann zu einer Erleichterung der Kündigung durch den Arbeitgeber führt. Gerade in kritischen Unternehmenssituationen, aber auch bei einer als kritisch zu bewertenden persönlichen Situation sind nachfolgende Aspekte zu beachten.

Vorsicht Beförderung: Arbeitsrechtliche Folgen von Positionsveränderungen

Nicht jede auf den ersten Blick als Beförderung einzustufende Positionsveränderung stellt bei genauer Betrachtung einen Vorteil für den Arbeitnehmer dar. Gerade die zwischen Personalverantwortlichen und Führungskraft unter dem Gesichtspunkt einer Beförderung einvernehmlich vereinbarte Übernahme einer Funktion in einem Tochterunternehmen bei vollumfänglichem Übergang des Arbeitsverhältnisses auf dieses Tochterunternehmen kann für Sie als Arbeitnehmer erhebliche Probleme beinhalten. Dies ist zum Beispiel der Fall, wenn:

- bei dem »neuen Arbeitgeber« aufgrund des Nichterreichens der Mindestgrenze von mehr als fünf Arbeitnehmern die Anwendbarkeit des Kündigungsschutzgesetzes nicht gewährleistet ist;
- aufgrund des Fehlens eines Betriebsrates bei einer erheblichen Personalmaßnahme die Vereinbarung eines Sozialplanes für den Arbeitgeber nicht notwendig wird.

Auch ist für einen Arbeitnehmer erhöhte Wachsamkeit geboten, wenn ihm vollkommen unerwartet und insbesondere gegenläufig zu in jüngerer Vergangenheit sichtbar anderen Tendenzen eine Beförderung auf eine Geschäftsführer- oder Vorstandsposition angeboten wird. Die Übernahme der Geschäftsführung einer GmbH bzw. die Berufung zum Vorstand einer Aktiengesellschaft beinhalten neben dem sicherlich »schmückenden Titel« und der neu gewonnenen Reputation einen sofortigen Verlust vieler, einem Arbeitnehmer zustehenden Schutzrechte. Grund hierfür ist die vom Gesetzgeber vorgegebene Eingruppierung der GmbH-Geschäftsführer und AG-Vorstände als »Organe« einer Gesellschaft. Organe verfügen über keine Arbeitnehmerstellung. Dieser mit dem Einstieg in die Geschäftsführer- bzw. Vorstandsebene einhergehende Verlust von Arbeitnehmerschutzrechten kann unter Umständen einen moralisch möglicherweise verwerflich agierenden Arbeitgeber dazu verleiten, mit einer gezielten »Beförderung« auf eine Position des Geschäftsführers oder Vorstands eines Unternehmens nach Wahrung einer gewissen Schamfrist die Kündigung des Vertragsverhältnisses auszusprechen. Mit dieser »Wertschätzung« ergibt sich für den Arbeitgeber die Möglichkeit, einen aufgrund seiner Arbeitnehmerschutzrechte möglicherweise schwer oder unkündbaren Arbeitnehmer freizusetzen. Dies kann er dann bewerkstelligen, ohne einen unter Berücksichtigung des Kündigungsschutzgesetzes nachzuweisenden Kündigungsgrund nennen zu müssen oder ohne aufgrund einer einvernehmlichen Regelung eine erhebliche Abfindung zahlen zu müssen.

Des Weiteren sollten Sie gerade bei einer bestehenden Schieflage im Unternehmen – insbesondere dann, wenn die Frage einer einvernehmlichen Beendigung mit der Geschäftsleitung bereits erörtert wurde – plötzlichen Anfragen von so genannten »Headhuntern« mit geschärfter Aufmerksamkeit begegnen. Neben dem bereits dargestellten »Wegloben« von Arbeitnehmern auf Vorstands- oder Geschäftsführerpositionen im eigenen Unternehmen besteht auch die Gefahr des »Weglobens« durch eigens hierfür engagierte Headhunter. Die Gefahr bei einem Arbeitsplatzwechsel ist, dass der im alten Vertragsverhältnis aufgebaute Schutz vor Kündigungen, die aus der Betriebszugehörigkeit bereits erwachsene Stellung, nicht »mitgenommen« wird. Als Arbeitnehmer begeben Sie sich vollkommen neu (im Hinblick auf das Kündigungsschutzgesetz besonders in den ersten sechs Monaten) und schutzlos in ein Vertragsverhältnis. Das kann heißen, dass Sie als Arbeitnehmer, aufgrund Ihrer längeren Beschäftigungszeiten beim bisherigen Arbeitgeber, über einen sehr komfortablen Kündigungsschutz, zumindest aber über lange Kündigungsfristen verfügen, nach einem Wechsel in ein anderes Unternehmen innerhalb der Probezeit aber mit einer Frist von zwei Wochen freigesetzt werden können.

Diesem Risiko können Sie begegnen und sich selbst schützen. Bei einem gezielten Abwerbungsversuch sollten Sie im Rahmen der Ausgestaltung des neuen Arbeitsvertrages eine Anwendbarkeit des Kündigungsschutzgesetzes vom Beginn des Arbeitsvertrages oder gegebenenfalls eine Verlängerung der gesetzlichen Kündigungsfristen vereinbaren. Diese Erweiterung des Kündigungsschutzes ist zulässig und bei schriftlicher Vereinbarung zwischen Arbeitgeber und Arbeitnehmer nachweisbar und wirksam.

Auch wenn die aufgezeigten Fälle sicher krasse Ausnahmen darstellen und nicht jede angekündigte Beförderung in die Position des Geschäftsführers ein Anzeichen für eine drohende Kündigung des Vertragsverhältnisses sein muss, sollten Sie trotzdem, soweit angebotene Positionsänderungen entweder zu einem Verlust der Arbeitnehmerstellung oder aber zu einem Wechsel in ein anderes Unternehmen führen, wachsam sein. Denken Sie grundsätzlich daran, im Rahmen des anzupassenden Arbeitsvertrages ein »Rückkehrrecht« in die arbeitnehmerrechtliche Position oder aber, bei Tätigkeit für ein Tochter- oder Drittunternehmen, ein Rückkehrrecht zum bisherigen Arbeitgeber zu vereinbaren.

Vertragliche Bindung

Im Hinblick auf das Erkennen erster Anzeichen für eine Personalmaßnahme stellt sich die grundsätzliche Frage, in welcher Vertragsart Ihre Beziehung als Arbeitnehmer zum Arbeitgeber geregelt ist. Handelt es sich um einen befristeten oder unbefristeten Vertrag? Soweit das Vertragsverhältnis auf einem gesetzlich zulässigen befristeten Arbeitsvertrag beruht, besteht für den Arbeitgeber ohne Vorlage eines gesonderten Kündigungsgrundes die Möglichkeit, das Vertragsverhältnis zum vereinbarten Zeitpunkt enden zu lassen, ohne dass es einer Kündigung oder einer einvernehmlichen Regelung bedarf.

Liegt ein unbefristetes Arbeitsverhältnis vor, muss der Arbeitgeber grundsätzlich zur Beendigung eine Kündigung aussprechen. Es stellt sich daher die Frage, welche Kündigungsfrist der Arbeitnehmer bei Beendigung des Vertragsverhältnisses mindestens einzuhalten hat.

Hierbei ist die von den Parteien im Arbeitsvertrag getroffene Regelung grundsätzlich verbindlich, soweit sie nicht gegen den Arbeitnehmer besser stellende gesetzliche bzw. tarifvertragliche Regelungen verstößt oder sich aus anwendbaren Tarifverträgen eine Unkündbarkeit des Arbeitnehmers ergibt.

Wenn diese Fragen für Sie geklärt sind, bedürfen weitere Punkte der Klärung.

Zunächst stellt sich für Sie als Arbeitnehmer die Frage, ob sich die im Unternehmen zu erwartenden Änderungen auf Ihr konkretes Arbeitsverhältnis auswirken oder auswirken können.

Hierbei ist zunächst zu unterscheiden, ob Sie als Arbeitnehmer von der Veränderung persönlich betroffen sind, Ihnen mithin selbst eine Kündigung oder Änderungskündigung, Versetzung oder Umsetzung droht, oder aber die Kündigung von anderen Mitarbeitern des Unternehmens sich auf Ihre arbeitsrechtliche Stellung auswirken.

Um hier eine Bewertung vornehmen zu können, sollten Sie sich zunächst die folgenden Fragen stellen:

- Wie ist meine Position im Unternehmen meines Arbeitgebers gesichert?
- Welche Rechte stehen mir zu?

Soweit im Unternehmen des Arbeitgebers mehr als zehn vollzeitbeschäftigte Arbeitnehmer beschäftigt sind und Sie als Arbeitnehmer seit mehr als sechs Monaten im Unternehmen des Arbeitgebers tätig sind, besteht für Sie der allgemeine Kündigungsschutz, der sich aus dem KSchG ergibt. Darüber hinaus besteht der Kündigungsschutz nach dem Kündigungsschutzgesetz soweit Sie in Betrieben zwischen fünf und zehn Arbeitnehmern bereits im Jahre 2003 in einem Arbeitsverhältnis gestanden haben und Ihnen aus der zum damaligen Zeitpunkt geltenden Altregelung (fünf Arbeitnehmer) Kündigungsschutz zugestanden hat.

Den Regelungen des Kündigungsschutzgesetzes ist mithin zu entnehmen, dass soweit durch personelle Maßnahmen des Arbeitgebers die Beschäftigungsstärke in der Form verändert wird, dass zukünftig die Mindestbeschäftigungszahl des Kündigungsschutzgesetzes nicht mehr erreicht wird, Sie Ihren Kündigungsschutz verlieren, ohne dass Sie die konkrete Maßnahme unmittelbar betrifft. Weitere Kündigungen können dann ohne die vom Kündigungsschutzgesetz grundsätzlich geforderte Vorlage eines Kündigungsgrundes erfolgen. Die Kündigungen sind zulässig, soweit die gegebenenfalls vertraglich oder tarifvertraglich gesondert vereinbarten Kündigungsfristen des bestehenden Arbeitsverhältnisses eingehalten werden. Es wird deutlich, dass sich Ihre Position als Arbeitnehmer durch eine Personalmaßnahme – ohne dass diese Sie unmittelbar bedroht – drastisch verschlechtern kann.

Der Vorteil einer breiten Einsetzbarkeit

Als Arbeitnehmer in einer Führungsposition sollten Sie sich grundsätzlich die Frage stellen, ob in Ihrem Unternehmen kurz- und mittelfristig Umstrukturierungsmaßnahmen und Personalreduktionen zu erwarten sind und ob sich diese auf Ihr konkretes Arbeitsverhältnis auswirken können. Dies ist zum Beispiel möglich, wenn branchenbezogen damit zu rechnen ist, dass bestimmte Produktionslinien eines Unternehmens nicht fortgeführt werden und dies in naher Zukunft zu einer endgültigen Schließung eines klar abzugrenzenden Betriebsteils führt. Liegt Ihre Tätigkeit in diesem Bereich, sollten Sie, soweit möglich, über eine Ausweitung Ihrer Einsetzbarkeit im gesamten

Unternehmen nachdenken. Eine vielseitige Einsetzbarkeit eröffnet Ihnen bei einer Betriebsteilschließung möglicherweise die Option, auch andere Positionen innerhalb des Unternehmens einnehmen zu können.

Ein möglichst breit gefächerter Einsatzbereich einer Führungskraft kann das Risiko einer Kündigung des Vertragsverhältnisses also erheblich reduzieren. Für den Arbeitgeber wird es dadurch, soweit das Kündigungsschutzgesetz zur Anwendung kommt, erheblich schwerer, den geforderten Beweis für den notwendigen Wegfall Ihres konkreten Arbeitsplatzes zu erbringen. Darüber hinaus verfügen Sie bei vielfältiger Einsetzbarkeit über eine gute Position, wenn in Ihrem Unternehmen eine umfassende Personalreduktion auf allen Betriebsebenen ansteht. In diesem Fall ergeben sich nämlich mannigfache Angriffspunkte, um die konkret ausgesprochene Kündigung des Arbeitgebers zu hinterfragen, gegebenenfalls zu Fall zu bringen beziehungsweise eine für den Arbeitnehmer akzeptable einvernehmliche Regelung mit Zahlung einer Abfindung zu erzielen.

Verfügen Sie über personenbezogene Schutzrechte?

Neben der dargestellten Positionsbewertung, die sich im Wesentlichen aus betrieblichen Merkmalen ergibt, gilt es zu prüfen, ob es in Ihrer Person liegende Schutzgründe gibt. Hierbei ist neben der Bewertung als besonderer Know-how-Träger unter anderem an gesetzliche Sonderschutzrechte unter Berücksichtigung der Regelungen für Schwerbehinderte, Mütter, Eltern sowie Mitglieder von betriebsverfassungsrechtlichen Organen zu denken. Gerade diese mit der Person des Arbeitnehmers verbundenen »Argumente« stellen bei Personalmaßnahmen des Arbeitgebers einen erheblichen Schutzfaktor für die Position des jeweiligen Arbeitnehmers dar. Sie sind zum Teil geeignet, eine beabsichtigte Personalmaßnahme des Arbeitgebers zu verhindern.

All diese Aspekte machen deutlich, wie wichtig es ist, schon vor Bekanntwerden drohender Personalmaßnahmen die eigene Position einer arbeitsrechtlichen Betrachtung zu unterziehen. Hierfür sollten Sie, soweit Unklarheiten oder Zweifel über die taktische Vorgehensweise bzw. die konkrete Einstufung Ihrer Position bestehen, in jedem Fall ein beratendes Gespräch mit einem entsprechend ausgebildeten und erfahrenen Arbeitsrechtler suchen.

Nur so können Sie vor Durchführung der Personalmaßnahme noch vorhandene Reaktionsmöglichkeiten in vollem Umfang ausschöpfen (Stellen eines Schwerbehindertenantrags, Stellen eines Antrags auf Gleichstellung mit einem Schwerbehinderten, gegebenenfalls Installation eines Betriebsrats im Unternehmen etc.).

Kündigungen erfolgen aber auch, wenn keine »rein sachlichen« Gründe vorliegen, wie das folgende Fallbeispiel zeigt.

R. B., Personalchef: »Im Jahr 2000 fusionierte die Firma, in der ich zuletzt tätig war. Die darauf folgende Umstrukturierung brachte für mich einen Vorgesetztenwechsel. Seitdem war ich einer intensiven Mobbingkampagne ausgesetzt. Als ich dann zum Beispiel sechs Wochen auf einen Termin bei meinem direkten Vorgesetzten, dem Geschäftsleiter, warten musste, fragte ich mich schon nach meinen Zukunftsperspektiven.

Zunächst habe ich mich bemüht, keinen Anlass für massive Sanktionen durch den Geschäftsbereichsleiter zu geben. Was ich in dieser Zeit erdulden musste, wünsche ich keinem anderen ... Aber ich wollte meinen Arbeitsplatz unbedingt sichern, so lange bis meine Kinder die Schule absolviert hätten. Im November 2002, unsere Firma war inzwischen von einer noch größeren gekauft worden, hab' ich mich durch die Provokation meines Vorgesetzten zu einem verbalen Konter hinreißen lassen. Dies führte dazu, dass mir die Personalabteilung 14 Tage später einen Aufhebungsvertrag anbot. Mein erster Gang war der zum Rechtsanwalt.«

Kapitel 3
Kündigung: Den Schock verarbeiten und wieder handlungsfähig werden

Gesagt zu bekommen, dass man nicht mehr gebraucht wird oder nicht mehr erwünscht ist, ist für jeden erst einmal ein »Schock«. Dies ist und bleibt es auch, wenn man bereits damit gerechnet hat oder den Schritt vielleicht sogar selbst mit initiiert hat. Die unabänderlichen Tatsachen »schwarz auf weiß« auf dem Tisch zu haben, verändert Denken, Handeln und Fühlen mit einem Schlag. Es gilt, sich einer neuen Realität zu stellen, alte Ziele aufzugeben und eine neue Orientierung zu finden. Das Selbst- und das Weltbild können heftig ins Wanken geraten – die bisherige Ordnung besteht nicht mehr.

Eine solche Trennung hat Auswirkungen auf ganz unterschiedlichen Ebenen zur Folge:

- Veränderung der sozialen Beziehung:
  Bestehende Beziehungen am Arbeitsplatz werden bedroht, können nicht mehr in gleicher Form weitergeführt werden. Möglicherweise verändern sich auch die privaten Beziehungen, wenn vertraute, bisher gemeinsame Themen verloren gehen. Auch der Punkt der sozialen Diskriminierung lässt sich sicher nicht ganz leugnen – »man gehört nicht mehr dazu«, was in manchen gesellschaftlichen Kreisen wenig Akzeptanz findet.
- Materielle Einschränkungen.
- Veränderung der beruflich-laufbahnbezogenen Ziele:
  Der angestrebte Weg ist unterbrochen und kann vielleicht nicht in der gleichen Form oder Geschwindigkeit fortgesetzt werden.

- Persönliche, psychische und physische Belastungen.
- Familiäre Belastungen.

Was von den Betroffenen meist sehr intensiv erlebt wird, ist die Erfahrung des Verlusts. Uns – und je höher die Position ist, desto mehr trifft dies zu – wird mit dem Wegfall des Jobs oftmals mehr genommen, als man sich im Vorfeld eingesteht oder auch nur vorstellen kann: Gerade in erfolgreichen Führungspositionen generieren wir stärker, als uns vielleicht bewusst ist, den Sinn unseres Handelns aus unserer beruflichen Position, aus dem Einfluss und der Verantwortung, die wir haben. Und plötzlich können wir uns nicht mehr mit dem identifizieren, was gestern noch unser Selbstbild bestimmt hat. Auf einmal ist der Dienstwagen weg. Und damit nur eines der Symbole, die unsere Position, die Status, Macht und Einfluss bisher nach außen kommuniziert haben.

Mit diesem Verlust einer Identität, die sich weitgehend der beruflichen Positionierung verdankte, stellt sich auch die Frage nach der persönlichen Zukunft auf neue Weise. An den Plänen von gestern kann nicht mehr einfach weitergearbeitet werden. Neue Ziele müssen definiert werden. Und dies ist in einer Situation des Umbruchs und der Neuorientierung eine anspruchsvolle Aufgabe, die zunächst einmal zu Verunsicherung, Orientierungslosigkeit und dem Gefühl der Bedrohung führen kann.

Bedroht wird unsere bisherige Lebensform aber auch in einer ganz pragmatischen Hinsicht. Plötzlich ist die Sicherung unseres Lebensstandards in Frage gestellt. Wenn Sie jahrelang gut oder sehr gut verdient haben, haben Sie sich einen gewissen Lebensstandard geschaffen, der auch morgen noch finanziert werden will und muss. Es gibt mehr oder weniger belastende finanzielle Verpflichtungen und mehr oder weniger komfortable finanzielle Rücklagen. Neben der persönlichen Neuorientierung steht nun also auch die Überprüfung und Regelung Ihrer finanziellen Situation auf Ihrer »To-do-Liste«.

Mit Veränderungen richtig umgehen

Es müssen gar nicht so gravierende Veränderungen in unserem Leben auftreten wie der Verlust des Arbeitsplatzes. Auch bei kleinen und viel weniger bedeutungsvollen Ereignissen reagieren wir nicht sofort mit Vernunft und Logik. Nehmen wir ein ganz alltägliches Beispiel, um den Prozess zu erklären, der sich in uns vollzieht, wenn wir vor einer plötzlichen Veränderung stehen:

Stellen Sie sich vor, Sie sind mit der Bahn auf Geschäftsreise unterwegs. Ihre Reise haben Sie so geplant, dass Sie circa eine halbe Stunde vor dem Termin am Zielort sind. Sie befinden sich am Hauptbahnhof Hannover, wo Sie umsteigen müssen. Sie warten am Bahnsteig auf den Anschlusszug nach Hamburg, der in fünf Minuten abfahren soll. Im Lautsprecher ertönt die Durchsage: »*Die Zugverbindung mit dem ICE von Hannover nach Hamburg fällt aufgrund technischer Schwierigkeiten aus.*« Mit Sicherheit reagieren Sie auf diese Ansage zunächst geschockt und sind verwirrt.

(1) Sie spüren Verunsicherung, denn Sie ahnen, dass Ihre bisherigen Annahmen und Reisevorbereitungen Ihnen in dieser Situation nichts nützen werden. In solch einem Moment neigen Sie dazu, zu resignieren oder eine Fluchtreaktion zu zeigen. In diesem ersten Moment der Lautsprecherdurchsage sinkt Ihre subjektiv empfundene Eigenkompetenz, sprich die von ihnen empfundene Kontrolle der Situation. – Sie empfinden Verwirrung und Orientierungslosigkeit.

(2) Dem Schock folgt schnell die Verneinung der Realität: »Dass mein Zug ausfällt, kann ja gar nicht sein.« Vielleicht denken Sie auch, dass es sich gar nicht um Ihren Zug handelt, obwohl Sie es ja eigentlich besser wissen. In dieser zweiten Phase des Veränderungsprozesses mobilisieren Sie schließlich zusätzliche Energie, weil Sie sich mit der Realität nicht abfinden wollen. Sie wollen die Situation wieder in den Griff bekommen. So fragen Sie zum Beispiel andere Personen, ob Ihr Zug nicht doch fährt. Durch diese Handlung steigt Ihre subjektiv empfun-

dene Eigenkompetenz, denn Sie glauben, durch Ihre Aktion die Lage wieder unter Kontrolle zu bekommen.

(3) Sie werden jedoch schnell einsehen, dass auch Ihr verstärkter Energieeinsatz beim Verneinen der Situation keinen Erfolg zeigt. – Der Zug fährt nicht. Sie beginnen jetzt, rational zu akzeptieren, dass ein Umstand sich verändert hat. »Mein Zug fährt nicht.« In dieser dritten Phase des Prozesses begeben Sie sich auf »Verneinungsschleifen«. Sie denken zum Beispiel daran, einfach den nächsten Zug zu nehmen. Anders ausgedrückt, erkennen Sie zwar die Tatsache einer Veränderung an, Sie finden aber noch keine Lösung, die Sie in dieser Situation wirklich weiterbringt, und oft sind Sie zu diesem Zeitpunkt nicht bereit, die möglicherweise notwendigen Konsequenzen in Kauf zu nehmen. In Wirklichkeit haben Sie die ursprüngliche Situation emotional noch nicht losgelassen und wollen sich und Ihre Pläne noch gar nicht ändern. Dazu werden Sie sich erst im weiteren Verlauf durchringen können.

(4) Sie stellen fest, dass Sie nicht weiterkommen und dass alles, was Sie versucht haben, nicht geholfen hat, die Situation zu ändern. Schließlich gelangen Sie zu der Erkenntnis: »Ich komme hier heute mit keinem Zug weg.« Und jetzt erkennen Sie, dass Sie das Alte erst loslassen müssen, um frei zu werden für das Neue. Diese Einsicht kann mitunter sehr schmerzlich sein. Aber nur, wenn Sie auch emotional begreifen, dass sich etwas verändern muss und Sie bereit sind, den Verlust / die Einschränkung erlebter Handlungskompetenz, Ihre Eigenkompetenz zugunsten der emotionalen Erfahrung neuer Optionen loszulassen, werden Sie aktiv darangehen, Veränderungen anzusteuern.

(5) Nachdem Sie die Situation nun auch emotional akzeptiert haben, werden Sie schnell dazu übergehen, Lösungsansätze für die veränderte Situation zu suchen. Ihnen kommt vielleicht der Gedanke, ein Taxi zu nehmen oder sich nach einer Flugverbindung zu erkundigen. Auf jeden Fall aber fangen Sie zu diesem Zeitpunkt an, die Situation aktiv umzugestalten, wodurch Ihre subjektiv empfundene Handlungskom-

petenz wieder steigt. Sicherlich werden Sie Rückschläge hinnehmen müssen, zum Beispiel wenn es keine Flugverbindung gibt. Allerdings stehen Sie in dieser Phase des Veränderungsprozesses auf dem Standpunkt, dass nur »Versuch und Irrtum Sie weiterbringen werden«.

(6) Irgendwann werden Sie eine Lösung finden, die Sie voranbringt. So können Sie sich vielleicht entschließen, mit einem Mietwagen nach Hamburg zu fahren, was Ihnen doch noch ermöglicht, Ihren Termin wahrzunehmen. Auf jeden Fall aber haben Sie in dieser Situation etwas gelernt. Sie haben eine Strategie entwickelt, um mit einer Ihnen vorher unbekannten Situation fertig zu werden, und darüber empfinden Sie Zufriedenheit.

Der gesamte Veränderungsprozess bekommt eine ganz andere Dynamik, wenn am Ende ein klar definiertes Ziel oder eine attraktive Vision steht. Beides wirkt wie ein Magnet, und man hält schwierige Phasen mit Misserfolgen deutlich besser aus, wenn man auf ein attraktives Ziel hinarbeitet. Dieser Aspekt ist gerade bei umfangreichen Veränderungen wie dem Verlust des Arbeitsplatzes sehr wichtig.

Den beschriebenen Prozess gibt Abbildung 3 wieder. Dies wird Ihnen helfen, Ihre Reaktionen auf Ihren Arbeitsplatzverlust richtig einzuordnen und zu akzeptieren. Allein die Akzeptanz Ihrer Emotionen wird Ihnen helfen, besser mit der Situation und Ihren Reaktionen darauf umzugehen.

Reaktionen auf den Arbeitsplatzverlust

Ihre ersten Reaktionen werden vielleicht Schock und Verwirrung sein, die es Ihnen schwer machen, einen klaren Gedanken zu fassen und Ihnen ein logisch durchdachtes Handeln erschweren. Sie erleben eine Ausnahmesituation, auf die auch Ihr Körper mehr oder weniger ausgeprägt reagieren kann. Schlafstörungen sind wahrscheinlich noch

Kündigung: Den Schock verarbeiten

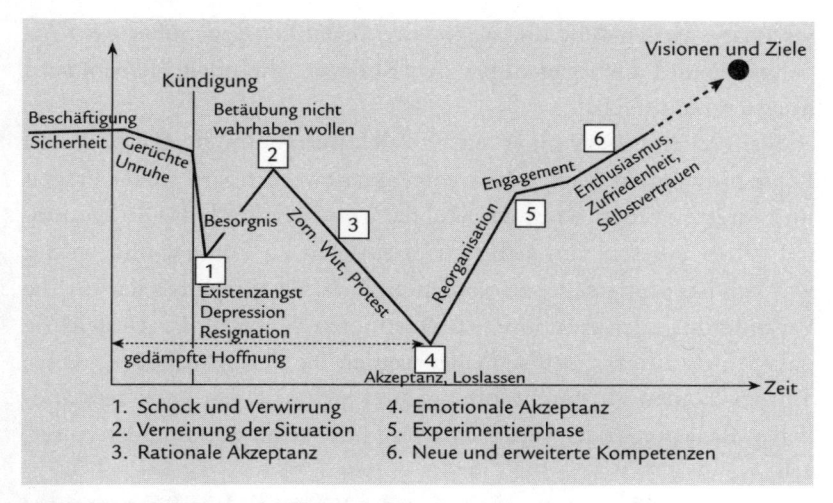

Abbildung 3: Reaktion der Betroffenen
Quelle: Fischer, C., aus Andrzejewski, L. (2002)

eine recht normale Folgeerscheinung. Ihr Selbstwertgefühl, aber auch die Einschätzung Ihrer eigenen Handlungsmöglichkeiten, sinkt in diesem Moment wahrscheinlich drastisch.

Ganz normal ist es, wenn Sie in der zweiten Phase versuchen, die reale Situation zu »verleugnen«. Wir wollen es nicht wahrhaben. Reaktionen wie: »Das wollen wir erst mal sehen ...«, »Da spreche ich mit dem ..., dann wird die Kündigung zurückgenommen«; »Das kann ja gar nicht sein, das muss einen Fehler sein, den ich aufklären werde ...« sind in dieser Phase sehr verständlich. Diese Haltung hat für uns den Vorteil, dass wir uns wieder stärker und handlungsfähiger fühlen.

Ganz allmählich werden wir uns dann aber doch darüber bewusst, dass die Situation so ist, wie sie ist, und wir fangen an, dies rein sachlich und rational zur Kenntnis zu nehmen.. Diese »Akzeptanz« findet allerdings nur im Kopf statt. Emotional akzeptieren wir die Situation noch nicht. Das führt zu »Ja-Aber-Reaktionen«, die ausdrücken, dass wir die Ereignisse noch nicht wirklich glauben. Das Selbstwertgefühl und die Einschätzung der eigenen Handlungsfähigkeit sinken in dieser Phase wieder. Wut und aggressive Gedanken gegenüber dem Arbeitgeber und auch gegenüber den Kollegen, die noch bleiben, sind nur zu verständlich.

Weitere Einbußen muss unser Selbstwertgefühl in der nächsten Phase hinnehmen. Mehr oder weniger stark werden Sie Zweifel, Fragen und Ängste erleben. Es ist das »Tal der Tränen«, durch das Sie emotional gehen müssen, um sich neu orientieren zu können und wieder wirklich handlungsfähig zu werden. In dieser Phase geht es darum, die Veränderung auch emotional zu akzeptieren. Je stärker Ihr Umfeld Sie dabei unterstützt, desto schneller werden Sie den Mut haben, dieses Tal der Tränen zu durchschreiten und sich mit den ganz verständlichen Reaktionen der Verunsicherung und Angst auseinander zu setzen.

Aus dieser Phase entwickelt sich die Einsicht, dass Sie jetzt neue Wege gehen müssen, dass Ihnen altes und vertrautes Handeln nicht mehr wirklich weiterhilft. Jetzt können Sie anfangen, Ihre Aufmerksamkeit auf die Zukunft und neue Chancen und Möglichkeiten zu richten. Ihr Selbstwertgefühl und die Wahrnehmung Ihrer Handlungsmöglichkeiten steigen wieder.

Am Ende des Prozesses stehen Sie wieder gestärkt vor Ihrem eigenen Spiegelbild. Vielleicht können Sie zurückliegende Reaktionen nun gar nicht mehr so recht nachvollziehen. Sie haben Klarheit darüber gewonnen, wie es für Sie weitergeht und sehen jetzt vielleicht auch, dass der Prozess Ihnen neben neuen beruflichen Chancen und Herausforderungen auch manche persönliche Einsicht und Erfahrung geboten hat.

Der Prozess in all seinen Etappen macht deutlich, dass der Anspruch, ihn ohne jegliche Hilfestellung zu bewältigen, sehr hoch, vielleicht zu hoch angesetzt ist. Scheuen Sie sich daher nicht, jede Hilfe, die Ihnen zur Verfügung steht, zu nutzen. Nicht nur, um Ihre Sorgen mitteilen und teilen zu können, sondern auch, um immer wieder den neutralen Blick von außen in Ihre Sicht einbeziehen zu können. Im eigenen Kopf drehen sich die Gedanken sonst oft nur in eine Richtung – im Kreis.

Das angeführte Modell der Phasen, in denen der Schock eines Arbeitsplatzverlusts verarbeitet wird, unterstützt Sie aber nicht nur, Ihr Denken, Fühlen und Handeln klarer einzuordnen und bewusst zu steuern, es hilft Ihnen auch im Umgang mit Ihrem persönlichen Umfeld. Von der Trennung sind ja nicht nur Sie betroffen. Der Kreis der direkt und indirekt Betroffenen ist deutlich größer. Da ist zuerst an Ihre Familie zu denken, Ihre Freunde, Ihre Kollegen, Ihre Kunden und andere, mit denen Sie zusammengearbeitet haben. Die nachfolgende Abbildung verdeutlicht den Kreis der Betroffenen noch einmal. Wenn Sie davon ausgehen, dass diese Personen, zumindest diejenigen, die Ihnen recht nahe stehen, auch auf die eingetretene Veränderung reagieren, werden Sie sicher manche Äußerung in der Familie, von Freunden, Geschäftspartnern oder Kollegen besser verstehen und einordnen können. In der Regel schützen wir unser »Ich« vor Bedrohungen sehr gut dadurch, dass wir »meinen«, ein unliebsames Ereignis »passiert nur anderen«. Erleben wir aber, dass eine Kündigung einem Kollegen, den wir schätzen und achten und der doch immer eine gute Positionierung im Unternehmen hatte, widerfährt, rückt auch für uns die Möglichkeit näher, selbst zum Betroffenen zu werden. Auch diese Perspektive beeinflusst die Reaktion Ihres Umfelds auf Ihre Trennung vom Unternehmen.

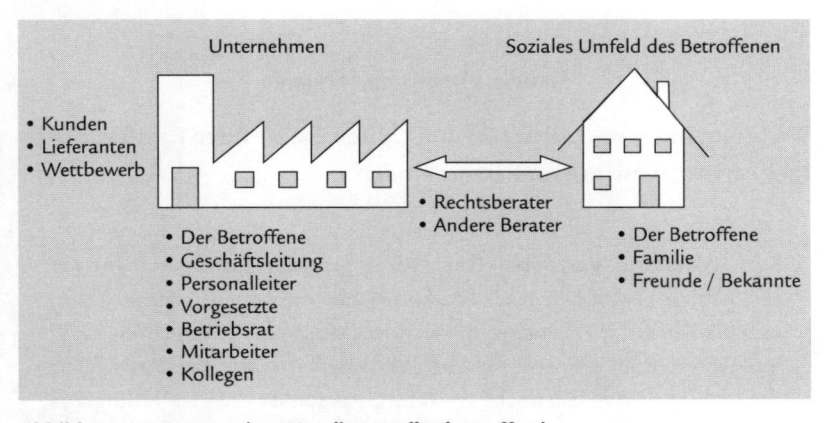

Abbildung 4: Wer von einer Kündigung alles betroffen ist
Quelle: Fischer, C., aus Andrzejewski, L. (2002)

Reaktionen, die Sie bei Ihren Geschäftspartnern erleben, können sich aus der wertvollen und geschätzten Zusammenarbeit mit Ihnen ergeben. Solche Geschäftsbeziehungen gibt niemand gerne auf. Denken Sie hier einen Schritt weiter und nach vorne: Bieten Ihnen Ihre Geschäftspartner Kontakte oder Beziehungen, die Sie für Ihre Neuorientierung oder zukünftige Zusammenarbeit nutzen können?

Den Veränderungsprozess erfolgreich meistern

Unterstützung, auf die Sie zurückgreifen können, finden Sie zum einen im privaten Bereich. Zum anderen bietet es sich an, schnell professionelle Unterstützung in Anspruch zu nehmen.

> **S. H., Vorstand Vertrieb:** »In der finalen Phase habe ich natürlich einen Anwalt hinzugezogen. Ich wusste ja aus anderen Fällen, in denen ich selbst mit zu entscheiden hatte, dass man versucht, über die Interessen des Gekündigten hinweg die Abfindung für das Unternehmen so günstig wie möglich zu gestalten. Auch Freunde und Bekannte halfen mir, die ich ohne weiteres als ›Coaches‹ nach ihrer Einschätzung bestimmter Parameter befragen konnte.«

Familie, Partner und Freunde

Wichtige und erste Unterstützung sollten Sie in Ihrer Familie, durch Ihre Partnerin oder Ihren Partner finden.

> **S. H., Vorstand Vertrieb:** »Nach Ausspruch der Kündigung war ich erst einmal geschockt. Ich habe sofort mit meiner Frau gesprochen, anschließend mit Freunden, die sich mit diesem Thema professionell auskennen. Entweder weil sie auch entlassen wurden, Personaler sind oder etwas vom Arbeitsrecht verstehen. Ich suchte die Verbindung aus emotionaler und arbeitsrechtlicher Unterstützung.«

Ihre Familie bietet das, was andere nicht in der gleichen Weise und nicht im gleichen Umfang leisten können: einen geschützten Raum, in dem man auch offen über Ängste, Wut, Verletzung, Enttäuschung und Traurigkeit reden kann. Machen Sie es nicht, wie inzwischen Hunderte von japanischen Arbeitslosen. Aus Angst, zu Hause den Verlust ihres Arbeitsplatzes eingestehen zu müssen, verbringen sie den ganzen Tag in der Tokioter U-Bahn. Schenken Sie Ihrer Familie so früh wie möglich reinen Wein ein.

Offenheit und Austausch in der Familie sind in dieser Zeit ganz wesentlich, damit Sie sich gemeinsam über sämtliche Optionen klar werden und die Zukunft neu gestalten können. Hier geht es um die Frage, welche Veränderungen die Familie zurzeit realistisch tragen kann und wie die zukünftige Lebenssituation aussehen soll und kann. Dabei müssen Sie alle finanziellen, privaten und auch beruflichen Fragen erörtern, um schließlich zu einer gemeinsam getragenen Entscheidung zu gelangen.

Bevor Sie mit Ihrer Familie an die Planung der Zukunft, die Zielfindung und die Abstimmung der nächsten Schritte gehen, sollten Sie sich gemeinsam die Zeit nehmen, die Situation in all ihren Auswirkungen – sachlich ebenso wie auf der emotionalen Ebene – zu beleuchten. Damit wird es nicht in einem einzigen Gespräch getan sein. Gerade die emotionale Auseinandersetzung und Verarbeitung der Situation braucht Zeit. Auch wird sich die Einschätzung der Situation sowohl von Ihrer Seite als auch bei Ihren Angehörigen immer wieder verändern. – Heute sind Sie frohen Mutes und voller Optimismus, und morgen fragen Sie sich vielleicht wieder voller Selbstzweifel, wie es denn nun eigentlich weitergehen soll. Heute sehen Sie die Situation ganz sachlich, und morgen spüren Sie vielleicht wieder den alten Groll und die Kränkung gegenüber Ihrem Arbeitgeber. – Nachfolgende Fragen können Ihnen helfen, die Situation gemeinsam zu betrachten und klarer einzuschätzen:

- Wer ist in welcher Form in unserer Familie und in unserem engsten Umfeld von der Kündigung betroffen?

- Wie reagieren die Kinder? Welche Reaktionen sind hier noch denkbar?
- Was sind bei wem die aktuell stärksten emotionalen Reaktionen auf die Kündigung?
- Was bereitet wem welche Angst und Sorgen?
- Sehen wir auch schon Chancen in der Kündigung, welche sind das?
- Was erscheint uns jetzt besonders wichtig, um mit der Situation und den sich daraus für alle ergebenden Belastungen richtig umzugehen?
- Welche Unterstützung und Hilfe wollen und können wir in Anspruch nehmen?

Keine Angst vor Statusverlust

U. G.: Bereichsleiter: »Da es sich bei meinem früheren Unternehmen um einen Trennungsprozess von mehreren Mitarbeitern handelte, war dieser Schritt schnell für sämtliche Mitarbeiter transparent. Ich hatte kein Problem damit, mein privates Umfeld und die Familie sofort über die Kündigung zu informieren, und das war gut so. Mein persönliches Umfeld wusste bereits Bescheid, als meine Position ›gefährdet‹ war beziehungsweise das Geschäft nicht mehr sehr gut lief. Meine Ablösung beziehungsweise meine fehlende Identifikation mit dem Unternehmen war vielen Freunden bereits lange Zeit vor dem Trennungsakt klar.«

Beim Freundes- und Bekanntenkreis ist es sicherlich richtig, darüber nachzudenken, wen Sie wann ins Vertrauen ziehen. Hier stellt sich die Frage, wer wirklich Ihre guten Freunde sind, mit denen Sie über die Situation reden möchten und von denen Sie sich auch eine konstruktive Unterstützung erwarten.

Freunde erfüllen eine andere Funktion als Ihre Familie. Partner und Kinder sind »mitbetroffen«, das heißt sie verbinden mit der Situation vielleicht eigene Sorgen. Freunde können Anteil nehmen und dabei eher in der Lage sein, neutral auf die Situation zu blicken und mögliche weitere Schritte mit Ihnen zu erörtern und zu planen. Es ist sehr nützlich, Bezugspersonen zu haben, die einem ab und an mit der Realität und den jetzt wirklich notwendigen Schritten konfrontieren, aber auch das eigene Verhalten spiegeln können. Vielleicht werden Sie dabei auch die Erfahrung machen, dass sich in schwierigen Zeiten unter den Freunden die Spreu vom Weizen trennt.

> **M. B., Vertriebsleiter:** »Ich war gegenüber meinem Umfeld sehr offen und habe vielen Leuten von meinem Jobverlust erzählt. Sofort kamen Vorschläge für neue Jobs oder Angebote, mich bei einer Selbstständigkeit zu unterstützen. Mein soziales Netzwerk (Lebenspartnerin und Bekanntenkreis) hat mir am stärksten von allem geholfen.«
>
> **R. B., Personalchef:** »Im persönlichen Umfeld habe ich sehr offen über meine Situation gesprochen. Ich habe es nicht nötig, den starken und erfolgreichen Manager zu spielen. Ich bin Opfer eines Managers geworden, dessen menschliche Kompetenz für diese Führungsposition nicht ausreicht.«

Bei Freunden ist natürlich auch der Gedanke wichtig: Wer kennt wen, und wer hat welche Erfahrungen selber schon einmal gemacht? Profitieren Sie von vorhandenen Kontakten und guten, aber auch von den weniger guten Erfahrungen.

Im Hinblick auf den weiteren Bekanntenkreis ist es sehr wohl sinnvoll, darüber nachzudenken, wem Sie unaufgefordert von der veränderten Situation berichten. Hilfreich ist es dann auch, sich in der Familie zu überlegen, was Sie auf Nachfragen antworten. Es gibt keine Verpflichtung, über einen engeren Kreis hinaus Leute ins Vertrauen zu ziehen, nur weil sie zum Beispiel in derselben Straße wohnen. Wem Sie was in welchem Umfang berichten, entscheiden Sie.

> **S. H., Vorstand Vertrieb:** »Bis auf wenige enge Vertraute, auf deren Schweigen ich mich verlassen kann, und meine Ehefrau war niemand eingeweiht. Erst nach der Aufhebung habe ich weitere Personenkreise informiert. Ich würde dies wieder genauso machen.«
>
> **M. B., Vertriebsleiter:** Mein persönliches Umfeld war sehr entscheidend. Dort habe ich sehr schnell erzählt, was mir passiert ist. Es kamen neben vielen tröstenden Worten auch echt gute Ratschläge. Ich kann nur jedem raten, die Situation, zumindest im Kreis der engen Vertrauten, nicht zu verheimlichen. Alle anderen geht die Sache zunächst einmal nichts an.«
>
> **F. K., Leiter Organisationsentwicklung:** »Ich habe nur mit ausgewählten wenigen Vertrauten das Thema besprochen. In der Nachbarschaft sagte ich, dass ich mich entschlossen habe, mich selbstständig zu machen – was ja auch stimmt –, um komischen Fragen und Gesprächen aus dem Weg zu gehen.«

Sich selbst mit der Situation arrangieren

> **F. K., Leiter Organisationsentwicklung:** »Wichtig war zunächst, mit der eigenen Verletztheit nicht die ganze Welt zu behelligen, sondern sich erst einmal langsam mit Unterstützung des engsten Freundeskreises zu sortieren, um danach mit vertrauten Profis an den Arbeitsmarkt zu gehen.«

Die Ausführungen zum Veränderungsprozess haben bereits deutlich gemacht, dass Sie sich selbst etwas Zeit geben sollten, sich in die veränderte Situation einzufinden. Hinsichtlich der Zeit, die Sie jetzt haben, kommt es darauf an, sie möglichst gewinnbringend für sich zu nutzen. Dabei sollten Sie unterscheiden zwischen:

- Zeit für sich selbst,

- Zeit für professionelle Beratung,
- Zeit für Planung und Kontakte,
- Zeit für Bewerbungen und Vorstellungsgespräche.

Zeit für sich selbst ist auch die Zeit, die Sie brauchen, um die neue Situation sowie die damit verbundene Kränkung zu verarbeiten und sich auf den künftigen Veränderungsprozess einzustellen.

> **H. E., Leiter Marketing:** »In den Monaten der Suche nach einem neuen Job musste ich erkennen, dass sie doch tief saß, die Verletzung, dass man mich ein zweites Mal ›herauskomplimentiert‹ hatte. Ich werde nie das Gespräch mit einem sehr renommierten Headhunter vergessen, der mir aus seiner persönlichen Erfahrung berichtete und sagte, dass er selbst in der Situation drei Monate gebraucht hätte, um aussprechen zu können, dass man ihn ›rausgeschmissen‹ hätte. Genauso ist das – und ich glaube, es ist extrem wichtig, ganz sorgsam zu sondieren, was man selbst dazu beigetragen hat, dass die Entscheidungsträger im Unternehmen es für besser gehalten haben, dass man die Firma verlässt.«

Im Leben beruflich sehr stark engagierter Menschen gibt es immer Themen, Interessen und Bereiche, die zu kurz kommen. Die Zeit, die Sie jetzt haben, können Sie auch für diese Dinge nutzen. Dabei geht es durchaus darum, sich selber etwas Gutes zu tun und sich Spaß und Freude zu bereiten, auch um diese Zeit der Neuorientierung mit positiven Aktivitäten zu verbinden.

- Wollten Sie vielleicht schon lange mal eine bestimmte Reise nur mit Ihrem Partner / Ihrer Partnerin machen?
- Wollten Sie vielleicht schon immer mal wieder mehr Sport machen?
- Haben Sie sich nicht immer mehr Zeit für Ihre Kinder gewünscht?

- Haben Sie nicht immer beklagt, dass Sie zu wenig Zeit für ... haben? Jetzt haben Sie die Zeit – nutzen Sie sie, und betrachten Sie sie als kleines Geschenk.

Sie werden schnell feststellen, dass die Neuorientierung viel Zeit in Anspruch nimmt. Sie werden mit vielen Leuten – Beratern, Netzwerkpartnern, Firmenvertretern – sprechen. Sie brauchen Zeit für Ihre persönliche Bilanz und Zielfindung (siehe Kapitel 12), und auch Bewerbungen wollen, wenn sie gut und überzeugend sein sollen, perfekt vorbereitet sein (siehe Kapitel 11). Diese Zeit ist gut investiert, sie ist das Fundament für Ihre Zukunft.

Professionelle Unterstützung

Viele Fragen, die sich in der aktuellen Situation stellen, werden Sie ohne professionelle Unterstützung nicht erfolgreich beantworten können. Ganz oben auf der Liste steht dabei sicher die rechtliche Beratung. Hierbei geht es einfach darum, arbeitsrechtlich richtig zu handeln und die für Sie bestmögliche Vereinbarung mit dem Arbeitgeber zu treffen. Aber auch andere Formen der Unterstützung sollten Sie nicht ohne Prüfung des persönlichen Nutzens vorschnell als nicht notwendig verwerfen. Prüfen Sie sorgfältig, wer Ihnen in welchem Umfang helfen kann:

- Rechtsanwalt (Fachanwalt für Arbeitsrecht),
- Persönliches Coaching,
- Outplacement-Beratung (siehe Kapitel 11),
- Zusammenarbeit mit Personalberatern und Headhuntern (siehe Kapitel 11).

Den richtigen Rechtsanwalt finden

> **M. B., Vertriebsleiter:** »Ich habe schon zwei Tage nach der Kündigung einen Fachanwalt für Arbeitsrecht aufgesucht. Wichtig ist, dass sich ein Anwalt auf diesem Gebiet bestens auskennt. Mir war klar, dass ich dadurch eine bessere Verhandlungsposition für eine Abfindung gewinne. Natürlich ist im Verlauf der Verhandlungen auch darauf zu achten, dass der Anwalt nicht versucht, mit juristischen Spitzen unnötig zu eskalieren und von vornherein auf Konfrontationskurs zu gehen.«

Bei Rechtsanwälten ist es nicht anders als in anderen Berufsgruppen. Nicht jeder kann alles, und nur weil jemand Jura studiert hat, beherrscht er noch längst nicht alle Rechtsgebiete. Wenn Sie juristische Unterstützung in Arbeitsrechtfragen benötigen, sollten Sie nach einem Fachanwalt für Arbeitsrecht suchen. Vielleicht hat auch in Ihrem Bekanntenkreis jemand schon Erfahrung mit kompetenten Rechtsanwälten gemacht und kann Ihnen eine Empfehlung geben.

Bevor Sie einen Kontrakt mit einem Rechtsanwalt schließen, sollten Sie anhand einer Checkliste die folgenden Fragen prüfen, die Ihnen eine Orientierung bei der Wahl des für Sie richtigen Anwalts geben.

Was muss ich bei der Auswahl eines Rechtsanwaltes beachten?	Ja	Nein	Anmerkung
Ist er Fachanwalt für Arbeitsrecht?			
Hat er Erfahrung in der Vertretung von ähnlichen Klienten?			
Hat er ähnliche Fälle schon erfolgreich bearbeitet? Kann er das dokumentieren?			
Wie viele ähnliche Fälle hat er schon bearbeitet?			
Wie lange arbeitet er schon in diesem Bereich?			

Gibt es Beziehungen zu dem Unternehmen, gegen das Sie sich vertreten lassen wollen?			
Kann er juristische Sachverhalte für den Laien übersetzen, drückt er sich verständlich aus?			
Ist der Rechtsanwalt vom Preis her akzeptabel? Liegt er mit den Erstberatungskosten im Durchschnitt? (Einfache Beratungstätigkeit ca. 100 bis 200 €, Seniorpartner in einer grossen Law-Firm, mehr als 100 Anwälte, auch über 400 € pro Stunde.)			
Klärt er Sie über die Kosten auf?			
Ist das Erstberatungsgespräch gut verlaufen?			
Gibt er Ihnen die nötige Transparenz über den Verlauf?			
Bietet er Lösungsansätze und realistische Ziele?			
Entwickelt er zügig eine Strategie zum besten Vorgehen in Ihrer Situation? (Anwälte, die von vornherein zur gerichtlichen Auseinandersetzung raten, sind oft unsicher.)			
Erläutert er Ihnen Ihre Chancen auf Erfolg?			
Haben Sie sich bei dem Rechtsanwalt gut aufgehoben gefühlt? (Stimmt die »Chemie«?)			
Nimmt sich der Rechtsanwalt für die Erstberatung sowie für die folgenden Beratungen genügend Zeit?			
Werden Zusagen und Absprachen zeitnah umgesetzt?			
Hält er Termine ein?			
Ist er gut zu erreichen?			
Wirkt er souverän und fachlich kompetent?			

In der Zusammenarbeit mit einem Rechtsanwalt geht es um die Durchsetzung Ihrer Interessen gegenüber Ihrem Arbeitgeber. Im ersten Schritt gilt es zu prüfen, welche Möglichkeiten Sie überhaupt haben und ob Sie Ansprüche wie zum Beispiel eine Abfindung geltend machen können. Im zweiten Schritt geht es um die Festlegung der Strategie und um die Klärung der Art und Höhe Ihrer Ansprüche. Allein die Art und Höhe der Abfindungsbestandteile und die Gestaltung der Zusammenarbeit bis zur Beendigung Ihres Arbeitsvertrags ist so facettenreich und kann so viele im Vorfeld schwer einschätzbare juristische und steuerliche Folgen haben, dass Sie auf eine professionelle Beratung nicht verzichten sollten. In Kapitel 8 finden Sie die Aspekte, auf die Sie unter arbeitsrechtlichen Gesichtspunkten bei Ihren Abfindungsvereinbarungen achten müssen.

M. B., Vertriebsleiter: »Schon vor der Kündigung sollte man ›fachmännischen Rat‹ zu der Frage einholen, ob man überhaupt kündbar ist. Die Investition in eine professionelle Beratung, auch wenn sie nur ein bis zwei Stunden umfasst, ist vollkommen gerechtfertigt, um erst einmal die Sachlage zu klären. Darüber hinaus würde ich darauf achten, dass der Anwalt sich intensiv mit dem Fall beschäftigt (zum Beispiel den Arbeitsvertrag in allen Details gründlich prüft).«

F. K., Leiter Organisationsentwicklung: »Ein beratender Anwalt im Hintergrund hilft zu vermeiden, sich selbst juristische Eigentore zu schießen und kann rechtzeitig – falls die Situation eskaliert – kompetent eingreifen.«

U. G., Bereichsleiter: »Wenn der Arbeitsrechtler auch andere Klagen gegen den ehemaligen Arbeitgeber betreut, wie dies bei mir der Fall war, ist das nur von Vorteil. Er kennt die Situation des Unternehmens aus der Perspektive mehrerer Kläger und kann sich intensiver mit der Materie befassen.«

Die Zusammenarbeit mit einem Rechtsanwalt erfolgt zunächst nicht mit der Zielsetzung, gegen Ihren Arbeitgeber zu klagen. Es geht erst einmal darum, zu prüfen, ob die Kündigung rechtmäßig ist, also bei Zugrundelegung aller arbeitsrechtlichen Vorschriften vor Gericht Bestand hat. Ist die Kündigung mit einem Abfindungsangebot verbunden, geht es darum, zu prüfen, ob das Angebot Ihres Arbeitgebers der rechtlichen Situation gegenüber angemessen ist. Es ist verständlich, dass ein Arbeitgeber nicht gleich mit der maximalen Leistung an Sie herantritt. Deswegen müssen Sie unter Beachtung aller Fakten klären, was möglich ist, um in Verhandlungssituationen mit dem Arbeitgeber gezielt argumentieren und verhandeln zu können. Ein Rechtsstreit sollte erst dann angestrebt werden, wenn auf anderem Wege keine Lösung erzielt werden kann. Die Ausführungen in diesem Buch machen deutlich, dass das Arbeitsrecht sehr komplex ist und wir mit »gesundem Menschenverstand« bei Verhandlungen mit dem Arbeitgeber nicht sehr weit kommen werden. Adressen von Fachanwälten für Arbeitsrecht finden Sie zum Beispiel unter:

- www.anwalt24.de,
- www.deutscher-anwaltssuchdienst.de,
- www.rechtsanwaltsuche.de,
- www.rechtsanwalt.com,
- www.anwalt-suchservice.de,
- www.anwaltverein.de,
- www.dav.de.

Auf diesen Seiten können Sie aus den verschiedenen Fachbereichen das Arbeitsrecht auswählen und erhalten eine Liste mit spezialisierten Rechtsanwälten.

Persönliches Coaching

Persönliches Coaching kann für Sie in vieler Hinsicht von Nutzen sein. Je nachdem, wo Sie Ihren persönlichen Schwerpunkt setzen, können Sie Ihre individuelle Situation, Ihre persönliche Entwicklung, aber auch Ihre berufliche Karriere und Entwicklung in den Vordergrund rücken. Zum Teil kann ein Coach sicher auch Aspekte einer Outplacement-Beratung mit übernehmen, wenn er über das entsprechende Kompetenzprofil verfügt.

Unter »Coaching« verstehen wir die zeitlich befristete Begleitung von Führungskräften mit dem Ziel, einen persönlichen Entwicklungsprozess anzustoßen und, soweit erforderlich, zu unterstützen. Dabei vereint das Coaching die intensive Reflexion des eigenen Verhaltens, die Erarbeitung von neuen, veränderten Verhaltensstrategien sowie dort, wo hilfreich und zielführend, das direkte Trainieren von Kompetenzen und die Wissensvermittlung. In einer Trennungs- und Neuorientierungssituation kann die persönliche Karriereberatung, das gemeinsame Erarbeiten eines Kompetenzprofils und die Entwicklung einer Karrierestrategie ebenso Bestandteil des Coachings sein.

> **F. K., Leiter Organisationsentwicklung:** »Ein guter Coach hilft, sich zu schützen, klar zu bleiben, sich besonnen zu verhalten und die eigene Situation, die des Unternehmens und der handelnden Personen zu verstehen.«

Gehen Sie mit den richtigen Erwartungen an ein Coaching heran – Coaching ist immer Hilfe zur Selbsthilfe. Der Coach soll Sie dabei unterstützen, Ihre potenziell vorhandenen Eigenschaften und Fähigkeiten sichtbar und nutzbar zu machen: Es geht also darum, Sie darin zu begleiten, zu einem zielführenden, zukunftsorientierten Verhalten zu finden. Gerade in der für Sie bestehenden Veränderungssituation spielt hierbei die Veränderung des eigenen Blickwinkels eine große Rolle. Durch Gespräche und Anregungen gewinnen Sie eine andere Einstellung zu problematischen Situationen und zu den eigenen Möglichkeiten. Dadurch können Sie mit mehr Kraft auf Ihre Ressourcen zurückgreifen und Dinge aktiv in Ihrem Sinne gestalten.

Coaching ist eine ziel- und ergebnisorientierte Beratungsleistung.

Das von Ihnen definierte Ziel ist sozusagen der »Fixstern« für den Prozess. Und dafür bietet Coaching ein sehr intensives Arbeits- und Entwicklungssetting, welches schneller zur Erreichung der gewünschten Ziele führt, als dies zum Beispiel in einem Training möglich wäre. Im Coaching arbeiten Sie immer und ausschließlich an den für Sie relevanten Themen, Problemen und Fragestellungen. In diesem Sinne erstellen Sie gemeinsam mit dem Coach einen »Fahrplan« für die Zusammenarbeit. Der Plan beschreibt alle notwendigen Aktivitäten, Etappenziele sowie den zeitlichen Ablauf.

Keine gute Idee ist es, sich im Rahmen des Trennungsprozesses zu einem Coaching verpflichten zu lassen oder einen Coach zu akzeptieren, der Ihnen »vorgegeben« und persönlich nicht sympathisch ist. Ein erfolgreicher Coaching-Prozess setzt voraus, dass Sie freiwillig und mit eigener Motivation das Coaching machen. Sie müssen im Coaching eine wirksame und geeignete Form der Unterstützung für sich selber sehen, gerade weil ein Coaching eine vertrauensvolle Beziehung zwischen Ihnen und Ihrem Coach voraussetzt. Die Chemie muss stimmen.

Den richtigen Coach finden

Die Auswahl eines Coachs ist nicht immer ganz leicht. Wenn Sie im Internet oder auch nur im Telefonbuch schauen, werden Sie schnell eine ausreichende Anzahl finden. Die Entscheidung für einen passenden Coach ist aber nur durch das persönliche Gespräch möglich. Sprechen Sie ruhig mit Coachs, die Sie vom Unternehmen oder durch Bekannte empfohlen bekommen. Wichtiges Auswahlkriterium sind zum einen die fachliche Basis und Kompetenz (seine Seriosität), zum anderen die persönliche Passung zwischen Ihnen beiden. Schwarze Schafe finden Sie überall, und eine standardisierte Ausbildung zum Coach gibt es nicht.

Der erste Schritt liegt für Sie in der Klärung Ihrer Ziele an ein Coaching:

- Bearbeiten und Klären der persönlichen Situation und Betroffenheit;

- Erarbeiten eines aktuellen Kompetenzprofils, Erhalten von Feedback zu Stärken und Schwächen;
- Training und Weiterentwicklung bestimmter Kompetenzfelder;
- Klären der beruflichen Ziele und Perspektiven, Entwickeln einer Karrierestrategie;
- Unterstützung bei der Neuorientierung;
- Vorbereitung und Unterstützung im Bewerbungsprozess.

Beantworten Sie folgende Fragen für sich:

- Was ist mein primäres Anliegen für das Coaching?
- Was soll sich nach dem Coaching verändert haben?
- An welchen Kompetenzen, Verhaltensweisen will ich arbeiten? Was will ich hier lernen?

Im zweiten Schritt geht es darum, im ersten Kontakt herauszufinden, ob der Coach für Sie der richtige Sparringspartner ist. Es ist unerlässlich, sich einen guten und umfassenden Eindruck von ihm als Person und von seinen Kompetenzen zu verschaffen. Nachfolgende Fragen helfen dabei:

- Ist Ihnen der Coach grundsätzlich sympathisch, wirkt er auf Sie vertrauensvoll?
- Hat er eine psychologische Ausbildung oder Weiterbildung?
- War er selbst in der Industrie / Wirtschaft tätig, um Ihre Anliegen richtig verstehen zu können?
- Verfügt er über Führungserfahrung, kennt er die berufliche Praxis aus eigener Erfahrung?
- Verfügt er über langjährige Coachingerfahrung?
- Deckt sein Kompetenzspektrum Ihre Erwartungen ab (Bearbeiten der persönlichen Betroffenheit, Karrierestrategie, Kompetenzerweiterung etc.)?
- Kennt er Ihre Branche (nicht in jedem Fall notwendig)?
- Hat er Sie ausführlich zu Ihren Zielen, Erwartungen und Wünschen an das Coaching befragt?

- Ist die Beratung transparent, das heißt, werden Ziele, Erwartungen, Vorgehensweise und Zeitplan abgesprochen?
- Verhält sich der Coach professionell hinsichtlich Auftragsabwicklung und -abrechnung?
- Enthält der Vertrag zwischen Ihnen und Coach eine Verschwiegenheitsklausel?
- Kommt Ihnen die Termingestaltung (Flexibilität, Abstände zwischen den Terminen, Dauer der Termine etc.) entgegen?
- Steht der Coach Ihnen auch außerhalb der offiziellen Termine für Fragen und Anliegen in Form telefonischer Beratung oder auch per E-Mail zur Verfügung?

Wenn Sie sich völlig neu auf die Suche nach einem Coach begeben, können folgende Vermittlungsstellen eine Hilfestellung sein:

- www.coach-profile.de
  Auf dieser Homepage können Sie auf zwei Wegen einen Coach finden. Man kann die Suche über eine geographische Landkarte beginnen oder aber eine Detailsuche mit Hilfe von Auswahlkriterien starten. Die Kompetenzen und weitere Informationen zur Person sowie die Kontaktdaten erscheinen dann.

- www.coach-datenbank.de
  Ist von dem gleichen Herausgeber wie die obige Homepage, doch finden Sie hier andere Coachs. Auf dieser Seite befinden sich weitere Dienste zum Thema »Coach«.

- www.coachingportal.de
  Auf dieser Homepage der Deutschen Psychologen Akademie können Sie über den Button »Coachsuche« den gewünschten Themenbereich sowie die Erfahrungshintergründe des Coachs abfragen.

- www.coachfinder.de/coachfinder/index.php
  Nach dem Motto »Strategien für Arbeiten, Leben und Zeit gestalten« können Sie auf dieser Homepage nach einem für Sie passenden Coach suchen. Mit dem Button »Coachfinder« finden Sie je

nach Bundesland, Geschlecht des Coachs und dem für Sie passenden Arbeitsfeld Adressen von für Sie passenden Personen.

- www.eca-coach-finder.de
Die European Coaching Association e.V. ist ein europaweit vernetzter Verbund professioneller Coaches. Hier müssen Sie sich jedoch zuerst registrieren lassen, um auf die Coachdatenbank zugreifen zu können.

Der Coachingprozess

Alle Fragen zum Coaching selbst werden ebenfalls im Vorgespräch geklärt:

- Klären Ihrer Erwartungen an das Coaching,
- Klären Ihrer Ziele für das Coaching,
- Klären der Leistungen des Coachs für Sie,
- Absprache des Vorgehens und des Umfangs des Coachings.

Der Verlauf und die Dauer des Coachings sind von Ihrer persönlichen Situation und Ihren Ziele abhängig. Sehr konkrete Fragen können sicher im Rahmen weniger Treffen geklärt werden, da Sie, unterstützt durch den Coach, bei einem klar umrissenen Problem in relativ kurzer Zeit eine Lösung oder eine veränderte Verhaltensstrategie entwickeln können.

Wünschen Sie sich eher einen längerfristigen Sparringspartner, wird ein entsprechender Rahmen vereinbart. In der Regel wird zu Beginn ein gewisses Kontingent an Stunden oder Terminen angesetzt. Grundsätzlich sollte aber die Vereinbarung gelten, dass das Coaching an dem Punkt endet, wo Sie der Überzeugung sind, dass Sie die notwendige Unterstützung erhalten haben und Ihren Weg jetzt allein weitergehen können. Vielleicht ist das für Sie der Zeitpunkt, an dem Sie eine neue Position gefunden haben. Vielleicht entscheiden Sie sich aber auch, sich beim Einstieg in ein neues Unternehmen durch Ihren Sparringspartner begleiten zu lassen. Dies hängt sicher davon ab, wie wertvoll das Coaching für Sie ist, ist aber auch eine finanzielle Frage.

Wenn Sie ein Coaching vom Unternehmen finanziert bekommen, wird das Ihnen dafür zur Verfügung stehende Budget irgendwann aufgebraucht sein, und Sie müssen entscheiden, ob Sie den Coach privat weiterfinanzieren wollen. Bedenken Sie immer – Coaching ist eine Begleitung auf Zeit und sollte nicht zum Dauerzustand werden.

Üblicherweise stimmen Sie die Abfolge der Termine bereits am Anfang mit dem Coach ab. Oft ist es hilfreich, zu Beginn die Termine etwas näher zusammenliegend zu wählen, wenn in der Regel auch ein größerer Gesprächsbedarf besteht. Es empfiehlt sich, wöchentliche oder zweiwöchentliche Termine zu vereinbaren. Die Abstände zwischen den Terminen können im Verlauf des Coachings vergrößert werden oder sich auch nach Ihrem aktuellen Bedarf richten. Hilfreich ist es, für aktuelle Themen telefonische Termine mit dem Coach zu vereinbaren.

Häufig werden für ein Coaching Termine von circa zwei bis drei Stunden vereinbart. Zum Teil sind aber auch, gerade am Anfang, ganztägige Termine hilfreich. Hier haben Sie dann die Chance, zum Beispiel eine umfassende »Bestandsaufnahme« zu machen, ein Kompetenzprofil zu erarbeiten, eine Karrierestrategie zu entwickeln oder auch bestimmte Kompetenzen zu trainieren.

Kapitel 4
Kündigungsformen

Liegt Ihnen die Kündigung in schriftlicher Form (Formvorschrift, § 623 BGB, eine mündliche Kündigung ist nicht wirksam) vor, müssen Sie, wenn Sie den ersten Schock überwunden haben, zunächst die Frage klären, welche Art von Kündigung der Arbeitgeber ausgesprochen hat. Die in Betracht kommenden Kündigungsformen unterscheiden sich sowohl unter Berücksichtigung der Kündigungsfristen (außerordentliche / fristlose beziehungsweise fristgerechte Kündigung) als auch im Hinblick auf die Kündigungsgründe (verhaltensbedingte / personenbedingte / betriebsbedingte Kündigung). Die Art der Kündigung ist ausschlaggebend für Ihr weiteres strategisches Vorgehen.

Außerordentliche Kündigung

Die Voraussetzungen zur außerordentlichen / fristlosen Kündigung sind im bürgerlichen Gesetzbuch unter § 626 BGB geregelt.

> **§ 626 BGB Fristlose Kündigung aus wichtigem Grund:**
>
> (1) Das Dienstverhältnis kann von jedem Vertragsteil aus wichtigem Grund ohne Einhaltung einer Kündigungsfrist gekündigt werden, wenn Tatsachen vorliegen, aufgrund derer dem Kündigenden unter Berücksichtigung aller Umstände des Einzelfalls und unter Abwägung der Interessen beider Vertragsteile die Fortsetzung des Dienstverhält-

> nisses bis zum Ablauf der Kündigungsfrist oder bis zu der vereinbarten Beendigung des Dienstverhältnisses nicht zugemutet werden kann.
> (2) Die Kündigung kann nur innerhalb von zwei Wochen erfolgen. Die Frist beginnt mit dem Zeitpunkt, in dem der Kündigungsberechtigte von den für die Kündigung maßgebenden Tatsachen Kenntnis erlangt. Der Kündigende muss dem anderen Teil auf Verlangen den Kündigungsgrund unverzüglich schriftlich mitteilen.

Danach ist ein Arbeitgeber berechtigt, das Vertragsverhältnis mit einem Arbeitnehmer fristlos zu kündigen, soweit er dafür einen wichtigen Grund nachweisen kann. Der Ausspruch der Kündigung bedarf, wie alle Kündigungen, gemäß § 623 BGB der Schriftform.

Die außerordentliche Kündigung eines Arbeitsverhältnisses kann fristlos oder mit einer Auslauffrist ausgesprochen werden. Bei der fristlosen Kündigung erhält die Kündigung mit ihrem Zugang, das heißt mit Übergabe an den Arbeitnehmer oder dem Einwurf in seinen Hausbriefkasten, Wirkung. Bei einer Kündigung mit einer Auslauffrist liegt die Kündigungswirkung am Ende der Auslauffrist. Da die Angabe der Kündigungsgründe im Kündigungsschreiben nicht Voraussetzung für die Wirksamkeit der ausgesprochenen Kündigung ist, bedarf es im Kündigungsschreiben dazu keiner weiteren Erläuterung. Dem Arbeitnehmer steht aber gemäß § 626 II 3 BGB ein Anspruch auf die Benennung der Kündigungsgründe zu. Diesem hat der Arbeitgeber auf Anfrage ohne Verzögerung nachzukommen. Ihren Anspruch auf Benennung der Kündigungsgründe fordern Sie sinnvollerweise schriftlich ein, auch wenn es mündlich zulässig ist. Das Erfragen der Kündigungsgründe ist für Sie nicht nur aus Eigeninteresse sinnvoll, sondern sogar notwendig, um Ihre Position im Hinblick auf die weiteren Maßnahmen (Kündigungsschutzklage, Vergleichsgespräche etc.) bewerten zu können. Kommt der Arbeitgeber Ihrer Aufforderung auf unverzügliche Benennung der Kündigungsgründe nicht nach, steht Ihnen sowohl ein Auskunftsrecht als auch unter Umständen ein Schadensersatzanspruch zu. Ein Anspruch auf Schadensersatz kommt zum Beispiel in Betracht, soweit Sie in mangelnder Kenntnis der konkreten Kündigungsgründe ein Kündigungsschutzverfahren gegenüber dem Arbeitgeber anstrengen und dieses dann unter späterer Benennung der Kündigungsgründe verlieren.

Der wichtige Grund, der zu einer außerordentlichen Kündigung veranlasst, muss zum Zeitpunkt des Ausspruches der Kündigung bestanden haben. Gründe, die sich in einem Vertragsverhältnis möglicherweise erst durch den Ausspruch der Kündigung ergeben, können nicht mehr für die bereits ausgesprochene Kündigung herangezogen werden. Sie können gegebenenfalls eine weitere außerordentliche oder ordentliche Kündigung begründen. Anders ist dies bei Kündigungsgründen, die *bei Ausspruch der Kündigung bereits bestanden haben*, aber dem Arbeitgeber nicht bekannt waren. Sie können auch nach Ausspruch der Kündigung als Begründung zur außerordentlichen Kündigung herangezogen werden. Dieser Gesichtspunkt ist für die Handlungsstrategie nach Ausspruch einer außerordentlichen Kündigung von erheblicher Bedeutung. Ist Ihnen als Gekündigtem bewusst, dass durch eine weitere Aufklärung von Sachverhalten eine Ergänzung von Kündigungsgründen möglich ist, scheint eine schnelle einvernehmliche Regelung mit dem Arbeitgeber sinnvoll. Diese kann zum Beispiel in Form der Umdeutung der außerordentlichen Kündigung in eine fristgerechte, betriebsbedingte Kündigung mit einer umfassenden Ausschlussklausel erfolgen. Damit kann eine sich möglicherweise bei weiteren Recherchen ergebende Verschlechterung Ihrer Position vermieden werden.

Darüber hinaus kommt der Benennung der konkreten Kündigungsgründe eine erhebliche Bedeutung zu, unter Berücksichtigung der so genannten Ausschlussfrist des § 626 II BGB.

Im Sinne der vorbenannten Ausschlussfrist kann eine außerordentliche Kündigung nur innerhalb von zwei Wochen ausgesprochen werden, nachdem der Kündigungsberechtigte Kenntnis von dem Sachverhalt erlangt hat, der zur Kündigung berechtigt. Nach Ablauf der im Gesetz festgelegten Frist ist eine Verwendung des Kündigungsgrundes für den Ausspruch einer außerordentlichen Kündigung nicht mehr möglich. Dies bedeutet aber nicht, dass keinerlei Möglichkeiten mehr bestehen, den Verstoß des Arbeitnehmers zu ahnden. Die Möglichkeit des Ausspruchs einer fristgerechten Kündigung besteht auch außerhalb der Zwei-Wochen-Frist noch. Über den Beginn der Frist wurde in vielen gerichtlichen Verfahren heftigst gestritten. Unter Berücksichtigung der ständigen Rechtsprechung des Bundesarbeitsgerichts hat sich nunmehr herauskristallisiert, dass grundsätzlich der Fristbeginn dann gegeben ist, wenn der Kündigungsberechtigte von dem zur Kündigung berechtigenden Sachverhalt die sichere und möglichst vollständige positive Kenntnis erlangt hat. Hierbei reichen Vermutungen des Kündigungsberechtigten hinsichtlich des Bestehens eines Kündigungsgrundes nicht aus. Der Kündigungsberechtigte soll die Möglichkeit haben, alle Umstände des Sachverhaltes zu würdigen, die für und gegen die Kündigung sprechen, um dann eine Entscheidung treffen zu können.

Hieraus folgt auch, dass der Beginn der Ausschlussfrist erst eintritt, wenn der Arbeitgeber, richtiger der Kündigungsberechtigte, die notwendigen Ermittlungen nach einem »Anfangsverdacht« abgeschlossen hat, um eine umfassende und zuverlässige Kenntnis des Kündigungssachverhaltes zu erlangen.

In den vorangehenden Abschnitten wurde die konkrete Kenntnis des zur Kündigung berechtigenden Grundes immer auf den so genannten »Kündigungsberechtigten« bezogen. Diese Sonderbetrachtung ist notwendig, da, soweit es sich bei dem Arbeitgeber nicht um eine Einzelperson handelt, sondern um ein Unternehmen, das die Arbeitgeberstellung innehat, eine konkrete Zuordnung der notwendigen Kenntnis vom Kündigungsgrund kaum möglich ist. Der Kündigungsberechtigte ist mithin derjenige, der als persönlicher Arbeitgeber oder aufgrund seiner Position im Unternehmen zur Kündigung des konkreten Arbeitnehmers berechtigt ist.

Die Ausführungen lassen bereits erkennen, dass bei Ausspruch einer außerordentlichen Kündigung, unabhängig von den noch zu betrachtenden Kündigungsgründen, ein erhebliches Argumentationspotenzial für Sie als Arbeitnehmer im Hinblick auf die zeitliche

Abfolge gegeben ist. Um geeignete Verhandlungspositionen nicht im Vorfeld preiszugeben, sollten Sie vor diesem Hintergrund unbedingt von jeder voreiligen Stellungnahme im Rahmen eines Gespräches mit dem Arbeitgeber absehen. Hören Sie sich genau an, was Ihr Arbeitgeber vorbringt, äußern Sie sich selbst aber nicht dazu. Sie können nach Rücksprache mit Ihrem Anwalt dazu Stellung nehmen.

Die Wirksamkeit der außerordentlichen Kündigung

Liegt die außerordentliche Kündigung in schriftlicher Form vor und ist der »wichtige Grund« vom Arbeitgeber benannt, stellt sich die Frage, ob die Kündigung wirksam ist.

Das Bundesarbeitsgericht hat im Hinblick auf die Wirksamkeit einer außerordentlichen Kündigung eine zweistufige Prüfung entwickelt.

1. Zunächst stellt sich die Frage, ob Tatsachen vorliegen, die grundsätzlich geeignet sind, einen wichtigen Grund zu bilden.

2. Liegen entsprechende Tatsachen vor, ist festzustellen, ob unter Abwägung der konkreten Umstände des Einzelfalles eine Weiterbeschäftigung des Arbeitnehmers bis zum Ablauf der Kündigungsfrist dem Arbeitgeber zuzumuten ist.

Die in Betracht zu ziehenden Kündigungsgründe sind unter Berücksichtigung der einschlägigen Kommentierung (Schaub Arbeitsrechtshandbuch, § 125 Rn. 47) in verschiedene Vertragsverletzungen aufteilbar. Hier sind zu unterscheiden:

- Der Leistungsbereich, wozu Verletzungen der Arbeits- und Vergütungspflicht zählen;
- der betriebliche Bereich, Störung der Betriebsordnung oder des Betriebsablaufs sowie der betrieblichen Verbundenheit usw.;
- der Vertrauensbereich durch Störung der gegenseitigen Achtung, der Treuepflicht und Fürsorgepflicht;
- der Unternehmensbereich.

Unter Berücksichtigung der vorstehenden Gruppierung sind nachfolgend die wichtigsten in der Rechtsprechung sowie in der Literatur behandelten Fälle der außerordentlichen Kündigung zusammengestellt (Schaub Arbeitsrechtshandbuch, § 125 Rn. 56).

Arbeitsplatzwechsel Der grundsätzliche Wunsch des Arbeitnehmers, den Arbeitsplatz zu wechseln, berechtigt den Arbeitgeber *nicht* zu einer außerordentlichen Kündigung. Das im Grundrecht in Art. 12 GG jedem gewährte Recht der freien Arbeitsplatzwahl schützt den Arbeitnehmer in seinem Wunsch, den Arbeitsplatz zu wechseln.

Abwerbung Die vom Arbeitnehmer während der Beschäftigungszeit beim Arbeitgeber vorgenommene Abwerbung von Arbeitskollegen für ein von ihm neu zu gründendes Unternehmen oder für ein Drittunternehmen berechtigt grundsätzlich zu einer außerordentlichen Kündigung, wenn die Arbeitskollegen zu einem Vertragsbruch aufgefordert werden.

Anzeigen Ob eine vom Arbeitnehmer gegen den Arbeitgeber gerichtete Anzeige zu einer Kündigung und insbesondere zu einer außerordentlichen Kündigung herangezogen werden kann, ist in der Rechtsprechung, insbesondere im Wandel der Jahre, erheblich umstritten. In älteren Urteilen wird zum Teil die Anzeigeerstattung des Arbeitnehmers gegenüber dem Arbeitgeber als eine Treuepflichtverletzung angesehen. In der jüngeren Vergangenheit wird dagegen zum Beispiel kein Kündigungsgrund gesehen, wenn eine Anzeige wegen Verletzung von Unfallverhütungsvorschriften nach vorheriger betriebsinterner Rüge des Arbeitnehmers oder aber eine Anzeige wegen Überladung von Lkws bzw. der fehlenden Verkehrssicherheit von Firmenkraftwagen erfolgt. Anders wurde in der Rechtsprechung der Fall einer erstatteten Anzeige gegen den Arbeitgeber bei den Steuerbehörden bewertet, wo die Anzeige deutlich aus Rachsucht erfolgte. In diesem Fall war der Arbeitgeber zu einer fristlosen Kündigung berechtigt. Insgesamt steht es dem Arbeitnehmer natürlich frei, die ihm zustehenden Beschwerdemöglichkeiten (Personal- / Betriebsrat etc.) ohne die Gefahr einer sich anschließenden arbeitsrechtlichen Maßnahme auszuschöpfen.

Arbeitsverweigerung Sowohl die strikte Arbeitsverweigerung als auch häufige Unpünktlichkeit trotz bereits erfolgter Abmahnung kann nach der Rechtsprechung des Bundesarbeitsgerichts, soweit sie ein gravierendes Maß angenommen hat, zu einer außerordentlichen Kündigung berechtigen. Eine häufige Unpünktlichkeit ist zum Beispiel dann gegeben, wenn der Arbeitnehmer trotz mehrfacher Er- und Abmahnungen keine geeigneten Vorkehrungen trifft, zum festgelegten Arbeitsbeginn im Unternehmen zu erscheinen. Eine Arbeitsverweigerung liegt dann vor, wenn der Arbeitnehmer die ihm übertragene Arbeit deutlich und vorsätzlich nicht leisten will. Anders als bei Nichtbefolgen einer Weisung gegenüber dem Arbeitgeber bzw. dem Vorgesetzten muss der Arbeitnehmer zum Ausdruck bringen, dass er die ihm auferlegte Arbeit nicht erledigen wird. Inwieweit der fristlosen Kündigung eine Abmahnung vorausgehen muss, hängt von den konkreten Umständen ab. Eine Abmahnung ist entbehrlich, wenn dem Arbeitnehmer aus dem Gesamtsachverhalt bewusst sein muss, dass die von ihm erklärte Weigerung zu einer Beendigung des Vertragsverhältnisses führen wird. Ist nicht klar erkennbar, ob der Arbeitnehmer lediglich eine Weisung nicht befolgt, wird in der Regel eine Abmahnung notwendig sein, die ihm verdeutlicht, dass er bei weiterem Nichtbefolgen der Arbeitszuweisung auch mit einer außerordentlichen Beendigung des Vertragsverhältnisses rechnen muss.

Arbeitskampf Ein rechtmäßiger Arbeitskampf im Sinne eines Streiks ist kein rechtmäßiger Grund für eine Kündigung, insbesondere eine außerordentlichen Kündigung. Eine andere Bewertung kann sich ergeben, wenn rechtswidrige Arbeitsniederlegungen erfolgen. Dabei hat die Rechtsprechung hinsichtlich der so genannten Warnstreiks festgestellt, dass eine Teilnahme an solchen grundsätzlich nicht zur außerordentlichen Kündigung berechtigt.

Außerdienstliches Verhalten Auch das Verhalten eines Arbeitnehmers außerhalb des Unternehmens des Arbeitgebers beziehungsweise außerhalb seiner arbeitsvertraglichen Pflichten kann unter Umständen zu einer außerordentlichen Kündigung des Arbeitsverhältnisses führen. Dies kann der Fall sein, wenn ein konkreter Sachverhalt vorliegt, der entweder die Außenwirkung des Arbeitnehmers für den Arbeitgeber nicht mehr tragbar erscheinen lässt oder aber das außerdienstliche Verhalten des Arbeitnehmers (Beziehungen zu minderjährigen Arbeitnehmern des Unternehmens etc.) sich im betrieblichen Ablauf negativ auswirkt.

Beleidigung / Diskriminierung Sowohl grobe Beleidigungen von Mitarbeitern als auch von Vorgesetzten des Unternehmens rechtfertigen grundsätzlich die fristlose Kündigung des Vertragsverhältnisses. Ob sich eine Geste oder ein Ausspruch eines Arbeitnehmers als grobe Beleidigung einstufen lässt, hängt von der konkreten Ausgestaltung seines Arbeitsverhältnisses ab. Hierbei fordern insbesondere die branchenüblichen Umgangsformen (Bankgewerbe, Hoch- und Tiefbau etc.) eine besondere Betrachtung der konkreten Situation.

Die Äußerungen von ausländerfeindlichen, rassistischen oder rechtsradikalen Auffassungen sind insbesondere im Hinblick auf die in den letzten Jahren mehrfach erfolgten Gerichtsentscheidungen generell als Anlass für eine außerordentliche Kündigung heranzuziehen.

Äußere Erscheinung / Frisur Auch wenn die äußere Erscheinung eines Arbeitnehmers, insbesondere die Frisur, sicherlich manchmal in Arbeitsverhältnissen zu Spannungen und Streitigkeiten zwischen Arbeitgebern und Arbeitnehmern führen kann, ist die allgemeine Auffassung der Rechtsprechung, dass selbst eine auffällig gestaltete Frisur *nicht* zu einer außerordentlichen Kündigung herangezogen werden kann.

Nebenbeschäftigung Die Nebenbeschäftigung eines Arbeitnehmers kann unter Umständen geeignet sein, eine fristlose Kündigung zu rechtfertigen, wenn die Tätigkeiten des Arbeitnehmers im »Nebenjob« zu einer derart hohen Beanspruchung des Arbeitnehmers führen, dass sie die Arbeitsleistung im Hauptberuf beeinträchtigen.

Auch kommt eine fristlose Kündigung in Betracht, wenn die Nebentätigkeit des Arbeitnehmers im Wettbewerb zu seinem Hauptarbeitgeber steht.

Straftaten des Arbeitnehmers Straftaten, die der Arbeitnehmer nicht im konkreten Zusammenhang mit seinem Arbeitsverhältnis ausübt, können nur dann eine Kündigung, insbesondere eine außerordentliche Kündigung des Arbeitsverhältnisses, rechtfertigen, wenn sie sich auf das Arbeitsverhältnis auswirken, zum Beispiel die Untreuehandlung eines Buchhalters sowie erhebliche Verkehrsdelikte eines Kraftfahrers. Straftaten, die der Arbeitnehmer zum Schaden seines Arbeitgebers verübt (Diebstahl von Firmeneigentum, Untreue etc.) berechtigen grundsätzlich zum Ausspruch einer außerordentlichen Kündigung.

Trunkenheit Die Trunkenheit eines Kraftfahrers berechtigt, soweit diese den Führerscheinentzug nach sich zieht, grundsätzlich zum Ausspruch einer außerordentlichen Kündigung. Auch kann der Verstoß, insbesondere der mehrfache Verstoß, gegen ein betriebliches Alkoholverbot den Ausspruch einer fristlosen Kündigung rechtfertigen.

Urlaubsantritt ohne Urlaubsschein Tritt ein Arbeitnehmer, dem der Urlaub verwehrt wurde oder der einen Urlaub ohne Absprache eigenmächtig nimmt, seinen Urlaub an, so ist dies für den Arbeitgeber ein ausreichender Grund, das Arbeitsverhältnis fristlos zu kündigen.

Wettbewerb Während des Bestands eines Vertragsverhältnisses zwischen Arbeitgeber und Arbeitnehmer unterliegt der Arbeitnehmer, ohne dass es im Arbeitsvertrag ausdrücklich aufgeführt sein muss, einem so genannten Wettbewerbsverbot. Das bedeutet, dass er während der Dauer des Arbeitsverhältnisses jede Tätigkeit, die für seinen Arbeitgeber Konkurrenz bedeutet, zu unterlassen hat. Hierbei ist dem Arbeitnehmer nicht nur die Wettbewerbstätigkeit im eigenen Namen und Interesse untersagt, sondern auch die Tätigkeit für ein Drittunternehmen bzw. die Hilfe eines Arbeitskollegen bei einer Wettbewerbstätigkeit.

Die aufgezeigten Fallbeispiele stellen nur eine grobe Übersicht über häufige kündigungsschutzrechtliche Konstellationen dar. Aus ihnen ist nur eine grundsätzliche Tendenz abzuleiten. Jeder Einzelfall erfordert eine Überprüfung der konkreten Situation.

Zumutbarkeit der Fortsetzung des Vertragsverhältnisses bis zum Ablauf der normalen Kündigungsfrist

Ergibt also die konkrete Bewertung der ausgesprochenen Kündigung, dass dafür ein wichtiger Grund vorliegt, so stellt sich gemäß der bereits dargestellten zweistufigen Überprüfung des Bundesarbeitsgerichtes nunmehr folgende Aufgabe: Im Rahmen der Zumutbarkeitsprüfung ist abzuwägen, ob dem Arbeitgeber die Fortsetzung des Vertragsverhältnisses bis zum Ablauf der normalen Kündigungsfrist »zuzumuten« ist.

Hierbei sind grundsätzlich alle tatsächlichen Umstände der Vertragsbeziehung zwischen den Parteien zu berücksichtigen, insbesondere die Dauer der ordentlichen Kündigungsfrist, verwirkte und verziehene Kündigungsgründe sowie alle sozialen Komponenten, die die Person des Arbeitnehmers betreffen.

Die außerordentliche Kündigung soll nur als Ultima Ratio (letztes Mittel) vom Arbeitgeber herangezogen werden. Nur wenn dem Arbeitgeber kein milderes Mittel oder Vorgehen hinsichtlich des konkreten Sachverhalts zur Verfügung steht, ist eine außerordentliche Kündigung grundsätzlich berechtigt.

Fristgerechte Kündigung

Eine fristgerechte Kündigung liegt vor, wenn Ihr Arbeitgeber zwischen dem Ausspruch der Kündigung, das heißt der Übergabe der schriftlichen Kündigungserklärung an Sie, und dem Zeitpunkt der Beendigung des Vertragsverhältnisses die Ihnen nach Gesetz bzw. Tarif- oder Einzelvertrag zustehende Kündigungsfrist einhält.

Gesetzliche Kündigungsfristen

Sind Kündigungsfristen in einem Arbeitsvertrag nicht ausdrücklich geregelt, finden grundsätzlich die gesetzlichen Kündigungsfristen des § 622 BGB Anwendung. Der Gesetzgeber hat in dieser Vorschrift für alle Arbeitsverhältnisse Grundkündigungsfristen festgelegt. Eine früher bestehende Unterscheidung zwischen gewerblichen Arbeitnehmern und Angestellten gibt es nicht mehr. So kann ein Arbeitsverhältnis in der Regel mit einer Frist von vier Wochen zum 15. oder zum Ende eines Kalendermonats gekündigt werden. Nur innerhalb einer vereinbarten Probezeit kann das Arbeitsverhältnis mit einer Frist von zwei Wochen gekündigt werden. Bei bereits länger beschäftigten Arbeitnehmern ergeben sich, soweit die Beschäftigungszeiten über dem 25. Lebensjahr des Arbeitnehmers liegen, verlängerte Kündigungsfristen zugunsten der Arbeitnehmer.

§ 622 Kündigungsfristen bei Arbeitsverhältnissen

(1) Das Arbeitsverhältnis eines Arbeiters oder eines Angestellten (Arbeitnehmers) kann mit einer Frist von vier Wochen zum 15. eines Monats oder zum Ende eines Kalendermonats gekündigt werden.

(2) Für eine Kündigung durch den Arbeitgeber beträgt die Kündigungsfrist, wenn das Arbeitsverhältnis in dem Betrieb oder Unternehmen
1. zwei Jahre bestanden hat, einen Monat zum Ende eines Kalendermonats,

2. fünf Jahre bestanden hat, zwei Monate zum Ende eines Kalendermonats,
3. acht Jahre bestanden hat, drei Monate zum Ende eines Kalendermonats,
4. zehn Jahre bestanden hat, vier Monate zum Ende eines Kalendermonats,
5. zwölf Jahre bestanden hat, fünf Monate zum Ende eines Kalendermonats,
6. 15 Jahre bestanden hat, sechs Monate zum Ende eines Kalendermonats,
7. 20 Jahre bestanden hat, sieben Monate zum Ende eines Kalendermonats.

Bei der Berechnung der Beschäftigungsdauer werden Zeiten, die vor der Vollendung des 25. Lebensjahrs des Arbeitnehmers liegen, nicht berücksichtigt.

(3) Während einer vereinbarten Probezeit, längstens für die Dauer von sechs Monaten, kann das Arbeitsverhältnis mit einer Frist von zwei Wochen gekündigt werden.

(4) Von den Absätzen 1 bis 3 abweichende Regelungen können durch Tarifverträge vereinbart werden. Im Geltungsbereich eines solchen Tarifvertrages gelten die abweichenden tarifvertraglichen Bestimmungen zwischen nicht tarifgebundenen Arbeitgebern und Arbeitnehmern, wenn ihre Anwendung zwischen ihnen vereinbart ist.

(5) Einzelvertraglich kann eine kürzere als die in Absatz 1 genannte Kündigungsfrist nur vereinbart werden,
   1. wenn ein Arbeitnehmer zur vorübergehenden Aushilfe eingestellt ist; dies gilt nicht, wenn das Arbeitsverhältnis über die Zeit von drei Monaten hinaus fortgesetzt wird;
   2. wenn der Arbeitgeber in der Regel nicht mehr als 20 Arbeitnehmer ausschließlich der zu ihrer Berufsbildung Beschäftigten beschäftigt und die Kündigungsfrist vier Wochen nicht unterschreitet.

   Bei der Feststellung der Zahl der beschäftigten Arbeitnehmer sind teilzeitbeschäftigte Arbeitnehmer mit einer regelmäßigen wöchentlichen Arbeitszeit von nicht mehr als 20 Stunden als 0,5 Vollzeitkräfte und nicht mehr als 30 Stunden mit 0,75 zu berücksichtigen. Die einzelvertragliche Vereinbarung längerer als der in den Absätzen 1 bis 3 genannten Kündigungsfristen bleibt hiervon unberührt.

(6) Für die Kündigung des Arbeitsverhältnisses durch den Arbeitnehmer darf keine längere Frist vereinbart werden als für die Kündigung durch den Arbeitgeber.

Tarifliche Kündigungsfrist

Findet ein Tarifvertrag auf Ihr Arbeitsverhältnis Anwendung, gelten grundsätzlich die im Tarifvertrag geregelten Kündigungsfristen. Diese sind von Branche zu Branche unterschiedlich und können sowohl die gesetzlichen Kündigungsfristen verlängern als auch verringern. Ob ein Tarifvertrag auf Ihren Arbeitsvertrag Anwendung findet, ist unter Berücksichtigung des konkreten Einzelfalls zu prüfen. Eine Anwendbarkeit eines Tarifvertrages kommt grundsätzlich unter folgenden Gesichtspunkten in Betracht:

- Der Arbeitgeber und Sie sind in den jeweiligen Tarifparteien als Mitglieder organisiert (Arbeitgeberverband / Gewerkschaften).
- Der für Ihre Branche gültige Tarifvertrag wurde allgemeinverbindlich erklärt. Dies bedeutet, dass unabhängig von der Mitgliedschaft in einer Tarifvertragspartei für alle Arbeitnehmer einer Branche der Tarifvertrag die grundsätzlichen Arbeitsbedingungen regelt.
- Der Tarifvertrag wurde einzelvertraglich als bindend vereinbart. Dies ist gegeben, wenn in Ihrem Arbeitsvertrag ein allgemeiner Verweis auf die Anwendbarkeit der einschlägigen Tarifvertragsnormen geregelt ist oder konkret hinsichtlich der Kündigungsfristen eine Anwendbarkeit der einschlägigen tariflichen Normen vereinbart wurde.

Gerade die Einhaltung der Ihnen zustehenden Kündigungsfrist ist bei Erhalt einer Kündigung besonders zu prüfen. So können insbesondere bei der Entgegennahme einer Kündigung mit verringerter Kündigungsfrist Probleme hinsichtlich des Erhalts von Arbeitslosengeld (Sperrfrist / Kürzung des Arbeitslosengeldes) beziehungsweise der Anrechnung einer evtl. gezahlten Abfindung auf das Arbeitsverhältnis eintreten.

Kündigungsgründe bei einer fristgerechten Kündigung

Ist die Grundfrage, ob die Kündigungsfrist eingehalten wurde, geklärt, stellt sich die Frage, aus welchem Grund die fristgerechte Kündigung erfolgte. Hier sind grundsätzlich drei Gruppen zu unterscheiden:

- verhaltensbedingte Kündigung,
- personenbedingte Kündigung,
- betriebsbedingte Kündigung.

Verhaltensbedingte Kündigung

Bei verhaltensbedingten Kündigungen liegt der vom Arbeitgeber berücksichtigte Kündigungsgrund in einem vermeintlichen oder tatsächlichen Fehlverhalten des Arbeitnehmers. Hierunter fallen grundsätzlich Vertragsverletzungen, dienstliches und außerdienstliches Verhalten, Umstände aus dem Verhältnis des Arbeitnehmers zu betrieblichen oder überbetrieblichen Einrichtungen, Organisationen und Behörden. Ob eine verhaltensbedingte Kündigung berechtigt ist oder nicht, ist jeweils unter dem konkreten Sachverhalt des Einzelfalls zu prüfen. Dabei ist in erster Linie der bereits bei der fristlosen Kündigung dargestellte, so genannte Grundsatz der Verhältnismäßigkeit (Ultima-Ratio-Prinzip) zu berücksichtigen. Dieser Grundsatz führt dazu, dass in der Regel vor jeder verhaltensbedingten Kündigung eine einschlägige Abmahnung erfolgt sein muss. Die Abmahnung soll dem Arbeitnehmer sein Fehlverhalten aufzeigen und ihn ermahnen, zukünftig sein Verhalten den üblichen Normen oder den vertraglichen Regelungen anzupassen.

Soweit Sie also eine verhaltensbedingte Kündigung erhalten, ohne vorher durch eine Abmahnung auf ein Fehlverhalten hingewiesen worden zu sein, stehen die Aussichten gut, dass diese Kündigung unberechtigt ist. Dies bedeutet natürlich auch, dass in dem Erhalt einer Abmahnung, soweit nicht üblicherweise in dem Unternehmen Ihres Arbeitgebers mit Abmahnungen »gearbeitet« wird, die ersten Anzeichen für eine bevorstehende Kündigung zu erkennen sind. Selbst wenn eine verhaltensbedingte Kündigung nach erfolgter Abmahnung erklärt wird, ist zu überprüfen, ob der konkret angegebene Grund für eine Kündigung ausreichend ist oder ob zunächst eine weitere Abmahnung zu erfolgen hat. Grund hierfür ist, dass auch die Kündigung aus verhaltensbedingten Gründen, wie bei der außerordentlichen Kündigung bereits dargestellt, eine Abwägung zwischen Arbeitgeber- und Arbeitnehmerinteressen erfordert.

Personenbedingte Kündigung

Auch die persönlichen Eigenschaften und die Fähigkeiten eines Arbeitnehmers können zur Begründung einer Kündigung herangezogen werden. Insbesondere mangelnde körperliche oder geistige Fähigkeit, eine alters- oder erkrankungsbedingte Abnahme der Leistungsfähigkeit sowie dauerhafte oder häufige Kurzerkrankung können eine personenbedingte Kündigung begründen. Wie auch bei der verhaltensbedingten Kündigung ist vor Ausspruch einer personenbedingten Kündigung eine Interessenabwägung zwischen den Interessen des Arbeitgebers und denen des Arbeitnehmers vorzunehmen. Hierbei ist insbesondere bei bereits lange im Unternehmen beschäftigten Arbeitnehmern und in fortgeschrittenem Alter eine erhöhte Schutzbedürftigkeit zu berücksichtigen. Es kann somit in der Regel nicht eine allgemein zu akzeptierende Leistungsverringerung aufgrund eines natürlichen Kräfteverschleißes im Rahmen eines langjährigen Beschäftigungsverhältnisses zum Ausspruch einer personenbedingten Kündigung herangezogen werden. Insbesondere die Möglichkeit der Versetzung eines Arbeitnehmers auf einen anderen, seinen Leistungsfähigkeiten angemessenen Arbeitsplatz ist hier zu berücksichtigen.

Neben den allgemein dargestellten Grundsätzen der personenbedingten Kündigung gibt es in diesem Bereich auch einige als Besonderheit zu betrachtende Kündigungsgründe:

Fehlende Arbeits- und Berufserlaubnis

Die aberkannte oder auslaufende Arbeitsgenehmigung eines ausländischen Arbeitnehmers berechtigt den Arbeitgeber grundsätzlich, das Arbeitsverhältnis aus personenbedingten Gründen zu kündigen. Dem Arbeitgeber ist nicht zuzumuten, den Arbeitsplatz bis zu einer Wiedererteilung der Arbeitserlaubnis freizuhalten, denn ohne Arbeitserlaubnis ist dem ausländischen Arbeitnehmer die weitere Arbeitsleistung gesetzlich verboten. Gleiches gilt bei einem Entzug von besonderen Lizenzen (Fluglizenz, Fahrberechtigung als Omnibus- / Kraftfahrer etc.) aus gesundheitlichen Gründen.

Krankheit des Arbeitnehmers

Zunächst ist hier eine weit verbreitete Fehleinschätzung klarzustellen. Anders als vielfach angenommen, kann Ihr Arbeitgeber auch während Sie krank sind das Arbeitsverhältnis mit Ihnen kündigen. Dies kann sowohl aus verhaltensbedingten, personen-/krankheitsbedingten als auch aus betriebsbedingten Gründen gerechtfertigt sein.

Bei der krankheitsbedingten Kündigung ist grundsätzlich zu berücksichtigen, dass nicht etwa die Krankheit an sich eine Kündigung begründet, sondern die Auswirkungen auf das Arbeitsverhältnis, die sich aufgrund der Erkrankung ergeben.

So kann die durch Krankheit bedingte verringerte Leistungsfähigkeit eines Arbeitnehmers grundsätzlich zum Ausspruch einer Kündigung herangezogen werden, wenn diese zu einer Beeinträchtigung betrieblicher Interessen führt. Das Bundesarbeitsgericht hat hierzu festgestellt, dass eine erheblich unter den Durchschnitt absinkende Leistungsfähigkeit einen Grund zur personenbedingten Kündigung darstellen kann, wenn eine Minderung um ein Drittel vorliegt. Vor Ausspruch der Kündigung ist auch hierbei unter Berücksichtigung der Verhältnismäßigkeit zu überprüfen, ob ein der Leistungsfähigkeit des Arbeitnehmers angemessener Arbeitsplatz im Unternehmen des Arbeitgebers zur Verfügung steht und eine Versetzung in Betracht kommt.

Die einfache Erkrankung eines Arbeitnehmers berechtigt also nicht zum Ausspruch einer Kündigung. Eine Krankheit kann sich aber derart beeinträchtigend auf die betrieblichen Interessen des Arbeitgebers auswirken, dass es diesem nicht zuzumuten ist, das Beschäftigungsverhältnis fortzusetzen. Die betrieblichen oder wirtschaftlichen Auswirkungen haben somit einen erheblichen Anteil an der Begründung einer krankheitsbedingten Kündigung. Grundsätzlich sind hierbei drei wesentliche Tatbestände zu berücksichtigen:

- die lang andauernde Erkrankung,
- häufige Kurzerkrankungen,
- wegen Krankheit gegebene Leistungsminderung.

Soweit ein Arbeitnehmer aufgrund einer Erkrankung auf Dauer arbeitsunfähig ist, kommt eine Kündigung in Betracht, da der Arbeitnehmer im Unternehmen des Arbeitgebers nicht mehr eingesetzt werden kann.

Fehlt ein Arbeitnehmer aufgrund häufiger Kurzerkrankungen beim Arbeitgeber in erheblichem Maße, so kann der Arbeitgeber eine Kündigung aus krankheitsbedingten Gründen in Betracht ziehen, wenn erhebliche Fehlzeiten gegeben sind und die Fehlzeiten sich auf den Betriebsablauf sowohl organisatorisch als auch wirtschaftlich auswirken. Das Bundesarbeitsgericht geht hierbei davon aus, dass im Rahmen einer rückwirkenden Betrachtung in den letzten drei Jahren des Arbeitsverhältnisses eine Fehlzeit mehr als 14 Prozent der jährlichen Arbeitszeit betragen muss, um eine solche Kündigung in Betracht zu ziehen. Liegen Fehlzeiten in dieser Größenordnung vor, ist eine Kündigung allerdings nur dann zu befürchten, wenn die Art der Erkrankungen zum einen immer wieder auf das gleiche Basisproblem zurückzuführen ist und auch in der Zukunft mit gleichbleibenden Fehlzeiten aufgrund von Erkrankungen zu rechnen ist. Sind die Fehlzeiten der Vergangenheit auf ganz unterschiedliche Ursachen (Sportunfall, Arbeitsunfall etc.) zurückzuführen, kommt grundsätzlich eine Kündigung nicht in Betracht.

Alkoholismus / Drogenabhängigkeit

Da Alkoholismus und Drogensucht als allgemein anerkannte Erkrankungen gelten, unterliegen auch diese den grundsätzlichen Regelungen zur krankheitsbedingten, also personenbedingten Kündigung. Auch bei Drogensucht und Alkoholismus ist wie bei allen anderen Erkrankungen die Frage zu stellen, ob die Erkrankungen in der Zukunft weiter andauern werden, also eine so genannte negative Zukunftsprognose gegeben ist. Nur eine solche negative Bewertung berechtigt einen Arbeitgeber, das Vertragsverhältnis zu kündigen. Ist zum Beispiel ein Alkohol- und Drogenkranker nicht therapiebereit, ist zwingend von einem Rückfall und weiteren, dadurch bedingten Ausfällen auszugehen.

Im Rahmen einer etwaigen arbeitsgerichtlichen Auseinandersetzung hat der Arbeitnehmer für die Bewertung der Zukunftsprognose in der Regel seine behandelnden Ärzte von der Schweigepflicht zu entbinden, um so eine angemessene Bewertung der zukünftigen Krankheitsauswirkungen zu ermöglichen.

Betriebsbedingte Kündigung

Eine betriebsbedingte Kündigung liegt vor, wenn Ihr Arbeitgeber die unternehmerische Entscheidung getroffen hat, aufgrund bestehender inner- oder außerbetrieblicher Ursachen, die zu einer veränderten Arbeitsmenge im Betrieb führen, Arbeitnehmer freizusetzen. Innerbetriebliche Gründe sind nach den Ausführungen des Bundesarbeitsgerichts (BAG AP 6 zu § 1 KSchG 1969 Betriebsbedingte Kündigung) dann gegeben, wenn durch organisatorische Umstrukturierungen der Bedarf für die Weiterbeschäftigung eines Teils der Arbeitnehmer – unter Zugrundelegung der Vertragsverhältnisse – entfällt. Außerbetriebliche Umstände ergeben sich grundsätzlich bei Umsatzrückgang, Auftragsmangel, Gewinneinbruch bzw. im Hinblick auf eine allgemein schlechte Marktsituation. Der Arbeitgeber hat bei der betriebsbedingten Kündigung genau darzustellen, welche konkreten Gesichtspunkte interner oder externer Ursachen zu dem Wegfall eines Arbeitsplatzes führen. Auch im Hinblick auf die betriebsbedingte Kündigung kommt das oben bereits angesprochene Ultima-Ratio-Prinzip (Grundsatz der Verhältnismäßigkeit) zur Anwendung. Hierbei stellt sich in der Regel zunächst die Frage, ob statt einer Beendigung des Vertragsverhältnisses eine Änderungskündigung in Betracht zu ziehen ist. Bei der Änderungskündigung handelt es sich um die Kündigungserklärung des Arbeitgebers, kombiniert mit dem Weiterbeschäftigungsangebot an den Arbeitnehmer zu geänderten Vertragsbedingungen (in der Regel auf einem anderen Arbeitsplatz im Unternehmen).

Führt die Bewertung der Verhältnismäßigkeit nicht zu einer Beanstandung der betriebsbedingten Kündigung, so stellt sich die Frage, ob der Wegfall von Arbeit beziehungsweise die notwendige Verringerung von Personal automatisch zum Wegfall konkret Ihres Arbeitsplatzes bzw. zur Kündigung Ihrer Person berechtigt. Diese Frage ergibt sich aus der Verpflichtung des Arbeitgebers, bei Ausspruch einer betriebsbedingten Kündigung eine so genannte *Sozialauswahl* vorzunehmen. Sie resultiert aus der Regelung des § 1 III 1 KSchG, wonach eine Kündigung sozial ungerechtfertigt ist, wenn der Arbeitgeber bei der Auswahl des Arbeitnehmers soziale Gesichtspunkte nicht oder nicht ausreichend berücksichtigt hat. Bei den bereits angesprochenen personen- und verhaltensbedingten Kündigungen ist die soziale Rechtfertigung der Kündigung bereits gegeben, wenn die rechtfertigenden Umstände in der Person bzw. im Verhalten des Arbeitnehmers liegen. Bei einer betriebsbedingten Kündigung stellt sich, soweit nicht ein konkreter Einzelarbeitsplatz durch besondere Umstände wegfällt, grundsätzlich die

Frage, welcher Arbeitnehmer von notwendigen Kündigungen betroffen ist. Dazu werden all jene Arbeitnehmer bewertet, die auf gleicher Hierarchiestufe die zukünftig wegfallende Arbeitstätigkeit erbringen. Nach einer entsprechenden Auswahl wird nun geprüft, welcher der in der aufgestellten Gruppe befindlichen Arbeitnehmer im Hinblick auf seine Sozialdaten des geringsten Schutzes bedarf. Kriterien, die für diese Bewertung berücksichtigt werden müssen, sind die Betriebszugehörigkeit, das Lebensalter sowie, als weitere Auswahlgesichtspunkte, der Familienstand, die Einkünfte anderer Familienangehöriger, das Vorhandensein von Vermögen oder Verschuldung, der Gesundheitszustand sowie die Ursachen einer Gesundheitsbeeinträchtigung. Erkrankung und Pflegebedürftigkeit naher Familienangehöriger sowie arbeitsmarktpolitische Aspekte sind ebenfalls zu berücksichtigen (Schaub Arbeitsrechtshandbuch, § 132 Rn. 4).

> **M. B., Vertriebsleiter:** »Einen Tag vor dem Datum einer fristgerechten Kündigung (acht Wochen zum Quartalsende) bat mich mein Chef auf ein kurzes Gespräch. Ohne Umschweife kam er auf den Punkt. Natürlich täte es ihm leid, und es sei tragisch, aber die wirtschaftliche Situation erfordere weitere Kündigungen. Und nach ›Sozialauswahl‹ treffe es nun einmal mich. Da war das wichtigste Wort für die nächsten Wochen gefallen: ›Sozialauswahl‹.
> ›Aber ich bin doch am längsten dabei, da kann es mich doch gar nicht treffen.‹ – Davon war ich überzeugt, doch weit gefehlt. Die Fakten sahen anders aus bzw. sind anders interpretiert worden. Denn letztlich trafen auf die anderen sechs Mitarbeiter Faktoren zu, die sie letztlich bei der ›Sozialauswahl‹ günstiger stellten als mich.
> Meine Einschätzung, wegen der längsten Betriebszugehörigkeit unkündbar zu sein, hatte mich getäuscht. Andere juristische Tatsachen, die die übrigen Mitarbeiter betrafen, kamen zum Tragen. Damit hatte ich absolut nicht gerechnet.«

Zusammenfassend lässt sich für die fristgerechte Kündigung feststellen, dass der Arbeitgeber, soweit er das Kündigungsschutzgesetz zu berücksichtigen hat (Beschäftigungszeit länger als sechs Monate, mehr als fünf Arbeitnehmer im Betrieb), grundsätzlich einen von ihm nachzuweisenden Grund für eine auszusprechende Kündigung darzulegen hat. Dabei kommen verhaltensbedingte, personenbedingte oder betriebsbedingte Gründe in Betracht. Erweist sich der Kündigungsgrund als unzutreffend oder nicht nachweisbar, bestehen gute Möglichkeiten, die Kündigung entweder im Rahmen einer Kündigungsschutzklage oder in außergerichtlichen Gesprächen anzufechten bzw. eine einvernehmliche Regelung zu finden.

Kündigung in der Insolvenz

Eine besondere Situation ergibt sich, wenn über das Vermögen Ihres Arbeitgebers ein Insolvenzverfahren eröffnet wurde und ein vom Insolvenzgericht bestellter Insolvenzverwalter die Geschicke des Unternehmens lenkt. Der Insolvenzverwalter ist mit besonderen Befugnissen ausgestattet, die in der Insolvenzordnung geregelt sind, um konsequent und zeitnah zu agieren. Die Insolvenz wirkt sich in erster Linie dahingehend aus, dass sämtliche Arbeitsverhältnisse mit einer maximalen Frist von drei Monaten zum Monatsende gekündigt werden können, wenn nicht bereits eine kürzere Frist aufgrund der einschlägigen gesetzlichen oder vertraglichen Kündigungsfristen in Betracht kommt. Diese Kündigungserleichterung des § 113 Abs. 1 InsO setzt sich nach Auffassung der Obergerichte gegenüber sämtlichen anderen längeren Kündigungsfristen, Befristungen oder Unkündbarkeitsregelungen durch, gleichgültig ob diese auf Gesetz, Tarifvertrag oder Einzelarbeitsvertrag beruhen. Sollten Sie also aus tariflichen oder einzelvertraglichen Regelungen heraus die komfortable Stellung eines unkündbaren Arbeitnehmers haben, ist diese in der Insolvenz nichts wert.

Kündigung von Geschäftsführern und anderen Organen einer Gesellschaft

Die vorstehenden Ausführungen zur Kündigung berücksichtigen in der Regel die Rechte eines Arbeitnehmers, auf den die Regelungen des Kündigungsschutzgesetzes Anwendung finden. Eine andere Bewertung ergibt sich, wenn Sie nicht Arbeitnehmer, sondern Geschäftsführer oder in anderer Funktion Organ (Vorstand etc.) einer Gesellschaft sind. Bei einer solchen Stellung sind die Arbeitnehmerschutzrechte, insbesondere das Kündigungsschutzgesetz, nicht anwendbar. Einen Kündigungsschutz, wie vorstehend dargestellt, gibt es nicht. Das Unternehmen ist berechtigt, das Vertragsverhältnis unter Berücksichtigung der vereinbarten oder gesetzlich geregelten Frist zu beenden.

> **H. E., Leiter Marketing:** »Die Trennung zwischen dem Unternehmen und mir war die Nichtverlängerung eines zeitlich auf drei Jahre befristeten Geschäftsführervertrages. Nachfolgend die wesentlichen Erkenntnisse aus dem Prozess der Trennung:
>
> Managern der ›alten Schule‹ ist ein illoyales Verhalten seitens des Unternehmens peinlich. Wenn man einen nachweislich erfolgreichen Job gemacht hat und das Unternehmen verlängert denn GF-Vertrag nicht, sind traditionelle Manager auf der ›Gegenseite‹ bereit, einem entgegenzukommen.
>
> Wenn man selbst dem Unternehmen entgegenkommt (ordentliche Übergabe der Geschäfte, Einarbeitung der Nachfolger, Zwischenzeugnisse für Mitarbeiter etc.) wird einem das positiv angerechnet.
>
> Bei Fixbezügen bis Vertragsende (auch wenn man einige Monate vorher freigestellt wird) und der privaten Übernahme des Firmenfahrzeugs aus dem Leasingvertrag ist man erfahrungsgemäß großzügig.
>
> Variable Bezüge in voller Höhe ›ohne Gegenleistung‹ zu erhalten, kann schwieriger sein. Die Umwandlung in einen Beratervertrag ist eventuell eine Möglichkeit, wenn sich das mit der Folgetätigkeit vereinbaren lässt oder sich dadurch die Zeit der Suche nach einer neuen Aufgabe überbrücken lässt.«

Nach der Kündigung: Kooperation oder Konfrontation?

Wenn Sie eine Kündigung erhalten haben, ist die entscheidende Frage: »Wie gehe ich mit der Kündigung um?« Nehme ich sie hin, oder akzeptiere ich die Entscheidung meines Arbeitgebers nicht? Bereits bei der Beantwortung dieser Frage sollten Sie sich beraten lassen, um nicht in einer Situation hoher emotionaler Betroffenheit unüberlegt und voreilig zu reagieren. Je nachdem, wie Sie entscheiden, wird Ihre Verhaltensstrategie eine andere sein.

> **M. B., Vertriebsleiter:** »Ich habe mich unmittelbar im Anschluss an die Kündigung an eine große internationale Kanzlei gewendet. Zwei Freunde haben unabhängig voneinander einen Fachanwalt für Arbeitsrecht von dieser Kanzlei empfohlen. Schnell war klar, dass wir Klage erheben weil die betriebsbedingte Kündigung möglicherweise nicht rechtens war. Die Frage war zum Beispiel, ob das Geschäft wirklich so schlecht war, dass genau mein Arbeitsplatz wegfallen musste. Auch die Sozialauswahl hinterließ Unklarheiten.
> Fristgerecht hat mein Anwalt die Klage eingereicht. Welches Motiv hatte ich dafür? Man klagt ja immer auf Wiedereinstellung, das hätte ich im Notfall auch getan, dazu kommt es in der Praxis aber wohl so gut wie nie. Eigentlich ging es mir um eine möglichst hohen Abfindung.«

Haben Sie sich entschieden, die Kündigung nicht »stillschweigend« zu akzeptieren, so bedarf es einer auf den konkreten Sachverhalt ausgerichteten Strategie. Zunächst müssen Sie prüfen, ob Sie zum Beispiel die Gründe, die zur Kündigung geführt haben, mit Ihrem Arbeitgeber klären können, wenn Sie darin eine Fehleinschätzung Ihrer Person oder der Ausgestaltung Ihres Arbeitsplatzes sehen. Unter Umständen können Sie auch andere für Sie in Betracht kommende freie Arbeitsplätze in Ihrem Unternehmen benennen. In diesen Fällen erscheint es sinnvoll, mit dem Arbeitgeber zu kooperieren, um möglicherweise einvernehmlich eine Fortsetzung des Vertragsverhältnisses zu vereinbaren – auch zu geänderten Bedingungen oder in anderen Unternehmensteilen.

Ist dagegen klar, dass der zur Kündigung herangezogene Sachverhalt des Arbeitgebers für diesen unumstößlich feststeht, dürften klärende Gespräche nach Ausspruch der Kündigung wenig sinnvoll sein. In diesem Fall geht es in erster Linie um das deutliche Herausarbeiten der Ihnen zustehenden rechtlichen Möglichkeiten, um die Kündigung letztendlich gerichtlich anzufechten. Bei dieser auf Konfrontation ausgerichteten Strategie ist immer zu berücksichtigen, dass auch bei einem letztendlichen Sieg über den Arbeitgeber und einer Unwirksamkeitserklärung hinsichtlich der Kündigung ein »bitterer Beigeschmack« bleibt. Ihr unter diesen Bedingungen fortgesetztes Arbeitsverhältnis steht immer unter dem Eindruck der gerichtlichen Auseinandersetzung. Gerade auch aus diesem Grund endet der überwiegende Teil aller Kündigungsschutzverfahren vor deutschen Arbeitsgerichten nicht mit der Weiterbeschäftigung im Unternehmen des Arbeitgebers, sondern mit einer einvernehmlichen Beendigungsvereinbarung gegen Zahlung einer Abfindung.

Mit juristischem Beistand die richtige Strategie finden

Soweit Sie grundsätzlich entschlossen sind, die Kündigung nicht zu akzeptieren, und erste, von Ihnen persönlich geführte Gespräche mit Ihrem Arbeitgeber nicht zu einem zufrieden stellenden Ergebnis geführt haben, sollten Sie umgehend fachliche Hilfe in Anspruch nehmen. Die Notwendigkeit der *umgehenden* Inanspruchnahme ergibt sich aus den bestehenden Fristenregelungen. Unterliegt Ihr Arbeitsverhältnis dem Kündigungsschutzgesetz, so ist Ihnen ein gerichtliches Vorgehen gegen eine Kündigung nur innerhalb von drei Wochen nach Zugang der Kündigung möglich. Das bedeutet, dass die Kündigung grundsätzlich wirksam wird, wenn Sie nicht spätestens drei Wochen, nachdem Sie die Kündigung in Händen halten beziehungsweise die

Kündigung in Ihren Herrschaftsbereich gelangt ist (Hausbriefkasten, Übergabe an Familienangehörige etc.), Kündigungsschutzklage eingelegt haben. Danach ist nur noch in bestimmten Ausnahmefällen ein Vorgehen gegen die Kündigung möglich (§ 4 KSchG).

Es besteht im Rahmen arbeitsgerichtlicher Verfahren kein Zwang, sich eines Rechtsanwalts zu bedienen. Aufgrund der Komplexität der Situation und der Konsequenzen aus den jeweiligen Entscheidungen, Handlungen oder Unterlassungen ist es jedoch in aller Regel sehr ratsam, zeitnah einen fachlich qualifizierten Berater hinzuzuziehen und mit der Vertretung Ihrer Angelegenheit zu beauftragen. Wie bereits an anderer Stelle betont, sollte dies ein *Fachanwalt für Arbeitsrecht* sein. Anwälten ohne Spezialisierung auf das Fachgebiet »Arbeitsrecht« fällt es oft schwer, arbeitsrechtliche Sachverhalte routiniert zutreffend zu beurteilen. Das Arbeitsrecht ist »Richterrecht«, das heißt, es werden Urteile gesprochen, die für andere Fälle von Belang sein können, aber zur Beurteilung der Sachlage dem Anwalt eben auch bekannt sein müssen.

Besprechen Sie mit ihm ausführlich den Sachverhalt Ihrer Kündigung, wobei »zeitnah« heißt, dass Ihnen unter Beachtung der oben angegebenen Fristen noch ausreichend Reaktionszeit zur Verfügung stehen muss. Dieses Vorgehen gilt sowohl im Rahmen einer außergerichtlichen Gesprächsaufnahme mit Ihrem Arbeitgeber als auch bei sofortigem Einlegen einer Kündigungsschutzklage. Außergerichtliche Gespräche erscheinen immer dann sinnvoll, wenn der Arbeitgeber zum Beispiel die Möglichkeit einer einvernehmlichen Regelung bereits angedeutet hat und lediglich die entsprechenden Konditionen noch auszuhandeln sind. Ein anderer Grund kann sein, dass auf Seiten des Arbeitgebers oder bei Ihnen das Interesse besteht, die Angelegenheit »so geräuschlos« wie möglich abzuwickeln.

Neben den angesprochenen Fragen zur Strategie gibt es Klärungsbedarf auch hinsichtlich der unmittelbaren Auswirkungen der Kündigung auf Ihr Arbeitsverhältnis. Hier geht es um Fragen wie: Kann ich meinen bestehenden Resturlaub einfach nehmen und zu Hause bleiben? Erhalte ich eine Abfindung, und wie hoch ist sie? Kann ich meinerseits fristlos kündigen, da ich von der Kündigung meines Arbeitgebers enttäuscht bin? Muss ich meine Arbeitsleistungen bis zum letzten Tag erbringen, und welche Arbeitsqualität bzw. welchen Einsatz schulde ich meinem Arbeitgeber?

Diese Fragen setzen voraus, dass Sie die Kündigung Ihres Arbeitgebers annehmen. Wollen Sie die Kündigung nicht akzeptieren und Ihr Arbeitsverhältnis fortsetzen, bildet natürlich Ihr engagiertes Arbeitnehmerverhalten – auch in der Zeit der Kündigungsfrist – die Basis für eine in Betracht kommende weitere gute Zusammenarbeit.

Wenn Sie die Beendigung Ihres Arbeitsverhältnisses hinnehmen wollen, so sollten Sie sich allerdings darüber im Klaren sein, dass dies nicht – so eine weit verbreitete Auffassung – grundsätzlich mit der Zahlung einer Abfindung vom Arbeitgeber verbunden ist.

Ein Abfindungsanspruch, der sich aus der Beendigung eines Arbeitsverhältnisses automatisch ergibt, ist dem deutschen Recht fremd. Eine Abfindung steht Ihnen als Arbeitnehmer im Falle einer Kündigung aber dann zu, wenn ein in Ihrem Unternehmen installierter Betriebsrat sich darauf im Rahmen eines Sozialplanes mit dem Arbeitgeber geeinigt hat. Die Höhe dieses Anspruchs errechnet sich meist aus den Eckdaten Betriebszugehörigkeit, Alter und Unterhaltspflichten. Darüber hinaus sehen gesetzliche Regelungen eine Abfindung vor, wenn im Rahmen eines Kündigungsschutzverfahrens die Unwirksamkeit der Kündigung rechtskräftig festgestellt wird und die Fortsetzung des Arbeitsverhältnisses grundsätzlich in Betracht kommt, es für den Arbeitnehmer aber nachweisbar – insbesondere aufgrund eines Fehlverhaltens des Arbeitgebers – unzumutbar ist, das Vertragsverhältnis wieder aufzunehmen. Als Arbeitnehmer steht Ihnen dann die Möglichkeit zu, einen so genannten Auflösungsantrag gemäß der §§ 9, 10 KSchG zu stellen. Das Arbeitsgericht löst dann das Arbeitsverhältnis auf und verpflichtet den Arbeitgeber zur Zahlung einer Abfindung an den Arbeitnehmer. Da ein Auflösungsantrag gemäß §§ 9, 10 KSchG jedoch meist gravierende Vorfälle notwendig macht, kommt die Auflösung wegen unzumutbarer Arbeitsaufnahme nur selten in Betracht.

Häufiger kommt es dagegen zur Zahlung einer Abfindung aufgrund eines vom Arbeitgeber gestellten Auflösungsantrages bei Beschäftigungsverhältnissen mit leitenden Angestellten. Aufgrund von deren in Kapitel 1 beschriebenen Sonderstellung kann der Arbeitgeber sich auch bei einer vom Arbeitsgericht als unberechtigt angesehenen Kündigung vom leitenden Angestellten trennen, wenn er den ihm zustehenden Auflösungsantrag stellt. Auch hier wird das Arbeitsgericht eine Abfindung festlegen.

Die häufigsten Fälle von Abfindungszahlungen, die zu der weitläufig verbreiteten Meinung der Kausalität zwischen Kündigung und Abfindung führen, aber kommen zustande, wenn Arbeitgeber und Arbeitnehmer sich im Rahmen einer außergerichtlichen oder gerichtlichen Vereinbarung auf die Beendigung des Vertragsverhältnisses gegen Zahlung einer Abfindung verständigen. Dies kommt in der Regel dann in Betracht, wenn entweder der Arbeitgeber grundsätzliche Zweifel an der Durchsetzbarkeit der Kündigung hat oder aber eine lange Verfahrensdauer mit ungewissem Ausgang befürchtet.

M. B., Vertriebsleiter: »An dem heiklen und entscheidenden Punkt der *Abfindung* bestand in meinem Fall massiver Verhandlungsbedarf. Bereits während des Kündigungsgesprächs hat mir mein Chef die Summe von 3 000 Euro angeboten. Natürlich war das nicht akzeptabel. Obwohl ich nie ernsthaft mit einer Kündigung gerechnet hatte, habe ich mich für den Fall der Fälle über eine mögliche Abfindungssumme erkundigt: Die einfache Formel 0,5 bis 1 Monatsbruttogehalt pro Jahr der Betriebszugehörigkeit ergibt den Abfindungsbetrag. In meinem Fall sollten es demnach circa 17 000 Euro werden. Bereits eine Woche später wurden mir 8 000 Euro angeboten. Schon besser, aber noch zu weit weg von den doch so möglich scheinenden 17 000. Nachdem die Klage eingereicht und der Gütetermin stand (circa vier Wochen nach Klageeinreichung), kam ein neuer Vorschlag: 12 500 Euro. Die Summe, erklärte man mir, setzte sich zusammen aus 10 000 Euro Abfindung plus 2 500 Euro für das eingesparte Anwaltshonorar, falls man sich ohne diesen noch vor dem Gütetermin einigt.

> Nun fing ich schon an zu grübeln. Mein Anwalt fand die Summe okay, meinte aber, wenn ich ›zocken‹ wollte, könnte ich den Betrag noch steigern. Die Entscheidung lag natürlich bei mir. Einige Freunde rieten mir, die Abfindung anzunehmen, andere wiederum meinten, dass man ja ohnehin mindestens 0,5 Bruttogehälter pro Jahr bekommt. Ich habe mich letztlich doch für den Gütetermin vor Gericht entschieden in der Hoffnung, dass die Summe noch wächst. Noch vor dem Gerichtstermin bin ich also nochmal auf die Firma zugegangen und habe 15 000 Euro vorgeschlagen, allerdings vergeblich.«

Die Höhe der Abfindung kann, wie im letztbeschriebenen Fall, frei verhandelt werden. In den Fällen, in denen sich die gerichtliche Festsetzung der Abfindung an den Regelungen des § 10 KSchG orientiert, gilt Folgendes:

§ 10 Höhe der Abfindung

(1) Als Abfindung ist ein Betrag bis zu zwölf Monatsverdiensten festzusetzen.

(2) Hat der Arbeitnehmer das fünfzigste Lebensjahr vollendet und hat das Arbeitsverhältnis mindestens fünfzehn Jahre bestanden, so ist ein Betrag bis zu fünfzehn Monatsverdiensten, hat der Arbeitnehmer das fünfundfünfzigste Lebensjahr vollendet und hat das Arbeitsverhältnis mindestens zwanzig Jahre bestanden, so ist ein Betrag bis zu achtzehn Monatsverdiensten festzusetzen. Dies gilt nicht, wenn der Arbeitnehmer in dem Zeitpunkt, den das Gericht nach § 9 Abs. 2 für die Auflösung des Arbeitsverhältnisses festsetzt, das in der Vorschrift des Sechsten Buches Sozialgesetzbuch über die Regelaltersrente bezeichnete Lebensalter erreicht hat.

(3) Als Monatsverdienst gilt, was dem Arbeitnehmer bei der für ihn maßgebenden regelmäßigen Arbeitszeit in dem Monat, in dem das Arbeitsverhältnis endet (§ 9 Abs. 2), an Geld und Sachbezügen zusteht.

Der genannten Regelung ist für die gerichtlich festgesetzten Verfahren eine Höchstgrenze zu entnehmen. Der konkrete Abfindungsbetrag wird von den erkennenden Gerichten, aber auch von allen in arbeitsgerichtlichen Verfahren tätigen Beratern und Personalverantwortlichen nach einer vom Bundesarbeitsgericht entwickelten Faustformel errechnet. Danach ergibt sich die Abfindungshöhe aus dem hälftigen Bruttomonatsgehalt des Arbeitnehmers multipliziert mit den Jahren seiner Betriebszugehörigkeit. Bei einem sieben Jahre in einem Unternehmen beschäftigten Arbeitnehmer mit einem Bruttomonatsverdienst von 4 000 Euro ergibt die Berechnung gemäß der vorgenannten Faustformel also eine Abfindung in Höhe von sieben Jahre mal hälftiges Bruttomonatsgehalt (4 000 Euro / 2 =) 2 000 Euro x 7 = 14 000 Euro.

Es handelt sich dabei lediglich um eine von der Rechtsprechung entwickelte Berechnungsformel. Sie findet in der Rechtswirklichkeit auch häufig Verwendung. Eine Modifikation hinsichtlich des hälftigen Bruttomonatsgehaltes in Form von Ab- bzw. Aufschlägen (0,3 / 0,4 / 0,6 / 0,7 Gehälter) ist aber nicht unüblich.

M. B., Vertriebsleiter: »Während des Gütetermins zur Frage meiner Abfindung ging es dann um alles, na ja um vieles. Die Richterin war über den Fall nicht informiert und ließ sich zuerst von der angeklagten Seite (Arbeitgeber) die Situation schildern. Schnell wurde auf die katastrophalen wirtschaftlichen Verhältnisse verwiesen, im zweiten Schritt erst auf die Sozialauswahl. Bis zu diesem Zeitpunkt ging ich fest davon aus, dass meine Kollegin aus Y vor mir hätte entlassen werden müssen, ich dadurch im Recht sei und Anspruch auf eine hohe Abfindung hätte. Die Richterin schaute kurz in meinen Arbeitsvertrag, schnappte die Worte ›Standort X‹ auf und gab mir zu verstehen, dass die Kollegen des Standorts Y nichts mit der Sozialauswahl zu haben. Meine Karten wurden immer schlechter und statt vier ›Trümpfen‹ hatte ich auf einmal ein verdammt schlechtes Blatt. Der einzige ›Joker‹ war der, dass mir die Firma bereits Abfindungsangebote, zuletzt von 12 500 Euro, gemacht hatte. Auf Anraten der Richterin gingen wir zur Detailverhandlung vor die Saaltür. Mir war klar, dass die andere Seite nicht mehr auf meine geforderten 17 000 Euro eingehen würde, ich aber mehr als 12 500 bekommen möchte. Ich habe mich mit meinem

> Anwalt darauf geeinigt, auch 14 000 Euro anzunehmen. Wir baten die Gegenseite zur abschließenden Verhandlung an den Tisch. Ihr letztes Angebot lag dann bei 13 250 Euro. Ich willigte ein und war froh, dass wir ein Ende erreicht hatten.«

Neben der wichtigen Feststellung, dass grundsätzlich kein Abfindungsanspruch besteht, sollte auch eine weit verbreitete, aber unzutreffende Auffassung hinsichtlich des Resturlaubs richtig gestellt werden. Häufig geht man davon aus, dass dem Arbeitnehmer der ihm zustehende Resturlaub im Rahmen der Kündigungsfrist gewährt werden muss. Dies trifft nicht zu. Insbesondere die Annahme, man könne den Urlaubsanspruch ohne die im Unternehmen üblichen Formalien der Urlaubsgewährung quasi selbstständig antreten, ist nicht zutreffend. Eine solche selbstständige Inanspruchnahme von Urlaub kann nach ständiger Rechtsprechung zu einer fristlosen Kündigung des Vertragsverhältnisses mit den damit verbundenen Unannehmlichkeiten (Sperrfrist beim Arbeitsamt etc.) führen. Das heißt für Sie, dass auch im Rahmen der Beendigung eines Vertragsverhältnisses die Gewährung von Urlaub auf Wunsch des Arbeitnehmers mit dem Arbeitgeber abzustimmen ist und erst nach erfolgter Urlaubsgewährung ein Urlaubsantritt möglich ist. Der Arbeitgeber kann, soweit tarifvertragliche Regelungen dem nicht entgegenstehen, die Gewährung von Urlaub während der Kündigungsfrist verweigern. Dies kann er zum Beispiel, weil ein Nachfolgearbeitnehmer eingearbeitet werden muss oder ein erst nach Beendigung des Vertragsverhältnisses mit dem Arbeitnehmer stillgelegter Betriebsteil bis zum letzten Produktionstag in vollem Umfang betriebsfähig sein muss.

Hält der Arbeitnehmer die Nichtgewährung von Urlaub für unberechtigt, besteht für ihn nur die Möglichkeit, im Rahmen eines gerichtlichen Verfahrens die Gewährung des Urlaubs durchzusetzen.

Soweit das Vertragsverhältnis nach Ausspruch einer Kündigung bis zum letzten Tag erfüllt werden muss, hat der Arbeitnehmer außerdem eine den vertraglichen Regelungen angemessene Leistungsbereitschaft zu zeigen und die von ihm geforderten Aufgaben zu erfüllen. Eine dem entgegenstehende Haltung bis hin zur Arbeitsverweigerung kann auch während der Kündigungsfrist zu einer weiteren, möglicherweise dann fristlosen Kündigung mit den bereits dargestellten Problemen führen. Daher ist trotz der sicherlich bestehenden Frustration über die Kündigung ein »ordentliches Ausscheiden« anzuraten. Auch kommt in kaum einem Fall die arbeitnehmerseitige, fristlose Kündigung als Reaktion auf die fristgerechte Kündigung des Arbeitgebers in Betracht. Selbst wenn Sie als Arbeitnehmer aus Enttäuschung oder Wut einen solchen Schritt wünschen, müssen Sie berücksichtigen, dass rein formal-juristisch die vom Arbeitgeber ausgesprochene Kündigung des Arbeitsverhältnisses lediglich die Wahrnehmung eines ihm zustehenden Rechtes zur Beendigung eines Vertrages darstellt. Eine Gegenreaktion in Form einer fristlosen Kündigung durch den Arbeitnehmer mit der sofortigen Beendigung des Vertragsverhältnisses ist nicht möglich, soweit nicht außergewöhnliche Umstände im Zusammenhang mit der Kündigung eine besondere Bewertung zulassen. Als Arbeitnehmer sind Sie verpflichtet, Ihre Leistungen bis zum Ablauf der Kündigungsfrist ordnungsgemäß zu erbringen.

H. E., Leiter Marketing: Im Zuge eines hausinternen Machtwechsels wollte man sich von mir trennen.

Ich erhielt einen überraschenden Termin bei meinem Chef. Der zuständige Personalreferent war dabei, als mir eröffnet wurde, dass man sich von mir trennen wollte. Die Argumentation seitens des Unternehmens war aber sehr wackelig. Nach der Sanierung des Bereichs sehe man keine rechte Herausforderung und Auslastung mehr für mich. Zunächst einmal schaltete ich auf stur. Ich argumentierte mit dem messbaren Nettoerfolg meines Bereiches und signalisierte, dass ich keinesfalls freiwillig gehen würde, man mir aber gerne neue, anspruchsvollere Aufgaben geben könnte. Die tadellose Führung meines Bereichs und der Erfolg machten mich sehr sicher und ich verabschiedete mich ›frech‹ für vier Wochen in den Urlaub.

Im Urlaub überdachte ich nochmals meine Position. Die Gegenseite würde jetzt unter Zeitdruck stehen, da das neue Top-Management in wenigen Wochen antreten sollte. Wenn man mir einen neuen Job anbieten würde, wäre das sehr schön. Wenn nicht, würde ich eine extrem hohe Abfindungszahlung verlangen. Ich bereitete eine knappe Aufhebungsvereinbarung mit fünf Punkten vor. Ich legte mir die Taktik zurecht, dass ich für die Gegenseite völlig überraschend einlenken würde, wenn diese Vereinbarung sofort unterschrieben würde. Zur Erläuterung muss man sagen, dass in dieser Branche sowohl solche ›Deals‹ als auch monatelange zermürbende Verhandlungen nicht unüblich sind.

Die Taktik ging auf. Ich bekam keine neue Aufgabe, und mein Chef war sichtlich erleichtert, das Papier direkt unterschreiben zu können und alles ›vom Tisch zu haben‹. Sofortige Freistellung, Dienstwagen zur privaten Nutzung und Bezüge für weitere fünf Monate und eine sechsstellige Abfindung gaben mir das Gefühl, einen Erfolg verbucht zu haben.«

Kapitel 5
Ihr Rechtsweg gegen eine Kündigung

Auch wenn Sie sich noch so sehr darum bemühen, Sie müssen immer damit rechnen, dass Sie im Falle Ihrer Kündigung zu keiner außergerichtlichen Einigung mit Ihrem Arbeitgeber kommen. Dies müssen Sie aber noch lange nicht so einfach hinnehmen. Der Weg einer gerichtlichen Überprüfung der Kündigung steht Ihnen immer offen.

> **M. B., Vertriebsleiter:** »Meine Strategie bestand darin, dass ich mir einen renommierten Anwalt suchte, das schüchtert die Gegenseite wahrscheinlich immer etwas ein. Darüber hinaus war mir klar, dass man sich auf dem Gütetermin einigt, denn ein Kammertermin findet oftmals erst vier bis sechs Monate später statt. Dort geht es nicht mehr um Abfindungsgelder, sondern um Einstellung oder Kündigung. Dieses ›absolute‹ Risiko geht ein Arbeitgeber fast nie ein und ist daher für Verhandlungen offener als ohne diesen ›drohenden‹ Prozess.«

Kündigungsschutzklage beim Arbeitsgericht

Wenn Sie als Arbeitnehmer gegen die Kündigung vorgehen, ist es – wie bereits dargestellt – grundsätzlich notwendig, gegen die ausgesprochene Kündigung innerhalb einer Frist von drei Wochen nach Zugang der Kündigung (§ 4 KSchG) eine Kündigungsschutzklage beim zuständigen Arbeitsgericht zu erheben.

Dies ist grundsätzlich das für den Sitz Ihres Arbeitgebers gegebenenfalls für Ihren ständigen Arbeitsort zuständige Arbeitsgericht. Die Kündigungsschutzklage enthält in der Regel neben den üblichen Formalien in der Hauptsache den Antrag auf Feststellung, dass die Ihnen gegenüber ausgesprochene Kündigung unwirksam ist und das Arbeitsverhältnis fortgesetzt werden soll. Da der Arbeitgeber die von ihm zur Kündigung herangezogenen Kündigungsgründe im Einzelnen darzulegen und zu beweisen hat, sind die Anforderungen an die Sachverhaltsdarstellung für Sie als Arbeitnehmer nur gering. Es reicht aus, kurz das Unternehmen, Ihren Familienstand und Ihre Unterhaltspflichten sowie Ihre konkrete Arbeitstätigkeit im Unternehmen des Arbeitgebers darzustellen. Neben der Mitteilung, wann welche konkrete Kündigung ausgesprochen wurde, und der Beifügung derselben bedarf es kaum weiterer Ausführungen. Im Gegensatz dazu ist Ihr Arbeitgeber verpflichtet, die von ihm ausgesprochene Kündigung ausführlich zu begründen. Dazu muss er Beweise vorlegen beziehungsweise Zeugen benennen. Zu dem Zeitpunkt, zu dem die auf die Kündigungsschutzklage zu erwartende Reaktion des Arbeitgebers vorliegt – er die »Beweggründe« zur Kündigung schriftlich in das gerichtliche Verfahren eingebracht hat –, sind Sie wieder gefordert. Sie müssen jetzt konkret die behaupteten Gründe zur Kündigung, ebenfalls unter Beifügung von Beweisen oder Benennung von Zeugen, widerlegen. Da das arbeitsgerichtliche Kündigungsschutzverfahren zwingend die Durchführung einer Güteverhandlung (§ 54 ArbGG) fordert, erfolgt meist zeitnah (innerhalb von zwei Wochen, gemäß § 61 a Abs. 2 ArbGG) ein erster Gerichtstermin, in dem der vorsitzende Richter eine gütliche Einigung zwischen den Parteien anzustreben hat. An den genannten Fristen (die zwar in der Praxis wegen Überlastung der Gerichte nicht immer eingehalten werden) wird deutlich, dass auch von Ihnen zeitnahes Handeln gefordert ist. Sie sollten nicht in die Situation geraten, Unterlagen, Beweise etc. unter starkem Zeitdruck zusammentragen zu müssen. Auch um hierbei effizient und gezielt handeln zu können, ist die Unterstützung eines Fachanwalts sinnvoll.

Die weit überwiegende Anzahl aller Kündigungsschutzverfahren wird bereits in der Güteverhandlung im Rahmen eines Vergleichs abgeschlossen. In der Regel sieht dieser die Beendigung des Vertragsverhältnisses gegen Zahlung einer Abfindung vor. Kommt eine Einigung zwischen den Parteien nicht in Betracht, wird die Güteverhandlung erfolglos abgebrochen. Jetzt wird ein so genannter Kammertermin anberaumt. Zu diesem Kammertermin sind neben dem vorsitzenden Richter, der auch bereits die Güteverhandlung führt, zwei ehrenamtliche Richter anwesend, die grundsätzlich paritätisch aus den Arbeitgeber- und Arbeitnehmerorganisationen benannt werden. Diese mit drei Richtern besetzte Spruchkammer entscheidet dann, gegebenenfalls nach Beweisaufnahme und Anhörung von Zeugen, über die von Ihnen bzw. Ihrem Anwalt eingelegte Kündigungsschutzklage. Konnten Sie ein für sich erfolgreiches Urteil erstreiten (die Kündigung wird für nicht rechtskräftig erklärt), setzt sich das Vertragsverhältnis mit Ihrem Arbeitgeber fort, und Sie sind grundsätzlich verpflichtet, Ihre Arbeitsleistung im Unternehmen Ihres Arbeitgebers zu den alten Konditionen wieder aufzunehmen.

Legt Ihr Arbeitgeber gegen das von Ihnen erstrittene Urteil Berufung ein und lehnt er Ihre Tätigkeit in seinem Unternehmen weiterhin ab, erfolgt eine Überprüfung des Urteils des Arbeitsgerichts durch das zuständige Landesarbeitsgericht. Die nach erneuter Verhandlung dann ergehende Entscheidung ist in der Regel abschließend wirksam, da nur unter ganz bestimmten Voraussetzungen eine Revision gegen landesarbeitsgerichtliche Urteile beim Bundesarbeitsgericht zulässig ist.

Feststellungsklage beim Landgericht

Ist Ihre Rechtsposition im Unternehmen nicht die eines Arbeitnehmers, sondern sind Sie *Organ der Gesellschaft*, für die Sie tätig sind, steht Ihnen der arbeitsgerichtliche Rechtsweg nicht zu. Sie haben dann die

Kündigung Ihres Dienstverhältnisses im Rahmen einer Feststellungsklage beim zuständigen Landgericht anzufechten. Zunächst ist zu berücksichtigen, dass eine Feststellungsklage gegen die Kündigung eines Dienstverhältnisses nur dann sinnvoll erscheint, wenn entweder eine fristlose Kündigung aus wichtigem Grund oder aber eine Kündigung ohne Einhaltung der vorgeschriebenen Kündigungsfrist ausgesprochen wurde. Stehen Ihnen vereinbarte Sonderrechte nicht zu, kann das Dienstverhältnis, wie in Kapitel 3 bereits dargestellt, grundsätzlich unter Einhaltung der vereinbarten bzw. gesetzlichen Kündigungsfristen jederzeit gekündigt werden. Sie können dann weder die Fortsetzung des Vertragsverhältnisses noch die Zahlung einer Abfindung einfordern.

Da an allen Landgerichten der Bundesrepublik Deutschland Anwaltszwang besteht, sind Sie zwingend auf den Beistand eines Rechtsanwalts angewiesen. Eine gesetzliche Frist zur Einlegung Ihrer Feststellungsklage, ähnlich wie im Kündigungsschutzgesetz, besteht nicht. Lediglich die grundsätzlichen Gesichtspunkte einer so genannten »Verwirkung« treten nach allgemeiner Rechtsauffassung bei Nichtangreifen der Kündigung nach einem erheblichen Zeitablauf (circa vier Monate) ein. Auch im Rahmen der Feststellungsklage (siehe auch die Ausführungen zur Kündigungsschutzklage) bedarf es zunächst lediglich der Behauptung, dass die Kündigung des Dienstvertrages unberechtigt ist und Gründe für diese Kündigung nicht vorliegen. Erst nachdem Ihr Arbeitgeber die konkreten Gründe in das Verfahren eingebracht hat, haben Sie – gemeinsam mit Ihrem Anwalt – Ihre Sachverhaltsdarstellung unter Angabe von Beweismitteln in das Verfahren einzubringen.

Anders als im arbeitsgerichtlichen Verfahren kennt man vor dem Landgericht keine gesonderte Güteverhandlung. Die Zivilprozessordnung, die für Feststellungsklagen an Landgerichten einschlägig ist, sieht lediglich für alle gerichtlichen Verfahren eine zeitlich mit dem Hauptverfahren angesetzte Güteverhandlung vor. Bei dieser werden in der Regel »zum Auftakt« vom Gericht der Sachverhalt und gegebenenfalls bestehende Vorberatungen dargestellt, um danach bei einer nicht absehbaren gütlichen Einigung in das streitige Verfahren einzusteigen. Auch das Urteil des Landgerichts führt, soweit es für Sie obsiegend ausfällt, zu einer Fortsetzung des Dienstverhältnisses, mithin zu der Verpflichtung, Ihre Dienstleistungen in dem Unternehmen fortzusetzen. Die Berufung gegen das Urteil ist vor dem jeweils zuständigen Oberlandesgericht zulässig. Eine Revision zum Bundesgerichtshof kommt in den seltensten Fällen in Betracht.

Kapitel 6
Wenn das Selbstbild ins Wanken gerät

In einer Sache können Sie sicher sein: Eine Kündigung ist für alle davon Betroffenen eine harte und persönlich sehr belastende Situation. Die Schwierigkeit, mit der Aussage »Wir wollen Dich nicht mehr« umzugehen und sie richtig einzuordnen, erleben wir sogar dann, wenn die Trennung als möglicher Ausgang einer Verhandlung mit der Unternehmensleitung bereits eingeplant wurde. Auch hier führt das Nichteingehen des Unternehmens auf ein Verhandlungsangebot zu einer starken persönlichen Verunsicherung und Kränkung des Selbstwertgefühls.

Zum Teil wird das persönliche Erleben der »Krisensituation« durch die Art und Weise verschärft, wie eine Kündigung erfolgt und wie auch danach im Unternehmen und in Verhandlungssituationen mit der ehemaligen oder noch im Dienst befindlichen Führungskraft umgegangen wird.

U. G., Bereichsleiter: »Die Kündigung war für mich zunächst schon mit einem Gefühl der persönlichen Entwertung verbunden. Man sollte aber nicht zu viel über die Tragweite der Trennung oder Kündigung nachgrübeln und auf gar keinen Fall das eigene Selbstwertgefühl beschädigen lassen. Stattdessen sollte man diese Erfahrung als einen Schritt, der sicher für etwas ›gut‹ ist, betrachten und die eigene Leistung nicht grundsätzlich anzweifeln. Dennoch ist es wichtig, Gefühle von Wut und Zorn nicht gleich wegzudrücken, sondern auch zuzulassen.«

Dass in Deutschland keine Trennungskultur, sondern vielmehr eine »Unkultur« besteht, können viele Betroffene bestätigen. Zum Beispiel gibt es für den Gekündigten kaum Unterstützung bei der Suche nach einer neuen adäquaten Position. Der Umgang miteinander wird schnell konfliktär und dabei wird viel Porzellan zerschlagen. Häufig treten finanzielle Aspekte in den Vordergrund. Laurenz Andrzejewski definiert die Trennungskultur wie folgt: »Die Summe aller Regeln und Maßnahmen, die Trennungen und Veränderungen in Unternehmen fair und professionell machen. Trennungskultur ist manifest, wenn Trennung und Veränderungen mit möglichst geringen Verletzungen der Persönlichkeit aller Beteiligten einhergeht.« Die heute häufig fehlende Trennungskultur ist zum einen in der allgemeinen Unternehmenskultur begründet. In vielen Fällen steht sie aber auch im engen Zusammenhang mit der unzureichenden Qualifizierung und der eigenen Angst auf Seiten der Vertreter des Unternehmens.

Alle Erfahrungsberichte machen deutlich, dass Kränkung, Enttäuschung und Schmerz tief reichen und oft viel Zeit benötigt wird, um sich davon wieder zu befreien und nach vorne zu schauen.

> **F. K., Leiter Organisationsentwicklung:** »Es bleibt das Gefühl, als ehrlicher Schaffer, kompetenter Spezialist und Führungskraft für interne Spielchen im Unternehmen missbraucht worden zu sein. Man fühlt sich entehrt. Es erfordert erhebliche Kraft, seinen Stolz und sein Selbstwertgefühl nicht zu verlieren, da die stark identitätsstiftende Arbeit entzogen wurde.«

Ganz normal sind Fragen wie:

- »Warum ich?«
- »Was gibt es an meinen Leistungen auszusetzen?«
- »Habe ich nicht immer alles getan?«
- »Gehörte ich nicht immer zu den ersten und den letzten im Büro?«
- »Was habe ich nicht oder falsch gemacht?«

Gerade wenn wir es bis in eine Führungsposition geschafft haben, liegen manchmal harte Zeiten hinter uns. Die erlebten Erfolge und Beförderungen dienen als Basis eines wachsenden Selbstwert- und Kompetenzgefühls. Statussymbole, Verantwortung, Freiräume und vieles mehr vermitteln täglich den eigenen Wert und geben eine Identität, Identifikation und tägliche Bestätigung. Mit einem Handstreich wird das alles weggezogen – das Selbstbild wankt: Stimmt das, was ich bisher von mir geglaubt habe, überhaupt? Was bin ich eigentlich jetzt noch wert? »Das« darf keiner wissen. Dies sind nur zu verständliche Reaktionen.

An diesem Punkt ist es wichtig – wenn auch nicht in jedem Moment leicht – einen klaren Kopf zu behalten und ein möglichst objektives Bild des eigenen Wertes, der vorhandenen Kompetenzen und erreichten Erfolge zu behalten.

> **U. G., Bereichsleiter:** »Zunächst war die Kündigung für mich mit dem Gefühl fehlender beruflicher Perspektive und Demotivation verbunden. Sehr stark habe ich den Jobverlust als kompletten Verlust einer sinnstiftenden Tätigkeit wahrgenommen. Doch nach einer Weile wuchs das Bedürfnis, etwas ganz anders zu machen und wieder neu durchzustarten.«

Hilfreich ist es in diesem Moment, einmal eine persönliche Bilanz zu ziehen; Erfolge, Stärken, Kompetenzen, Vorzüge, aber auch Schwächen und vielleicht erlebte Misserfolge zusammenzutragen. Verschaffen Sie sich einen klaren Blick dafür, was Sie können und was Sie wert sind. Das schützt Sie nicht davor, vorübergehend auch einmal in ein »Loch« zu fallen, es ist aber eine wesentliche Vorbereitung auf weitere Schritte bei der Suche nach einer neuen Position.

Mein Stärken- und Schwächen-Profil

Bilanz ziehen heißt, alle Bereiche, die das persönliche Leben ausmachen, in einer Gesamtschau einmal bewusst zu betrachten. Diese zu bewerten heißt, wieder einen realistischen und in der Konsequenz zukunftsorientierten Blick für die Situation zu bekommen:

- Was war wirklich gut an der bisherigen Tätigkeit?
- Was habe ich nur hingenommen?
- Was war nicht gut und soll so auch nicht wieder sein?

Ein Stärken-Schwächen-Profil anzufertigen heißt, einen ehrlichen und selbstkritischen Blick auf die eigenen Fähigkeiten und Kompetenzen sowie das eigene Verhaltensspektrum zu werfen und sie einzuschätzen:

- Was kann ich wirklich sehr gut und besser als manch ein anderer?
- Was kann ich genauso gut wie andere?
- Was kann ich nicht so gut (und mag es vielleicht auch nicht) wie andere?

Die bisher erlebten Erfolge, aber auch Misserfolge bieten einen ersten Ansatz für die persönliche Bilanz. Stellen Sie diese einmal nach dem Muster der folgenden Tabelle auf

Persönliche Erfolge
Meine größten Erfolge (my proudest Prouds / Worauf ich besonders stolz bin) vor zwei bis fünf Jahren
In den letzten zwei Jahren: Meine größten Erfolge (my proudest Prouds)

Persönliche Misserfolge
Meine größten Misserfolge (my sorriest Sorrys / Meine grössten Flops) vor zwei bis fünf Jahren
In den letzten zwei Jahren: Meine größten Misserfolge (my sorriest Sorrys)

Erfolge und »Flops« geben Hinweise auf Ihre besonderen Neigungen und Stärken und auf die Bereiche, in die Sie bereit sind, viel Energie und Kraft zu investieren, weil sie Ihnen besonders liegen, Sie diese Aufgaben mögen. Die Bilanz sollten Sie sowohl in fachlicher Hinsicht wie mit Blick auf Ihr Führungs- und Ihr zwischenmenschliches Verhalten ziehen.

Nachfolgende Übersicht kann helfen, ein persönliches Stärkenprofil zu erarbeiten:

Kompetenz	Stärke, gut	Schwäche, weniger gut
Fachkompetenz		
Managementkompetenz		
Führungskompetenz		
Gesprächskompetenz		
Verhandlungskompetenz		
Verkaufs- / Vertriebskompetenz Teamfähigkeit		
Beratungskompetenz		
Andere Kompetenzen		

Selbstbild versus Fremdbild

Um ein realistisches Selbstbild zu gewinnen und entsprechend die Weichen richtig zu stellen, ist es hilfreich, andere zu fragen: »Wie siehst Du mich? Was sind Deiner Meinung nach meine Stärken? Was schätzt Du besonders an mir?« Aber auch: »Was wünschst Du Dir anders? Was kann ich nach Deiner Wahrnehmung nicht so gut?«

Wir alle laufen mit unserem eigenen blinden Fleck durch die Welt. Das ist der Bereich unserer Persönlichkeit und unseres Handelns, den wir nicht wahrnehmen, nicht kennen oder ganz anders einschätzen als unsere Umwelt. Gerade in kritischen Zeiten ist es hilfreich, sich von außen Feedback einzuholen, einmal abzufragen, wie andere einen sehen. Wo sie Stärken und Schwächen sehen, und wie die eigene Außenwirkung ist. Vielleicht stellen Sie fest, dass zwischen Ihrem Selbstbild und dem Fremdbild in bestimmten Bereichen erstaunliche Unterschiede bestehen. Zum Teil liegt das einfach daran, dass wir die Wirkung unseres Handelns oft anders einschätzen als diejenigen, denen sie gilt. Zum anderen nehmen wir längst nicht alles an unserem Verhalten wahr.

Abbildung 5, das Johari-Fenster, verdeutlicht die für uns und unsere Umwelt bekannten und die verborgenen Aspekte unserer Persönlichkeit.

Öffentliche Person: Hier gelten nur die Verhaltensweisen, die uns selbst bewusst sind und die wir anderen mitteilen, so zum Beispiel in Gesprächen und Verhalten.

Blinder Fleck: Beschreibt einen Teilaspekt unseres Verhaltens, der zwar für Dritte sichtbar und erkennbar ist, uns selbst jedoch nicht bewusst ist.

Private Person: In diesem »privaten« Bereich sind Handlungen, Verhaltensmuster, Gedanken, Gefühle und Meinungen angesiedelt, die nur uns selbst bekannt sind. Wir wollen nicht, dass andere davon wissen.

Unbewusstes: In diesem Bereich sind alle Teile unserer Persönlichkeit verborgen, die weder uns selbst noch Dritten bekannt sind. Dazu zählen unbewusste Motive und Wünsche, unterdrückte Bedürfnisse, verborgene Talente, ungenutzte Begabungen.

Kritisch ist dabei der Bereich des »blinden Flecks«. Wir haben selbst kein Bewusstsein für diesen Aspekt unserer Persönlichkeit, andere kennen ihn aber sehr wohl an uns. Feedback ist die einzige Möglichkeit, den blinden Fleck zu verkleinern und unser Selbstbild zu aktualisieren.

Nutzen Sie die Chance, sich von dem einen oder anderen guten Freund einmal eine Fremdeinschätzung geben zu lassen. Hören Sie einfach gut zu, und lassen Sie die Aussagen auf sich wirken. Fragen Sie, wenn Sie etwas nicht nachvollziehen können, und lassen Sie es sich gut erklären.

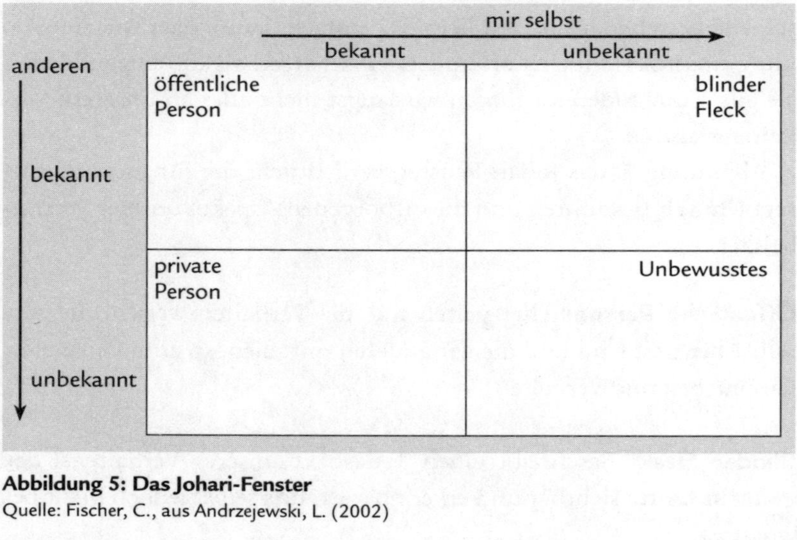

	mir selbst bekannt	mir selbst unbekannt
anderen bekannt	öffentliche Person	blinder Fleck
anderen unbekannt	private Person	Unbewusstes

Abbildung 5: Das Johari-Fenster
Quelle: Fischer, C., aus Andrzejewski, L. (2002)

Einfach ist Feedback aufzunehmen, wenn von unseren Stärken berichtet wird. Schwieriger ist es bei den Dingen, die andere nicht so sehr an uns schätzen oder von denen sie meinen, dass wir sie nicht so gut können. Bedenken Sie:

- Kein Freund wird Ihnen ein zweites Mal Feedback geben, wenn Sie beim ersten Mal ungehalten reagieren.
- Nicht Ihre und nicht die Einschätzung Ihres Feedback-Gebers sind die absolute Wahrheit. Beides ist die subjektive »Wahrheit« aus der persönlichen Sicht. Sie können jedes Feedback prüfen und sich dabei fragen:
  - Kann ich das nachvollziehen?
  - Ist es für mich bedeutungsvoll?
  - Möchte ich dieses Verhalten beibehalten, auch wenn es kritisch gesehen wird, oder möchte ich es ändern?
  - Was möchte ich ändern, und wie kann ich es ändern?

Ihr Feedback-Geber sollte Ihnen eine Rückmeldung zu Ihrem beruflichen Verhalten geben können, denn das steht jetzt für Sie im Vordergrund. Wenn Sie niemanden aus Ihrem Umfeld so sehr ins Vertrauen ziehen wollen, bietet sich an dieser Stelle die Zusammenarbeit mit einem Coach an (siehe Kapitel 3).

Der nächste Schritt besteht für Sie darin, einzuschätzen, in welchen beruflichen Positionen Sie Ihre Kompetenzen am besten einbringen können. Welche Aufgabengebiete bieten sich an, wie sollte Ihr Verantwortungsrahmen gestaltet sein, oder welche Entscheidungsfreiheit wünschen Sie sich? Eine Neuorientierung bietet auch die Chance, sich wieder anders auszurichten, Kernfelder neu zu definieren und Ungeliebtes zukünftig zu vermeiden.

Mit der Frage, welche Position, welche Aufgabe Ihren Wünschen und Ihren Kompetenzen am meisten entgegenkommt, richten Sie Ihre Aktivitäten und Ihre Kraft auf die Gestaltung Ihrer Zukunft aus. Verstehen Sie die Veränderung nicht nur als Notwendigkeit, möglichst schnell einen neuen Job zu finden, sondern als eine Chance, die Weichen neu zu stellen.

Klären Sie anhand der nachfolgenden Tabelle zunächst die Frage, welche Wünsche und Vorstellungen Sie im Einzelnen mit einer neuen Position verbinden, und halten Sie diese schriftlich fest.

Merkmale der neuen beruflichen Position	Meine Wünsche und Vorstellungen
Fachliche, inhaltliche Herausforderungen	
Führungsspanne	
Verantwortungsbereich	
Freiheit in der Gestaltung	
Freiheit im Handeln	
Hierarchische Einordnung	
Titel / Ausstellung	
Entwicklungspotenzial	

Bilanz ziehen: Erwartungen an den zukünftigen Arbeitgeber

Wenn Sie hinsichtlich Ihrer persönlichen Stärken und Schwächen Klarheit gewonnen haben und wissen, welche Aufgaben Ihnen am meisten entgegenkommen, können Sie auch definieren, welche Erwartungen Sie an Ihren zukünftigen Arbeitgeber haben. Dabei geht es in erster Linie darum, dass Sie wissen, auf welche Kriterien Sie bei potenziellen Arbeitgebern achten wollen, was Sie hinterfragen wollen und unter welchen Bedingungen Sie zu einer angebotenen Position lieber nein sagen.

Um zu prüfen, ob ein Unternehmen zu Ihnen passt, stellen Sie sich folgende Fragen:

- ☐ Wo hat das Unternehmen seinen Sitz?
- ☐ Ist es täglich erreichbar?
- ☐ Ist die tägliche Fahrt nach Hause für mich wichtig?

- [ ] Ist der Ort, wenn er weit entfernt ist, für mich / meine Familie attraktiv?
- [ ] Möchte ich meinen Wohnsitz dorthin verlegen?
- [ ] Um welche Unternehmensform handelt es sich?
- [ ] Ist es mir wichtig, in einem Konzern, Großunternehmen, im Mittelstand oder Kleinunternehmen zu arbeiten?
- [ ] Um welche Branche handelt es sich?
- [ ] Habe ich Vorlieben / Vorbehalte gegenüber bestimmten Branchen?
- [ ] Habe ich die vielleicht notwendigen spezifischen Branchenkenntnisse?
- [ ] Ist die Branche generell stabil und sicher?
- [ ] Was für ein Image hat das Unternehmen?
- [ ] Ist mir das Image / der Name meines Arbeitgebers wichtig?
- [ ] Wie ist die wirtschaftliche Situation des Unternehmens?
- [ ] Bin ich bereit, das Risiko einer nicht stabilen oder sogar schwachen wirtschaftlichen Situation bei meinem Arbeitgeber einzugehen?
- [ ] Wie umsatzstark ist das Unternehmen?
- [ ] Für welche Klientel ist das Unternehmen tätig?
- [ ] Liegt mir diese Zielgruppe?
- [ ] Habe ich Vorlieben oder Vorbehalte oder auch besondere Wünsche hinsichtlich Klienten und Kunden?
- [ ] Handelt es sich um ein noch sehr junges oder um ein schon über Jahre etabliertes Unternehmen?
- [ ] Wie wichtig ist mir das eine oder andere Kriterium?
- [ ] Hat das Unternehmen etwaige Neuentwicklungen hervorgebracht?
- [ ] Gab es Innovationen?
- [ ] Ist es für mich wichtig, in einem innovativen Unternehmen zu arbeiten?
- [ ] Wie beschreibt das Unternehmen seine Kultur und Werte?
- [ ] Welche Werte und welche Kultur sind mir wichtig?
- [ ] Unter welchen Bedingungen fühle ich mich wohl?

- ☐ Gibt es etwas, was ich nicht mehr bereit bin zu akzeptieren?
- ☐ Welche Anforderungen stellt das Unternehmen an seine Mitarbeiter?
- ☐ Entspricht das dem, was ich leisten will und kann?
- ☐ Wie sieht die Mitarbeiterstruktur (z. B. im Hinblick auf das Alter) aus?
- ☐ Wie werden die Mitarbeiter beschrieben?
- ☐ Was ist mir für die Zusammenarbeit mit Kollegen, Mitarbeitern und Vorgesetzten wichtig?
- ☐ Gibt es aktuelle (positive / negative) Berichte / Mitteilungen über das Unternehmen in Presse, Funk und Fernsehen oder etwaige Veröffentlichungen?

Die optimale Position ist ein Traum. Danach zu suchen ist wahrscheinlich wenig Erfolg versprechend. Wichtiger ist zu erkennen, in welchen Aspekten Sie auch zu Kompromissen bereit sind. Darüber hinaus ist natürlich zu berücksichtigen, dass je nach gewünschter Zielposition der Markt sehr eng sein kann. Dann müssen Sie entscheiden, ob Sie nicht vielleicht doch besser an der Position oder an den Kriterien, die Sie an einen zukünftigen Arbeitgeber stellen, gewisse Abstriche machen sollten.

Kapitel 7
Den Überblick behalten: Prozessdokumentation

Von den ersten Anzeichen einer persönlich kritischen Situation im Unternehmen bis zur Trennungsaussage und dann noch einmal bis zum tatsächlichen Abschluss aller Verhandlungen mit dem ehemaligen Arbeitgeber vergeht häufig sehr viel Zeit. In dieser Zeit passiert vieles. Größere Ereignisse, die Sie so schnell auch nicht vergessen werden, aber auch viele kleine Vorkommnisse, bei denen Sie auch nach kurzer Zeit schon nicht mehr sagen können, wann was wie genau abgelaufen ist. Oft sind es aber gerade die kleinen Begebenheiten, die für eine Argumentation gegenüber dem Arbeitgeber benötigt werden. Diese sind aber nicht zu verwerten, wenn man sich nicht mehr genau an sie erinnern kann.

Genau das macht es so wichtig, von Anfang an einzelne Ereignisse, kleine und große, zu dokumentieren.

Dokumentation heißt festzuhalten, was wer wie in welcher Form getan oder gesagt hat. Dokumentieren Sie für sich in einer für Sie gut handhabbaren Struktur und Form. Vorsicht: Solange Sie noch im Unternehmen sind, sollten Sie dies entsprechend diskret tun. Gerade der uns im täglichen Handeln inzwischen so vertraute Computer, an den normalerweise auch niemand außer uns selbst geht, kann für Dritte schnell sehr transparent sein.

Um den Prozess der Trennung möglichst gut zu dokumentieren, geht es darum:

- Notizen zu Gesprächen zu verfassen,
- Telefonnotizen zu erstellen,

- E-Mails aufzubewahren (erhaltene und gesendete),
- Schriftverkehr zu verwahren,
- Ereignisse und Absprachen in Notizform festzuhalten,
- gegebenenfalls Kopien von wichtigen oder nützlichen Unterlagen zu erstellen.

Mit der Dokumentation stellt sich Ihnen eine nicht zu unterschätzende Herausforderung. Sie müssen Situationen und Ereignisse objektiv bewerten und dokumentieren. Ihre subjektive und möglicherweise verzerrte Einschätzung hilft Ihnen nicht, wenn Verhandlungen härter werden und es unter Umständen sogar zu rechtlichen Auseinandersetzungen kommt. Nur das Festhalten von Tatsachen wird Ihnen helfen, Ihre eigene Position und Argumentation zu stärken. Wenn Sie nicht versuchen, sehr objektiv zu bleiben, können Sie auch den subjektiven Verzerrungen und Interpretationen der anderen Seite nicht wirkungsvoll begegnen und geraten schnell in Beweisnot. Halten Sie sich an die Formel:

Was konkret ist genau wie und wann erfolgt, und wer konkret war in welcher Form daran beteiligt? Wer hat was genau (wörtlich, nicht Ihrem Verständnis nach) gesagt?

Wenn sich das Unternehmen aus welchen Gründen auch immer von Ihnen trennen will, wird es vermutlich zunächst noch das Bestreben haben, dies in anständiger Form zu tun. Nur in Ausnahmen wird ein Unternehmen allerdings bereit sein, Ihnen mehr zu geben, als unbedingt erforderlich erscheint. Sie könnten dies allenfalls dann erwarten, wenn Sie zum Beispiel etwas wissen, von dem andere möchten, dass es in Ihrem Kopf bleibt. Aus diesem Grund sollten Sie sich mit einer sehr genauen Prozessdokumentation auch für etwas härtere Verhandlungen wappnen.

Das schriftliche Fixieren gilt auch für Absprachen, die Sie im Trennungsprozess mit Gesprächspartnern im Unternehmen treffen. Am besten machen Sie es sich zur Gewohnheit, Absprachen – auch wenn Sie mal eben »auf dem Flur« getroffen wurden – festzuhalten und auch von Ihrem Gesprächspartner unterschreiben zu lassen.

Am besten ist, Sie lassen sich gar nicht zu Absprachen »mal eben« oder zwischen »Tür und Angel« oder nach dem Motto »was ich kurz noch mit Ihnen besprechen wollte ...« verleiten. Wenn das Anliegen an Sie herangetragen wird, gilt entweder die Regel: Auch diese Absprachen werden schriftlich dokumentiert und von beiden unterzeichnet, oder Sie bitten einfach, dieses Gespräch in Ruhe zu einem vereinbarten Zeitpunkt zu führen.

Viel zu schnell heißt es »... das haben wir doch besprochen« oder »... das habe ich Ihnen doch mitgeteilt«. Dies war aber vielleicht in einer Situation, die Sie als gar nicht so verbindlich und formal bewertet haben und deshalb die Aussagen anders interpretiert und verstanden haben, als sie von Ihrem Gesprächspartner gemeint waren. Hierbei müssen Sie einfach bedenken, dass auch Ihre Gesprächspartner im Unternehmen sich in der Regel sehr schwer damit tun, vernünftige Trennungsgespräche zu führen und den gesamten Prozess souverän und kompetent zu gestalten. Auch sie haben Ängste, fühlen sich unwohl in der Situation und versuchen aus diesem Grund oft, »alles« einfach schnell hinter sich zu bringen.

Kapitel 8
Beendigungsvereinbarungen: Strategie und Inhalte

> **H. O., Geschäftsbereichsleiter:** »Als ich sicher war, dass ich meinen befristeten Vertrag auf keinen Fall von mir aus kündigen würde, habe ich mich mit einem Anwalt auf den Tag X vorbereitet, indem wir alle Möglichkeiten einer vorzeitigen Vertragsauflösung seitens des Arbeitgebers durchgesprochen haben.«

Wie bereits gesagt, Sie müssen eine Kündigung nicht einfach hinnehmen, Ihr einziger Weg ist aber auch nicht die Kündigungsschutzklage gegen Ihren Arbeitgeber. Dazwischen liegen verschiedene Möglichkeiten, außergerichtlich zu einer für beide Seiten akzeptablen Lösung und zur Beendigung des Arbeitsverhältnisses zu kommen.

Soweit eine Regelung im Rahmen der Beendigung des Vertragsverhältnisses in Betracht kommt, stellt sich zunächst die Frage: Soll das Vertragsverhältnis durch eine Beendigungs- / Abwicklungsvereinbarung oder einen Aufhebungsvertrag beendet werden?

Der grundsätzliche Unterschied zwischen beiden besteht in erster Linie darin, dass die Beendigungs- / Abwicklungsvereinbarung auf der Grundlage einer bereits ausgesprochenen Kündigung lediglich die wesentlichen Regelungen zur Beendigung des Vertragsverhältnisses zusammenfasst und verbindlich zwischen den Parteien festlegt. Eine Aufhebungsvereinbarung hingegen setzt keine Kündigung voraus, sondern beinhaltet die rechtliche Beendigung des Vertragsverhältnisses.

Viele Arbeitnehmer fokussieren, soweit es um die Beendigung eines Vertragsverhältnisses geht und dazu Gespräche zwischen Arbeitgeber und Arbeitnehmer stattfinden, in erster Linie auf den Abschluss einer Aufhebungsvereinbarung. Hiermit soll, auch für weitere Bewerbungen, die einvernehmliche Beendigung des Vertragsverhältnisses dokumentiert werden, um so zum Ausdruck zu bringen, dass nicht etwa eine einseitige Beendigung durch den Arbeitgeber erfolgt ist. Hintergrund ist hier oftmals die Annahme, dass die Beendigung eines Vertragsverhältnisses durch eine Aufhebungsvereinbarung für eine neue Bewerbung Vorteile verschafft. Diese Bewertung ist jedoch grundsätzlich unzutreffend. Jedem Personalverantwortlichen bzw. potenziellen Arbeitgeber wird bei einer Bewerbung mit dem Hinweis auf eine einvernehmliche Beendigung des früheren Arbeitsvertrags deutlich, dass der Wunsch nach Beendigung des Altarbeitsverhältnisses arbeitgeberseitig bedingt war. Nicht anders ist zu erklären, dass ein Arbeitnehmer, ohne bereits ein Anschlussarbeitsverhältnis konkret ausverhandelt zu haben, sich mit seinem Ex-Arbeitgeber auf die Beendigung des Vertragsverhältnisses im Rahmen einer einvernehmlichen Aufhebungsvereinbarung verständigt. Dagegen ist eine aus betriebsbedingten Gründen erfolgte Kündigung, insbesondere in Zeiten allgemein bekannter wirtschaftlicher Probleme, eher geeignet, eine saubere und weitere Bewerbungen nicht beeinträchtigende Beendigung des alten Arbeitsverhältnisses zu dokumentieren. Darüber hinaus führt gerade der Abschluss einer Aufhebungsvereinbarung, soweit ein Anschlussarbeitsverhältnis nach Beendigung der Kündigungsfrist nicht besteht, zu möglichen Problemen bei der Gewährung von Arbeitslosengeld.

Den bisherigen Ausführungen ist bereits zu entnehmen, dass die Beendigung von Arbeits- und Dienstverhältnissen, die oftmals mit einer Abfindungszahlung verbunden ist, entweder in Kombination mit einer Kündigung oder aber mit einer Beendigungs- / Aufhebungsvereinbarung zwischen den Vertragsparteien erfolgt. Diese Vereinbarungen regeln alle wesentlichen Gesichtspunkte bei der Auseinandersetzung zwischen den Vertragsparteien. Sie haben daher große Bedeutung hinsichtlich ihrer konkreten Ausgestaltung sowie der gewählten Formulierungen. Schließlich wird mit den Beendigungsvereinbarungen nicht nur der Abschluss des zurückliegenden Arbeitsverhältnisses geregelt, sondern werden auch die Weichen für die Zukunft gestellt. Der Inhalt einer Beendigungsvereinbarung wird in aller Regel dem zuständigen Arbeitsamt bekannt, sodass sich hieraus für die Gewährung von Arbeitslosengeld (soweit dies in Anspruch genommen werden kann) entscheidende Anspruchsvoraussetzungen ableiten lassen.

Regelungen des zurückliegenden Vertragsverhältnisses

Da das Arbeits- / Dienstverhältnis nicht nur durch Kündigung oder Fristablauf beendet werden kann, stellt sich grundsätzlich die Frage, ob nicht eine Aufhebungsvereinbarung zwischen den Vertragsparteien der richtige Weg für eine Trennung ist, soweit für beide Parteien ersichtlich wird, dass eine weitere Zusammenarbeit, aus welchen Gründen auch immer, nicht mehr in Betracht kommt. Eine Aufhebungsvereinbarung bewirkt im Gegensatz zu einer Beendigungs-/Abwicklungsvereinbarung, wie oben bereits dargestellt, die Trennung des Vertragsverhältnisses aus sich heraus.

Das heißt, in der Aufhebungsvereinbarung wird nicht unter Bezug auf eine bereits ausgesprochene Kündigung der Trennungssachverhalt geregelt, sondern die Aufhebungsvereinbarung führt selbst zur Beendigung des Vertragsverhältnisses. Ein solches Vorgehen sollten Sie immer nur dann in Betracht ziehen, wenn Sie als Arbeitnehmer / Dienstnehmer nach Beendigung Ihres alten Arbeitsverhältnisses bereits ein neues in Aussicht haben und keine Arbeitslosengeldzahlungen in Anspruch nehmen wollen. Diese Zahlungen werden nämlich in der Regel mit dem Hinweis auf die einvernehmliche Aufgabe des Vertragsverhältnisses unter eine Sperrzeit wegen Arbeitsaufgabe gestellt.

Seit dem 01.05.2000 sind alle Beendigungs- und Abwicklungsvereinbarungen gemäß den Regelungen des § 623 BGB schriftlich festzulegen. Diese Regelung ist zwingend; auf die Schriftform kann nicht verzichtet werden.

Im Rahmen einer Beendigungs- / Abwicklungsvereinbarung sollten sich die Parteien auf die Regelung folgender grundsätzlich notwendiger Vertragsinhalte verständigen:

Freistellung bis zur Beendigung des Arbeitsverhältnisses

Die Möglichkeit der Freistellung während der Restlaufzeit des Arbeitsverhältnisses sollte grundsätzlich zwischen den Vertragsparteien ins Auge gefasst werden.

Zum einen besteht hier die Möglichkeit, den noch ausstehenden Resturlaub einzubringen, zum anderen führt ein sauberer Schnitt nach Abschluss einer Beendigungsvereinbarung in der Regel dazu, dass keine Probleme und Meinungsverschiedenheiten in der Restlaufzeit des Arbeitsverhältnisses zwischen den Vertragsparteien auftreten.

Auch ist oftmals gerade im Interesse des Arbeitgebers eine frühzeitige Freistellung zu vereinbaren, da so aktuelle Betriebsinterna des Arbeitgebers unmittelbar vor Beendigung des Vertragsverhältnisses vom Arbeitnehmer nicht in ein neues Arbeitsverhältnis mitgenommen werden können.

Vergütung während der Freistellung

Kommt eine Freistellung zwischen den Vertragsparteien in Betracht, ist sinnvollerweise eine detaillierte Festlegung der vom Arbeitgeber zu erbringenden Zahlungen während der Freistellung notwendig. Insbesondere bei leistungs- und provisionsabhängigen Vergütungen sollten die Parteien eine Auszahlungsbasis festlegen. Darüber hinaus ist in der Beendigungs- / Abwicklungsvereinbarung festzulegen, dass Vergütungen, die Sie von anderen Arbeitgebern oder Dritten während der Zeit der Freistellung erhalten, nicht auf Ihr Arbeitsentgelt anzurechnen sind. Diese Regelung ist notwendig, da sich ein Arbeitnehmer grundsätzlich während des Bestehens eines Arbeitsverhältnisses anderweitige zusätzliche Verdienste anrechnen lassen muss, soweit es sich nicht um Einkünfte aus einer bloßen Nebenbeschäftigung handelt. Zwar kann man bei einer unwiderruflichen Freistellung grundsätzlich die Argumentation vertreten, dass damit auch eine Anrechnungsverpflichtung nicht mehr besteht, doch sollte die vorstehend dargestellte klare Regelung getroffen werden, um hier Rechtsstreitigkeiten vorzubeugen.

Abfindungszahlungen

Wurde zwischen den Parteien eine Einigung über eine Abfindung erzielt, so ist diese schriftlich zu fixieren. Hierbei sollte, um Meinungsverschiedenheiten hinsichtlich der Auszahlung zu vermeiden, ein Auszahlungsdatum festgelegt werden. Wird ein Fälligkeitsdatum nicht vereinbart, ist die Abfindung unmittelbar mit Abschluss der Beendigungs- / Abwicklungsvereinbarung fällig. Ist eine Vereinbarung zur Auszahlung zwischen den Parteien für den Zeitraum nach Beendigung des Vertragsverhältnisses festgelegt, sollte darüber hinaus ein konkreter Eingang der Zahlung auf einem bereits im Rahmen der Beendigungs- / Abwicklungsvereinbarung festgelegten Konto des Arbeitnehmers vereinbart werden.

Auch ist, gerade bei langen Beendigungsfristen, die Festlegung der Vererblichkeit der Abfindung von besonderer Bedeutung. Wurde die Vererblichkeit des Anspruches nicht zwischen den Parteien einvernehmlich und deutlich geregelt, besteht bei einem glücklicherweise sicherlich selten vorkommenden Fall des Versterbens des Arbeitnehmers vor Auszahlung der Abfindung grundsätzlich kein Zahlungsanspruch der Erben.

Berechtigung zum vorzeitigen Ausscheiden und Erhöhung der Abfindungszahlung

Weiterhin kann es für Sie, insbesondere bei langen Kündigungsfristen und einer intensiven Suche nach einem neuen Arbeitsplatz, sinnvoll sein, eine vorzeitige »Ausstiegsklausel« in die Beendigungsvereinbarung aufzunehmen. Diese ermöglicht eine Beendigung des Vertragsverhältnisses mit kurzer Ankündigungsfrist, um ein neues Arbeitsverhältnis zu beginnen. Diese Regelung wird – soweit möglich – gekoppelt mit dem Anspruch der Erhöhung der bereits vereinbarten Abfindung, unter Berücksichtigung der vom Arbeitgeber nicht mehr zu zahlenden Restvergütung bis zum Abschluss des Arbeitsverhältnisses.

Zwischenzeugnis und Abschlusszeugnis

Der Zeugnisanspruch ergibt sich aus den §§ 630 BGB, 73 HGB und 8 BbiG. Danach ist ein Zeugnis seitens des Arbeitgebers bei Beendigung des Arbeitsverhältnisses zu erteilen. Ihr Zeugnisanspruch besteht aber nicht erst mit oder nach Beendigung des Vertragsverhältnisses. Wenn aufgrund einer fristgerechten Kündigung, des Ablaufs einer Befristung oder aufgrund einer Beendigungs-/Abwicklungsvereinbarung das Ende des Vertragsverhältnisses absehbar ist, können Sie Ihr Zeugnis bei Ausspruch der Kündigung oder Abschluss der Beendigungs-/ Abwicklungsvereinbarung und bei befristeten Arbeitsverhältnissen in angemessener Zeit vor Vertragsablauf verlangen.

Bereits im Rahmen der Beendigungs-/ Abwicklungsvereinbarung sollte, um späteren Zeugnisstreitigkeiten vorzubeugen, festgelegt werden, in welcher Art und Weise der ehemalige Arbeitgeber die Bewertung Ihrer Leistungen in seinem Unternehmen darstellen wird. Gerade der üblicherweise bei einer Beendigungsvereinbarung gegebene Einigungswille führt dazu, dass es zu einer für beide Seiten akzeptablen, insbesondere bereits abgestimmten und nicht noch einmal aufzugreifenden Zeugnisformulierung kommt. Hierbei hat der Arbeitgeber grundsätzlich ein wohlwollendes, dem beruflichen Fortkommen dienendes Zeugnis zu erstellen. Eine Überprüfung des vom Arbeitgeber gefertigten Zeugnisses, unter Berücksichtigung der üblichen Zeugnisformulierungen, ist grundsätzlich sinnvoll, um bösen Überraschungen bei zukünftigen Bewerbungen vorzubeugen. Auch ein Zwischenzeugnis steht jedem Arbeitnehmer zu, wenn hierfür ein berechtigtes Interesse besteht. Unter einem berechtigten Interesse sind zum Beispiel Fort-und Weiterbildungen, Bewerbungen, ein Wunsch auf Stellenwechsel und vor allem eine in Aussicht gestellte Kündigung zu verstehen. Denn der Arbeitnehmer wird in der Regel bereits vor Beendigung des Vertragsverhältnisses für Bewerbungen bei neuen potenziellen Arbeitgebern eine Leistungsbewertung benötigen.

Direktversicherung und Betriebsrentenansprüche

Die Regelungen zur Direktversicherung beziehungsweise zur Gewährung von Betriebsrenten sind im Wesentlichen lediglich eine Wiederholung der bereits im Arbeitsvertrag beziehungsweise in der betrieblichen Altersversorgung Ihres ehemaligen Arbeitgebers festgelegten Verpflichtungen. Insbesondere im Hinblick auf die Gewährung einer Betriebsrente ist hier auf die nach Gesetz oder Betriebsrentenregelung Ihres Unternehmens bestehenden unverfallbaren Anwartschaften zu verweisen. Die Unverfallbarkeit der Altersversorgung ergibt sich aus § 1 b Abs. 1 BetrAVG, wonach eine Versorgungsanwartschaft unverfallbar geworden ist, wenn der Arbeitnehmer das 30. Lebensjahr vollendet hat und fünf Jahre im Unternehmen beschäftigt ist. Diese Halbierung der Unverfallbarkeitsfrist wurde im Juni 2001 gesetzlich eingeführt, zuvor war eine zehnjährige Betriebszugehörigkeit gefordert. Diese kürzere Unverfallbarkeitsfrist gilt für alle Versorgungszusagen, die nach dem 01.01.2001 erteilt worden sind. Für ältere Zusagen bleiben die bisherigen Fristen anwendbar mit der Maßgabe, dass ab dem 01.01.2001 die neuen, kürzeren Fristen gelten. Alle Altzusagen werden damit, das vollendete 30. Lebensjahr vorausgesetzt, spätestens im Jahr 2006 unverfallbar. Voraussetzung hierfür ist natürlich der ununterbrochene Bestand des Arbeitsverhältnisses.

Wiedereinstellungsanspruch bei Verbesserung der Marktlage des Arbeitgebers

Soweit für Sie eine Rückkehr in das Unternehmen Ihres bisherigen Arbeitgebers in der Zukunft nicht ausgeschlossen erscheint und die konkrete Beendigung für alle Beteiligten nachvollziehbar nur an einer zeitweiligen Nichteinsetzbarkeit festgemacht wird, kommt unter Umständen eine Vereinbarung über einen Wiedereinstellungsanspruch zu gleichen Konditionen für einen bereits festgelegten Zeitpunkt oder Zeitraum in Betracht, insbesondere dann, wenn eine Verbesserung der Marktsituation bereits in Aussicht ist.

Sprachregelungen zu Ihrem Ausscheiden

Auch von Bedeutung ist die Abstimmung zwischen Ihnen und Ihrem ehemaligen Arbeitgeber hinsichtlich der gewählten Sprachregelung zu Ihrem Ausscheiden aus dem Unternehmen.

Eine hier treffende und von allen Vertragsbeteiligten getragene Sprachregelung vereinfacht den Umgang mit den ehemaligen Kollegen, möglicherweise auch mit den von Ihnen betreuten Kunden bzw. allen, die mit Ihnen und Ihrem ehemaligen Arbeitgeber kommunizieren. Auch vereinfacht eine solche abgestimmte Formulierung Ihre Präsentation im Rahmen einer Neubewerbung. Insbesondere eine Tätigkeit in einer klar umgrenzten Branche, in der ausgeprägte Querkontakte zwischen allen Beteiligten bestehen, macht die einheitliche Darstellung Ihres Ausscheidens aus dem Unternehmen Ihres ehemaligen Arbeitgebers zwingend notwendig.

Ausschluss von Rückzahlungsverpflichtungen

Da in Arbeits- und Tarifverträgen oftmals Regelungen zur Rückzahlungsverpflichtung von Weihnachts-, Urlaubs- und Gratifikationszahlungen enthalten sind, ist im Rahmen einer Beendigungsvereinbarung gegebenenfalls deutlich zum Ausdruck zu bringen, dass entweder ausstehende Gratifikationszahlungen noch gezahlt beziehungsweise Rückzahlungen nicht notwendig werden. Regelungen, bei denen die Vertragsparteien ausdrücklich vereinbart haben, dass für Aus- und Fortbildungsmaßnahmen aufgewendete Kosten bei einer vorzeitigen Beendigung des Arbeitsverhältnisses durch den Arbeitnehmer zurückzuzahlen sind, sind grundsätzlich zulässig, es sei denn, unter Berücksichtigung einer freien Wahl des Arbeitsplatzes besteht eine übermäßige Beeinträchtigung des Arbeitnehmers. Es ist aber zu prüfen, ob die Rückzahlungsverpflichtung aufgrund der Laufzeit, der Höhe et cetera, den Arbeitnehmer unangemessen in seinem Recht auf freien Arbeitsplatzwechsel einschränkt. Die sich hieraus ergebenden Verpflichtungen im Rahmen der zu treffenden Beendigungs- / Abwicklungsvereinbarungen sind ausdrücklich aufzuführen.

Outplacementvereinbarungen

Regelungen zum Outplacement, mithin zur vom Arbeitgeber unterstützten Hilfe bei der Suche des Arbeitnehmers nach einem neuen Arbeitsplatz, sind im Rahmen einer Beendigungsvereinbarung nicht unbedingt üblich. Sollte ein solches Angebot des Arbeitgebers vorliegen, stellt sich für den Arbeitnehmer die Frage, ob er dieses grundsätzlich in Betracht zieht. Die Beantwortung dieser Frage wird in erster Linie davon abhängen, ob er überhaupt bei der Suche nach einem neuen Arbeitsverhältnis in der Zukunft noch auf die Mithilfe seines bisherigen Arbeitgebers zurückgreifen will. Insbesondere die konkreten Umstände der Beendigung werden hier eine erhebliche Rolle spielen. Weiterhin ist in der Regel die Nutzung einer Outplacement-Beratung auf Kosten des Arbeitgebers insofern abfindungsrelevant, als dass der Arbeitgeber sich bei einer erfolgreichen Outplacement-Beratung von Abfindungszahlungen meist ganz befreien will, zumindest aber eine teilweise Anrechnung einfordern wird. Die bei einem Konzern vielleicht bestehende Möglichkeit, den Arbeitnehmer im Rahmen eines konzerninternen Outplacements in ein Tochter- oder Beteiligungsunternehmen zu integrieren, erscheint sinnvoll, um die Synergieeffekte der kurzfristigen Weiterbeschäftigung gegebenenfalls unter Berücksichtigung der bisherigen Betriebszugehörigkeitszeiten zu realisieren. So besteht die Möglichkeit, ein Anschlussarbeitsverhältnis unter Beibehaltung der bereits bestehenden Betriebszugehörigkeit zu vereinbaren.

Dienstwagen

Haben Sie einen Dienstwagen durch den Arbeitgeber auch für die Nutzung privater Zwecke erhalten, stellt sich die Frage, ob Sie diesen auch während der Kündigungsfrist, insbesondere bei einer Freistellung, behalten und privat nutzen können oder ob Ihr Arbeitgeber aufgrund der getroffenen Regelungen in Ihrem Arbeitsvertrag berechtigt ist, Ihnen mit Kündigung und Freistellung den Dienstwagen zu entziehen. Abhängig von der konkreten Formulierung im Arbeitsvertrag sollte daher im Rahmen der Beendigungs- / Abwicklungsvereinbarung eine einvernehmliche, insbesondere klarstellende Regelung getroffen werden.

Abgabe aller Betriebsmittel

Die Rückgabe der Ihnen vom Arbeitgeber zur Verfügung gestellten Betriebsmittel (Handy, Laptop, PC etc.) ist mit Beendigung des Vertragsverhältnisses notwendig, soweit Sie nicht in Ihrem, sondern im Eigentum des Arbeitgebers stehen. Soweit insbesondere an Kommunikationsmitteln Ihrerseits ein Interesse an Übernahme besteht, ist eine Sondervereinbarung zu treffen.

Regelung zum Ausgleich aller Ansprüche

Wenn sämtliche Regelungen zwischen den Parteien bedacht und in schriftliche Form gebracht worden sind, ist es sinnvoll, eine umfassende Ausgleichsregelung zu vereinbaren, um einen abschließenden »Rechtsfrieden« zu erhalten. Danach sind nur die in der Beendigungs- / Abwicklungsvereinbarung getroffenen Regelungen zwischen den Parteien abzugelten. Es bestehen damit keine weiteren Ansprüche zwischen den Parteien, seien sie bekannt oder unbekannt. Dieses »Abschneiden« sämtlicher weiterer Rechtspositionen kann sicherlich unter Umständen zum Verlust von Ansprüchen führen, bietet aber beiden Vertragsparteien die Sicherheit, dass mit den getroffenen Regelungen sämtliche in Betracht kommenden Ansprüche vollumfänglich erfasst wurden und keine Weiterungen in der Zukunft zu befürchten sind.

Nach der Beendigung des Arbeitsverhältnisses

Ist das Arbeitsverhältnis beendet, stellt sich die Frage, wie es weitergeht. Gibt es bereits ein Anschlussarbeitsverhältnis? Ist eine Phase der Fortbildung geplant, oder beginnen Sie die Suche nach einem neuen Arbeitsplatz sofort? Können Zahlungen des Arbeitsamtes in Anspruch genommen werden?

Für die meisten ergibt sich jetzt vielleicht erstmals die Frage, ob sie Arbeitslosengeld erhalten und wie sie es zu beantragen haben.

Als Vorfrage ist hier zunächst zu klären, ob aufgrund der Art der Beendigung des Arbeitsverhältnisses eine Sperre hinsichtlich der Zahlung von Arbeitslosengeld eintritt. Gesetzliche Grundlage hierfür ist 144 Abs. 1 S. 1 Nr. 1 SGB III, wonach die Lösung des Arbeits-/Dienstverhältnisses das Eintreten der Sperrzeit bewirkt, wenn die Herbeiführung der Arbeitslosigkeit auf einer Kündigung des Arbeitnehmers, einer einvernehmlichen Auflösung des Beschäftigungsverhältnisses oder auf einer Kündigung durch den Arbeitgeber wegen vertragswidrigen Verhaltens des Arbeitnehmers beruht. In allen vorgenannten Fällen des Herbeiführens der Arbeitslosigkeit hat der Arbeitnehmer diese wegen Vorsatz oder grober Fahrlässigkeit zu vertreten.

§ 144 SGB III Ruhen des Anspruchs bei Sperrzeit

(1) Hat der Arbeitslose
1. das Beschäftigungsverhältnis gelöst oder durch ein arbeitsvertragswidriges Verhalten Anlass für die Lösung des Beschäftigungsverhältnisses gegeben und hat er dadurch vorsätzlich oder grobfahrlässig die Arbeitslosigkeit herbeigeführt (Sperrzeit wegen Arbeitsaufgabe),

2. trotz Belehrung über die Rechtsfolgen eine vom Arbeitsamt unter Benennung des Arbeitgebers und der Art der Tätigkeit angebotene Beschäftigung nicht angenommen oder nicht angetreten oder die Anbahnung eines solchen Beschäftigungsverhältnisses, insbesondere das Zustandekommen eines Vorstellungsgespräches, durch sein Verhalten verhindert (Sperrzeit wegen Arbeitsablehnung),
3. sich trotz Belehrung über die Rechtsfolgen geweigert, an einer Maßnahme der Eignungsfeststellung, einer Trainingsmaßnahme oder eine Maßnahme zur beruflichen Ausbildung oder Weiterbildung oder eine Maßnahme zur Teilhabe am Arbeitsleben teilzunehmen (Sperrzeit wegen Ablehnung einer beruflichen Eingliederungsmaßnahme), oder
4. die Teilnahme an einer in Nummer 3 genannten Maßnahme abgebrochen oder durch maßnahmewidriges Verhalten Anlass für den Ausschluss aus einer dieser Maßnahmen gegeben (Sperrzeit wegen Abbruchs einer beruflichen Eingliederungsmaßnahme), ohne für sein Verhalten einen wichtigen Grund zu haben, so tritt eine Sperrzeit ein. Der Arbeitslose hat die für die Beurteilung eines wichtigen Grundes maßgebenden Tatsachen darzulegen und nachzuweisen, wenn diese in seiner Sphäre oder in seinem Verantwortungsbereich liegen.

(2) Die Sperrzeit beginnt mit dem Tag nach dem Ereignis, das die Sperrzeit begründet, oder, wenn dieser Tag in eine Sperrzeit fällt, mit dem Ende dieser Sperrzeit. Während der Sperrzeit ruht der Anspruch auf Arbeitslosengeld.

(3) Die Dauer der Sperrzeit wegen Arbeitsaufgabe beträgt zwölf Wochen. Sie verkürzt sich
1. auf drei Wochen, wenn das Arbeitsverhältnis innerhalb von sechs Wochen nach dem Ereignis, das die Sperrzeit begründet, ohne eine Sperrzeit geendet hätte,
2. auf sechs Wochen, wenn
   a) das Arbeitsverhältnis innerhalb von zwölf Wochen nach dem Ereignis, das die Sperrzeit begründet, ohne eine Sperrzeit geendet hätte oder
   b) eine Sperrzeit von zwölf Wochen für den Arbeitslosen, für den der Eintritt der Sperrzeit maßgebenden Tatsachen eine besondere Härte bedeuten würde.

(4) Die Dauer der Sperrzeit wegen Arbeitsablehnung, wegen Ablehnung einer beruflichen Eingliederungsmaßnahme oder wegen Abbruchs einer beruflichen Eingliederungsmaßnahme beträgt
1. drei Wochen
   a) im Falle des Abbruchs einer beruflichen Eingliederungsmaßnahme, wenn die Maßnahme innerhalb von sechs Wochen dem Ereignis, das die Sperrzeit begründet, ohne eine Sperrzeit geendet hätte,
   b) im Falle der Ablehnung einer Arbeit oder beruflichen Eingliederungsmaßnahme, wenn die Beschäftigung oder Maßnahme bis zu sechs Wochen befristet war, oder
   c) im Falle der erstmaligen Ablehnung einer Arbeit oder beruflichen Eingliederungsmaßnahme oder des erstmaligen Abbruchs einer beruflichen Eingliederungsmaßnahme nach Entstehung des Anspruchs,
2. sechs Wochen
   a) im Falle des Abbruchs einer beruflichen Eingliederungsmaßnahme, wenn die Maßnahme innerhalb von zwölf Wochen nach dem Ereignis, das die Sperrzeit begründet, ohne eine Sperrzeit geendet hätte,
   b) im Falle der Ablehnung einer Arbeit oder einer beruflichen Eingliederungsmaßnahme, wenn die Beschäftigung oder Maßnahme bis zu zwölf Wochen befristet war, oder
   c) im Falle der zweiten Ablehnung einer Arbeit oder beruflichen Eingliederungsmaßnahme oder des zweiten Abbruchs einer beruflichen Eingliederungsmaßnahme nach Entstehung des Anspruchs,
3. zwölf Wochen in den übrigen Fällen.

Dem Wortlaut des § 144 SGB III ist gemäß vorstehender Ausführungen bereits zu entnehmen, dass unmittelbare Arbeitslosengeldzahlungen des Arbeitsamtes bei Beendigung des Arbeitsverhältnisses nicht in Betracht kommen, wenn der Arbeitnehmer entweder das Arbeitsverhältnis von sich aus beendet hat, an einer Beendigung im Rahmen eines Aufhebungsvertrages mitgewirkt hat oder eine Kündigung des Arbeitgebers vorliegt, die aus verhaltensbedingten Gründen, die der

Arbeitnehmer zu verantworten hat, berechtigt ist. Um die konkreten Risiken der Sperrzeitregelung näher zu verdeutlichen, ist eine Betrachtung der einzelnen Merkmale der Rechtsnormen notwendig.

Kündigung des Arbeitnehmers

Soweit ein Arbeitnehmer das Beschäftigungsverhältnis mit dem Arbeitgeber kündigt, ist die Herbeiführung der Arbeitslosigkeit diesem in der Regel ohne weiteres zuzurechnen.

Abwicklungsvereinbarung

Wie bereits oben dargestellt, kann der Beendigung des Arbeitsverhältnisses durch eine Kündigung eine vertragliche Vereinbarung gleichgestellt werden. Hierbei kann zum Beispiel eine Abwicklungsvereinbarung auch darin gesehen werden, dass der Arbeitgeber das Vertragsverhältnis ohne Einhaltung der ordentlichen Kündigungsfrist kündigt, nachdem der Arbeitnehmer zuvor ausdrücklich auf die Einhaltung der Kündigungsfrist verzichtet hat.

Häufig umstritten ist die Frage, ob eine Beendigungsvereinbarung auch dann gegeben ist, wenn der Arbeitgeber eine unwirksame Kündigung ausspricht und der Arbeitnehmer diese akzeptiert. Das Bundessozialgericht hatte dies in einigen Urteilen in Betracht gezogen, ist aber von dieser zunächst vertretenen Rechtsauffassung durch ein Urteil im Jahr 2002 abgerückt. Festzustellen bleibt, dass die Sperrzeit wegen Arbeitsaufgabe in Betracht kommt, soweit ein aktives Verhalten des Arbeitnehmers gegeben ist. Die bloße Hinnahme einer rechtswidrigen Kündigung reicht hierzu aber nicht aus.

Kündigung des Arbeitgebers

Eine Sperrzeit wegen Arbeitsaufgabe trotz Kündigung des Arbeitgebers kommt in Betracht, wenn der Arbeitnehmer durch seine Arbeitsvertragsverletzungen derart in das Vertragsverhältnis der Parteien eingegriffen hat, dass der Arbeitgeber gezwungen ist, eine verhaltensbedingte Kündigung auszusprechen.

Hierbei sind die verhaltensbedingten Gründe, die zum Ausspruch der arbeitgeberseitigen Kündigung geführt haben, auch im Rahmen eines sozialgerichtlichen Verfahrens, soweit Streit um die Auszahlung von Arbeitslosengeld entsteht, im Einzelnen noch einmal zu überprüfen. Ein schlichter Verweis auf ein bereits durchgeführtes arbeitsgerichtliches Verfahren reicht hier nicht.

Die Dauer der zu erwartenden Sperrzeit umfasst in der Regel einen Zeitraum von zwölf Wochen. Eine Reduzierung auf sechs Wochen kommt in Betracht, wenn diese Regeldauer unter Berücksichtigung der Gesamtumstände im Einzelfall eine besondere Härte für den Arbeitnehmer bedeutet (§ 144 Abs. 3 S. 1 SGB III). Eine besondere Härte ist dann gegeben, wenn der Eintritt der regulären Sperrzeit als unverhältnismäßig erscheint. Dies ist zum Beispiel der Fall, wenn der Arbeitnehmer die Voraussetzungen für das Vorliegen eines wichtigen Grundes zum Ausspruch einer fristlosen Kündigung entschuldbar nicht richtig eingeschätzt hat und er eine fristlose Kündigung akzeptiert hat. Während der Dauer der Sperrzeit ruht der Anspruch auf Arbeitslosengeld oder Arbeitslosenhilfe. Auch bei einer Erkrankung besteht kein Anspruch auf Krankengeld. Darüber hinaus wird der Gesamtanspruch der Arbeitslosengeldzahlung hinsichtlich der zeitlichen Bemessung um ein Viertel gekürzt, wenn die Sperrzeitdauer von zwölf Wochen verhängt wurde.

Deutlich wird, dass hinsichtlich der Ausgestaltung von Beendigungsvereinbarungen eine erhebliche Brisanz besteht und im Zweifel immer ein qualifizierter Berater bei der Formulierung einer Beendigungs- oder Abwicklungsvereinbarung hinzugezogen werden sollte. Diese sollte nämlich in keinem Fall das Risiko einer Sperrzeit und die Regelungen zum Arbeitslosengeld außer Acht lassen.

Ist die Frage einer Sperrzeit geklärt, ist grundsätzlich zu berücksichtigen, dass Arbeitslosengeld eine Versicherungsleistung der gesetzlichen Arbeitslosenversicherung mit der Funktion des Lohnersatzes ist. Nach den einschlägigen Regelungen des § 117 Abs. 1 SGB III sind grundsätzlich drei Voraussetzungen für den Erhalt von Arbeitslosengeld zu erfüllen. Demnach haben Arbeitnehmer Anspruch auf Arbeitslosengeld, wenn sie

- arbeitslos sind,
- sich beim Arbeitsamt arbeitslos gemeldet haben,
- die Anwartschaftszeit erfüllt haben.

Arbeitslosigkeit im Sinne des Gesetzes liegt gemäß § 118 Abs. 1 SGB III vor, wenn der Arbeitnehmer vorübergehend nicht in einem Beschäftigungsverhältnis steht und eine mindestens 15 Wochenstunden umfassende versicherungspflichtige Beschäftigung sucht.

Arbeitslose im Sinne des Gesetzes sind Arbeitnehmer nicht allein dadurch, dass sie ihre bisherige Arbeit verloren oder als Berufsanfänger noch keine Arbeitsstelle gefunden haben. Zwingend muss die Bereitschaft und die Möglichkeit hinzutreten, eine neue Arbeit zu finden und aufzunehmen.

Die Arbeitslosmeldung hat grundsätzlich durch den Arbeitslosen persönlich beim zuständigen Arbeitsamt zu erfolgen (§ 122 Abs. 1 SGB III). Weder ist eine Vertretung noch eine schriftliche oder fernmündliche Arbeitslosmeldung möglich. Die Arbeitslosmeldung erlischt, wenn eine mehr als sechswöchige Unterbrechung der Arbeitslosigkeit eintritt oder der Arbeitslose eine Beschäftigung aufnimmt und dies dem Arbeitsamt nicht unverzüglich mitteilt (§ 122 Abs. 2 Nr. 1 und 2 SGB III). Bis zum 01.07.2003 war es grundsätzlich ausreichend, sich bis zum Ablauf der Kündigungsfrist beim zuständigen Arbeitsamt arbeitslos zu melden, um unmittelbar mit Beendigung des bestehenden Vertragsverhältnisses in den Genuss von Arbeitslosengeldzahlungen kommen zu können. Nach der im Jahre 2003 vom Gesetzgeber verabschiedeten Regelung des § 3 Abs. 2 S. 2 Nr. 3 SGB III ist es nunmehr notwendig, unverzüglich nach Erhalt der Kündigung eine entsprechende Arbeitslosmeldung vorzunehmen. Erfolgt diese nicht, besteht für das Arbeitsamt die Möglichkeit der Kürzung des Arbeitslosengeldes.

Die vom Gesetzgeber weiterhin geforderte Anwartschaftszeit stellt sicher, dass der Anspruchsteller, wenigstens für eine Mindestzeit, zu der Versichertengemeinschaft gehört hat, bevor er Leistungen von der Versichertengemeinschaft erhält. Die Anwartschaftszeit ist erfüllt, wenn innerhalb einer dreijährigen Rahmenfrist mindestens zwölf Monate (als Wehrdienst- und Zivildienstleistender mindestens zehn Monate oder als Saisonarbeitnehmer mindestens sechs Monate) in einem versicherungspflichtigen Verhältnis gearbeitet wurde. Die Rahmenfrist beträgt drei Jahre und geht dem ersten Tag der Erfüllung der übrigen Anspruchsvoraussetzungen voraus. Zeiten, die innerhalb der Rahmenfrist zurückgelegt wurden, brauchen nicht lückenlos einander zu folgen, sondern werden zusammengerechnet. Die Rahmenfrist reicht nicht in eine andere Rahmenfrist hinein, die bereits für einen früheren Leistungsanspruch maßgeblich war. Auch werden, gemäß § 124 Abs. 3 SGB III, in die Rahmenfrist nicht einbezogen

- Zeiten der Pflege bestimmter pflegebedürftiger Angehöriger (Nr. 1),
- Zeiten einer mindestens 15 Stunden umfassenden selbstständigen Tätigkeit (Nr. 3),
- Zeiten des Bezuges von Unterhaltsgeld oder von Übergangsgeld, gleichgestellt sind Zeiten, in denen Unterhaltsgeld nicht bezogen wurde, weil andere Leistungen vorrangig waren oder die Maßnahme nach § 92 Abs. 2 S. 2 SGB III anerkannt worden ist (Nr. 4 und 5).

In den Fällen der vorbenannten Nrn. 3–5 ist die Zeit der unschädlichen Unterbrechung allerdings auf höchsten fünf Jahre begrenzt.

Sind die vorstehend aufgelisteten drei Grundvoraussetzungen zur Gewährung von Arbeitslosengeld gegeben, stellt sich die Frage, wie lange ein Anspruch auf Arbeitslosengeld besteht. Die Dauer des Arbeitslosengeldanspruchs wird durch die Dauer der Versicherungspflichtverhältnisse innerhalb der letzten sieben Jahre sowie des Lebensalters, das der Arbeitslose bei Entstehung des Anspruchs vollendet hat, bestimmt. Die Dauer des Anspruchs ergibt sich aus der nachfolgenden Tabelle (§ 127 Abs. 2 SGB III).

Versicherungspflichtverhältnisse mit einer Dauer von insgesamt mindestens ... Monaten	Vollendung des ... Lebensjahres	... Monate Zahlung von Arbeitslosengeld
12		6
16		8
20		10
24		12
28	45.	14
32	45.	16
36	45.	16
40	47.	20
44	47.	20
48	52.	24
52	52.	24
56	57.	28
60	57.	28
64	57.	32

Die nächste entscheidende Frage ist die nach der Anspruchshöhe. Die Leistungshöhe des Arbeitslosengeldes beträgt, soweit der Arbeitslose, sein Ehegatte oder Lebenspartner ein Kind hat und beide Ehegatten unbeschränkt einkommensteuerpflichtig sind und nicht dauernd getrennt leben, 67 Prozent. In allen anderen Fällen 60 Prozent des pauschalierten Nettoentgelts (Leistungsentgelt).

Aufgrund des erheblichen Umfangs von einschlägigen Vorschriften zur Bemessung des Arbeitslosengeldes sowie den häufig wechselnden Bemessungsansätzen ist es notwendig, zur konkreten Berechnung des Arbeitslosengeldanspruches ein Beratungsgespräch mit dem zuständigen Sachbearbeiter des Arbeitsamtes zu vereinbaren, um so eine konkrete Berechnung des Ihnen jeweils zustehenden Arbeitslosengeldanspruchs vornehmen zu lassen.

Sperrzeit und Anrechnung von Abfindungen auf Arbeitslosengeld

Sehr häufig stellt sich in der Praxis die Frage, ob es überhaupt Sinn macht, eine Abfindung zu erhalten und ob diese auf in Anspruch zu nehmendes Arbeitslosengeld angerechnet wird.

Zunächst ist zu berücksichtigen, dass der Anspruch auf eine Abfindung im Rahmen der Beendigung eines Beschäftigungsverhältnisses *unter Umständen* zum Ruhen des Leistungsanspruchs auf Arbeitslosengeld führen kann. Dieses Ruhen des Anspruchs auf Arbeitslosengeld ergibt sich gemäß § 143 a SGB III aber *nur*, wenn bei der Beendigung des Arbeitsverhältnisses die für den Arbeitgeber geltende *Kündigungsfrist nicht eingehalten wurde*.

Dies bedeutet im Umkehrschluss, dass Abfindungszahlungen nicht zum Ruhen des Anspruchs auf Arbeitslosengeld führen, wenn bei der Kündigung des Vertragsverhältnisses die für das Arbeitsverhältnis einschlägige Kündigungsfrist eingehalten wurde.

Wurde das Vertragsverhältnis ohne Einhaltung der einschlägigen Frist beendet, ergibt sich kein Arbeitslosengeldanspruch. In diesem Fall besteht die Vermutung, dass die gezahlte Abfindung bei der Beendigung des Arbeitsverhältnisses ohne Einhaltung der ordentlichen Kündigungsfrist nicht allein als Entschädigung für den Verlust des sozialen Besitzstandes anzusehen ist, sondern auch Arbeitsentgeltansprüche enthält, von denen sich der Arbeitgeber durch eine Nichteinhaltung der Kündigungsfrist für einen gewissen Zeitraum entledigt hat. Es ist daher großes Augenmerk darauf zu verwenden, dass bei der Beendigung des Vertragsverhältnisses die ordentliche Kündigungsfrist eingehalten wird. Kann ein Vertragsverhältnis nicht mehr ordentlich gekündigt werden, weil der Tarifvertrag oder die einzelvertraglichen Regelungen dies vorsehen, fingiert das Gesetz Fristen, die eingehalten werden müssen, wenn Auswirkungen auf das Arbeitslosengeld vermieden werden sollen (§ 143 a Abs. 1 S. 3 und 4 SGB III). Die Dauer der fiktiven Fristen ist nach der Intensität des Kündigungsschutzes abgestuft und kann im Einzelfall bis zu 18 Monate dauern.

Liegen alle Voraussetzungen für die Bestimmung eines Ruhenszeitraums vor, tritt als Rechtsfolge das Ruhen des Anspruchs ein. Der Ruhenszeitraum ist kalendermäßig zu bestimmen. Das Gesetz sieht vor, dass das Ruhen der Zahlung des Arbeitslosengeldes wegen der Abfindung am Tag nach der Beendigung des Arbeitsverhältnisses beginnt. Maßgebend ist das rechtliche Ende des Arbeitsverhältnisses, wie es sich aus der Kündigung oder dem Aufhebungsvertrag oder einem nachfolgenden Urteil oder Vergleich ergibt. Der Zeitraum des Ruhens des Arbeitslosengeldes wird bestimmt durch die nachfolgend dargestellten Kriterien:

- den Ablauf der ordentlichen Kündigungsfrist (§ 143 a Abs. 1 S. 1 SGB III),
- die fiktiven Kündigungsfristen nach § 143 a Abs. 1 S. 3 und 4 SGB III,
- die Jahresfrist (§ 143 a Abs. 2 S. 1 SGB III),
- den Zeitpunkt, zu dem bei einer Befristung das Arbeitsverhältnis ohnehin geendet hätte (§ 143 a Abs. 2 S. 2 Nr. 2 SGB III),
- den Zeitpunkt, zu dem der Arbeitgeber zur Kündigung des Arbeitsverhältnisses aus wichtigem Grund ohne Einhaltung einer Kündigungsfrist berechtigt ist (§ 143 a Abs. 2 S. 2 Nr. 3 SGB III),
- die Berechnung des Zeitraums anhand des zuletzt verdienten Arbeitsentgelts (je nach Betriebszugehörigkeit und Lebensalter zwischen 25 und 60 Prozent, § 143 a Abs. 2 S. 2 Nr. 1 und S. 3 SGB III).

Der vorstehenden Aufzählung ist bereits zu entnehmen, dass der Gesetzgeber neben den schon dargestellten Regelungen hinsichtlich der ordentlichen Kündigungsfrist sowie der fiktiven Kündigungsfristen vier weitere Regelungen vorgesehen hat, die den Zeitraum des Ruhens zusätzlich zeitlich begrenzen können. Maßgebend ist für den Arbeitslosen hier jeweils die günstigste Alternative. So ruht der Arbeitslosengeldanspruch auch bei längeren ordentlichen oder fiktiven Kündigungsfristen maximal für ein Jahr. Auch führt eine zwischen den Vertragsparteien getroffene Befristung des Arbeitsverhältnisses dazu, dass Arbeitslosengeldansprüche nur bis zur Befristung des ehemals bestehenden Arbeitsverhältnisses ruhen können.

Steuerrechtliche und sozialrechtliche Auswirkungen von Abfindungszahlungen

Abfindungen sind Entschädigungen, die der Arbeitnehmer als Ausgleich für die mit der Auflösung des Dienstverhältnisses verbundenen Nachteile, insbesondere für den Verlust des Arbeitsplatzes erhält. Sie können in einer Summe, in Teilbeträgen oder in fortlaufenden Beträgen ausgezahlt werden. Ein zeitlicher Zusammenhang zwischen der Zahlung und der Auflösung des Dienst-/Arbeitsverhältnisses ist nicht erforderlich. Allerdings kann ein erhebliches zeitliches Auseinanderfallen den sachlichen Zusammenhang zwischen Abfindung und Entschädigungsausgleich in Frage stellen. Entscheidend ist also, dass die Zahlung wegen der Beendigung des Vertragsverhältnisses geleistet wird.

Soweit klar ist, dass die Abfindung, da die Kündigungsfrist eingehalten wurde, auf das Arbeitslosengeld nicht angerechnet wird, stellt sich die Frage, was mir von der vereinbarten Abfindung im Endeffekt bleibt, das heißt, welche Abzüge entstehen, wenn mir der Arbeitgeber eine Abfindung auszahlt.

Hierbei ist zu berücksichtigen, dass Abfindungen wegen der Beendigung eines Dienst- oder Arbeitsverhältnisses gemäß § 3 Nr. 9 EStG bis zu einem Betrag von 8 181 Euro steuerfrei sind, mithin keinerlei steuerliche Inanspruchnahme erfolgt. Dieser Sockelbetrag erhöht sich auf 10 226 Euro, wenn der ausscheidende Arbeitnehmer das 50. Lebensjahr vollendet und das zwischen ihm und seinem Arbeitgeber bestehende Arbeits-/Dienstverhältnis mindestens 15 Jahre bestanden hat. Eine weitere Erhöhung auf insgesamt 12 271 Euro steuerfreie Abfindung kommt in Betracht, wenn ein mindestens 55-jähriger Arbeitnehmer nach 20 Jahren aus dem Arbeits-/Dienstverhältnis gegen Zahlung einer Abfindung ausscheidet. Steuerfreie Abfindungen nach § 3 Nr. 9 EStG können grundsätzlich alle Arbeitnehmer in Anspruch nehmen. Dies schließt die als Organe von Unternehmen beschäftigten Vorstandsmitglieder, Geschäftsführer und Personengesellschaften sowie leitende Angestellte ein. Ausgenommen sind aber Gesellschaftergeschäftsführer und Kommanditisten. Ist der Arbeitgeber Ehegatte des Arbeitnehmers, so ist für die Gewährung einer steuerfreien Abfindung gemäß § 3 Nr. 9 EStG Voraussetzung, dass auch andere Arbeitnehmer in vergleichbarer Position bei Auflösung des Dienstverhältnisses eine entsprechende Abfindung erhalten hätten.

In den Genuss der steuerfreien Abfindung gemäß § 3 Nr. 9 EStG kommt der Arbeitnehmer, wenn eine Abfindung aufgrund der Lösung des Dienst- / Arbeitsverhältnisses gezahlt wird. Hierbei ist vollkommen unerheblich, ob der aus dem Vertragsverhältnis ausscheidende Arbeitnehmer ein neues Arbeitsverhältnis unmittelbar beginnt oder aber zunächst Arbeitslosengeld in Anspruch nehmen muss. In Betracht kommen kann unter Umständen sogar die Entgegennahme einer steuerfreien Abfindung, kombiniert mit der danach erfolgenden, neu motivierten Aufnahme des Vertragsverhältnisses mit dem gleichen Arbeitnehmer. Notwendig ist lediglich, dass das vorher bestandene Arbeits-/Dienstverhältnis mit allen rechtlichen Konsequenzen aufgelöst war und ein anderer inhaltlicher Arbeitsvertrag geschlossen wird. Diese konsequente Beendigung ist nicht zu vergleichen mit dem Ausspruch einer Änderungskündigung. Zahlungen, die ein Arbeitnehmer im Zusammenhang mit einer Änderungskündigung erhält, stellen keine steuerfreien Abfindungszahlungen gemäß § 3 Nr. 9 EStG dar. Zwar ist, wie oben dargestellt, auch hier das Arbeitsverhältnis grundsätzlich gekündigt, doch wird es fortgesetzt, wenn der Arbeitnehmer die ihm angebotenen Bedingungen annimmt. Eine Auflösung des Arbeitsverhältnisses ist dann nicht gegeben. Nur wenn die geänderten Arbeitsbedingungen nicht angenommen werden und das Arbeitsverhältnis endet, kommt die Zahlung einer steuerfreien Abfindung in Betracht.

Die steuerfreie Abfindung gemäß § 3 Nr. 9 EStG fordert, dass die Auflösung des Vertragsverhältnisses vom Arbeitgeber veranlasst wurde, wobei bereits die Bereitschaft des Arbeitgebers, eine Abfindung an den

Arbeitnehmer zu zahlen, als starkes Indiz für eine Veranlassung durch den Arbeitgeber gewertet wird.

Neben der vorstehend beschriebenen Steuerbefreiung gemäß § 3 Nr. 9 EStG kommt hinsichtlich des Betrages, der die benannten Freibeträge übersteigt, eine Steuerermäßigung gemäß § 24 Nr. 1 a EStG in Betracht. Hierbei ist zunächst zu berücksichtigen, dass nicht jede Abfindungszahlung, die gemäß § 3 Nr. 9 EStG steuerfrei ist, eine Entschädigung nach § 24 Nr. 1 a EStG darstellt. Entschädigungen im Sinne der vorgenannten Norm sind Zahlungen, die als Ersatz für entgangene und noch entgehende Einnahmen gewährt werden. Dies bedeutet, dass Zahlungen, die nicht an die Stelle der weggefallenen Einnahmen treten, sondern einen anderen Rechtsgrund aufweisen, nicht als Entschädigungen gemäß § 24 Nr. 1 a EStG angesehen werden und somit nicht der Steuerermäßigung unterliegen. Hieraus ergibt sich, dass, soweit Abfindungen in einem Arbeitsvertrag bereits im Vorfeld festgelegt werden, keine Entschädigungen im Sinne des § 24 Nr. 1 a EStG darstellen.

Eine Steuerermäßigung kommt auch in Betracht, soweit die Voraussetzungen des § 24 Nr. 1 b EStG vorliegen, die eine Steuerbegünstigung für Entschädigungen ermöglichen, die im Hinblick auf die Aufgabe oder Nichtausübung einer Tätigkeit gewährt werden. Der Tatbestand vorstehender Norm knüpft nur an die Aufgabe oder Nichtausübung einer Tätigkeit und die hierfür gezahlte Entschädigung an, ohne eine Veranlassung zur Beendigung durch den Arbeitgeber zu fordern. Eine Steuerbegünstigung kommt mithin auch hier in Betracht, wenn der Arbeitgeber den Arbeitnehmer zu einer einvernehmlichen, freiwilligen Aufgabe oder Nichtausübung bewegen will, üblicherweise dann, wenn der Arbeitnehmer ordentlich nicht kündbar ist oder der Arbeitgeber Streitigkeiten mit dem Arbeitnehmer aus dem Weg gehen will.

Die Steuerbegünstigungen des § 24 EStG ergeben sich aus der Anwendung des so genannten Fünftelungsverfahrens, bei dem, vereinfacht dargestellt, die außerordentlichen Einkünfte durch die Abfindung fiktiv auf fünf Besteuerungsjahre verteilt werden, um die sich dann zu errechnende Steuerbelastung im Zuflussjahr der Abfindung zu berücksichtigen. Die konkrete Berücksichtigung bedarf in jedem Fall einer steuerlichen Bewertung durch einen Steuerberater.

Abfindung und Sozialversicherungsleistungen

Abfindungszahlungen, die für die Beendigung eines Arbeitsverhältnisses gezahlt werden, sind grundsätzlich sozialversicherungsfrei. Das heißt, Pflichtbeträge zur Sozialversicherung sind nicht zu entrichten.

Auch wirkt sich die Zahlung einer Abfindung nicht auf die Gewährung von Arbeitslosengeld aus, soweit – wie oben bereits dargestellt – bei der Beendigung des Vertragsverhältnisses die ordnungsgemäße Kündigungsfrist eingehalten wurde.

Ergibt sich ein Ruhenszeitraum des Arbeitslosengeldanspruchs, bestehen gravierende Auswirkungen auf den Sozialversicherungsschutz, da während der Dauer des Ruhenszeitraums für den Arbeitnehmer grundsätzlich kein Schutz der gesetzlichen Krankenversicherung besteht. Eine Vorschrift, die analog zur Sperrzeit Versicherungsschutz auch ohne Leistungsbezug sichert, besteht nicht. Lediglich die Nachwirkung des vormaligen Versicherungsschutzes für einen Monat nach Beendigung der Pflichtmitgliedschaft bietet gemäß § 19 Abs. 2 SGB V einen zeitanteiligen Schutz. Darüber hinaus besteht eine Absicherung nur, wenn während der Ruhenszeit des Arbeitslosengeldes eine freiwillige Versicherung abgeschlossen wird oder eine Mitversicherung im Rahmen einer Familienversicherung besteht.

Hinsichtlich der Rentenversicherung besteht während des Ruhenszeitraums gemäß § 143 a SGB III keine Versicherungspflicht.

Kapitel 9
In schwierigen Situationen richtig handeln

An anderer Stelle wurde bereits mehrfach angesprochen, wie wichtig es ist, über die Auswirkungen und Konsequenzen der Kündigung auf die unterschiedlichen persönlichen Lebensbereiche nachzudenken. Nur bei der kritischen Auseinandersetzung werden Sie feststellen, wo in welchem Umfang Handlungsbedarf für Sie besteht. Es geht zum einen um Ihre finanzielle und Ihre familiäre Situation, aber auch um Ihr ganz persönliches Belastungsmanagement.

Cash-Management: Den persönlichen Lebensstandard absichern

Eine realistische Einschätzung der finanziellen Situation steht jetzt ganz oben auf Ihrer »To-do«-Liste. Wichtig dabei ist, dass Sie bei Ihrer Prüfung von »Ist und Soll« keine zu kurzfristige Perspektive einnehmen. Es vergehen – wie dargestellt – schnell sechs Monate, bis Sie wieder mit einer neuen Position rechnen können. Diese Zeit muss überbrückt werden.

Die folgende Tabelle soll Ihnen helfen:

Welche finanziellen Verpflichtungen bestehen in welcher Höhe?	Betrag in Euro / Monat
Miete Hausfinanzierung Sonstige Kredite Beiträge für Vereine Laufende Lebenshaltungskosten - Lebensmittel - Freizeit - Kinder - Unterstützungsleistungen / Dienstleistungen - Sonstige Verpflichtungen	
Welche finanziellen Ressourcen bestehen in welcher Höhe?	**Betrag in Euro / Monat**
Noch ausstehende Gehaltszahlungen bis zu Ihrem Ausscheiden Abfindung Arbeitslosengeld Kurzfristig verfügbares Vermögen Sonstige liquide finanzielle Mittel	
Bilanz	
Soll / Monat: Wie lange können Sie ohne Einkommen Ihren finanziellen Verpflichtungen gesichert nachkommen?	Haben / Monat
Wo können und wollen Sie sich finanziell einschränken? - Kredite tilgungsfrei stellen - Haushaltskosten - Freizeitkosten - Kosten der Kinder - Versicherungen - Anzahl der PKW - Leasingverträge	Betrag in Euro / Monat
Welche neuen Kosten kommen auf Sie zu? - Outplacement-Beratung - Coaching - Rechtsanwaltskosten	Betrag in Euro / Monat

Wenn Sie einen Überblick über Ihre finanzielle Situation gewonnen haben, können Sie auch Ihre weiteren Aktivitäten mit einem sichereren Gefühl planen und in Angriff nehmen. Sie wissen zum Beispiel, wann Sie wieder eine neue Stelle benötigen, aber auch, ob Sie sich noch eine Auszeit, zum Beispiel in Form eines Urlaubs, leisten können.

Unterstützung bei der Planung Ihrer Finanzen

Ein wichtiger Gesprächspartner ist für Sie jetzt Ihr Steuerberater. Mit ihm müssen Sie klären, wie sich welche Abfindungsvereinbarung steuerlich auswirkt. Die Zahlung von Abfindungsgeldern kann steuerlich anders gehandhabt werden als das reguläre Einkommen. Einen aktuellen Kenntnisstand sollten Sie sich hinsichtlich der aktuellen Steuerfreibeträge für Abfindungsleistungen und der individuellen Auswirkung der Anwendung der so genannten Fünftel-Regelung erarbeiten (siehe Kapitel 8).

Sie sollten auch prüfen, welche Leistungen des Arbeitgebers im Rahmen der Abfindungsvereinbarung für Sie steuerfrei sind und welche vom Finanzamt als geldwerter Vorteil gewertet werden. Hier ist durchaus Vorsicht geboten, da nicht jede Beratungs- und Trainingsleistung gleich betrachtet wird. Der grundlegende Unterschied besteht darin, ob die Maßnahme einer schnellen Neupositionierung und den Interessen des Unternehmens dienen soll oder primär als Förderung der beruflichen Entwicklung betrachtet wird. Gerade hinsichtlich dieser Fragen empfiehlt es sich dringend, sich vor dem Unterzeichnen der Aufhebungs- oder Abfindungsvereinbarung beraten zu lassen.

Wichtig ist die Auskunft Ihres Steuerberaters auch in der Frage, welche Aufwendungen Sie steuerlich geltend machen können. Hierbei geht es zum Beispiel um Bewerbungs-, Beratungs-, Weiterbildungskosten.

Nicht weniger wichtig ist der Berater bei Ihrer Hausbank. Mit ihm müssen Sie über Verpflichtungen sprechen, die sich aus Krediten ergeben, aber auch über angelegte Gelder oder die Finanzierung Ihrer laufenden Kosten, die nicht mehr durch Ihr Einkommen abgedeckt werden.

Voraussetzung Ihrer Kalkulationen ist natürlich die Höhe Ihres Arbeitslosengeldes, sofern Sie darauf Anspruch haben. Arbeitslosengeld bekommen alle, die in den letzten drei Jahren insgesamt 360 Tage beitragspflichtig beschäftigt waren. Und dies inklusive Erziehungs- und Mutterschutzzeiten. Variationen ergeben sich hinsichtlich des Alters und der Länge der Beitragszahlungen (siehe Kapitel 8).

Zu beachten ist, dass Sie Ihren Anspruch innerhalb von sieben Tagen nach Erhalt des Kündigungsschreibens melden müssen. Dies gilt auch bei Aufhebungsverträgen.

Die Höhe des Arbeitslosengeldes errechnet sich aus Ihrem durchschnittlichen Bruttogehalt während der letzten 52 Wochen, allerdings gibt es Obergrenzen und auch hier Feinheiten in der Berechnung, sodass es sich lohnt, sich über die aktuellen Berechnungsgrundlagen beim Arbeitsamt direkt zu erkundigen.

Erkundigen müssen Sie sich auch, ob und wie Ihre Abfindung angerechnet wird, falls Sie eine erhalten. Bekommen Sie eine Abfindung, weil Sie eine verkürzte Kündigungszeit akzeptiert haben, wird Ihnen diese auf das Arbeitslosengeld angerechnet. Wird dagegen die Kündigungsfrist eingehalten, bleibt Ihre Abfindung unangetastet.

Wenn Sie sich arbeitslos melden, werden Sie automatisch pflichtversichert. Waren Sie bisher privat krankenversichert, so sind Sie plötzlich doppelt versichert. Auch hier sollten Sie sich erkundigen, was Sie tun können, um doppelte Beiträge zu vermeiden.

Von Interesse ist die Unterstützungsleistung des Arbeitsamtes auch, wenn Sie mit dem Gedanken spielen, sich selbstständig zu machen. Die Stichworte, nach denen Sie sich erkundigen sollten, sind »Überbrückungsgeld« und »Existenzgründungszuschuss für eine Ich-AG«. Lassen Sie sich dezidiert beraten, welche Förderung für Sie die bessere ist.

Veränderungen in der Familie meistern

Zweifellos kommt der Familie in dieser Phase eine wesentliche Rolle zu. Um die Situation gemeinsam erfolgreich zu bewältigen, gilt es zunächst, verschiedene Fragen zu klären, um Ihr künftiges Handeln sinnvoll danach auszurichten. Ziel sollte sein, zusätzliche und unnötige Belastungen zu vermeiden und insbesondere die Ihnen jetzt zur Verfügung stehende Zeit optimal zu nutzen, und zwar für alle Beteiligten. Folgende Fragen sind hilfreich:

Wenn Sie schulpflichtige Kinder haben:

- Wirkt sich die Kündigung auf die Kinder aus?
- Welche Erklärung geben Sie und Ihre Frau / Ihr Mann an die Kinder weiter?
- Wird sich für die Kinder unter dem Gesichtspunkt »Finanzmanagement« etwas ändern (Hobbys, Vereine, Schulaktivitäten)?
- Was können Sie in welcher Form aufrecht erhalten, was nicht?

Ihre Kündigung wird früher oder später (Freistellung / Vertragsende) dazu führen, dass Sie ungewohnt viel zu Hause sind. Rollen- und Aufgabenverteilung in der Familie können sich dadurch zumindest vorübergehend ändern. Allein dadurch, dass Sie nicht mehr jeden Tag früh aus dem Haus gehen und spät wiederkommen, ändern sich Abläufe und Strukturen in der Familie. Am besten sprechen Sie sehr früh gemeinsam darüber, um mögliche Konflikte von vornherein zu vermeiden.

- Wer hat bisher welche Aufgaben übernommen?
- Wollen und sollten wir diese Aufgabenverteilung jetzt anpassen?
- Kommen aufgrund veränderter finanzieller Rahmenbedingungen zusätzliche Aufgaben hinzu (Haushalt, Kinderbetreuung etc.)?
- Wer wird aktuell welche Aufgaben für die Familie übernehmen?

Neben dem Management des Alltags geht es natürlich darum, die Zeit, die Sie jetzt haben, auch für Aktivitäten, die Ihnen Spaß machen, zu nutzen.

- Was wollen Sie gemeinsam mit Ihrer Familie unternehmen?
- Was wollen Sie mit Ihren Kindern unternehmen?
- Was wollen Sie für sich tun?

Aus der persönlichen Haltung Energie schöpfen

»Wir sind heute das Ergebnis unseres Denkens von gestern.«

Es ist verständlich, wenn Sie sich als »Opfer« fühlen. Dieser Gedanke bringt Sie aber nicht weiter. Ihre Balance und Handlungsfähigkeit finden Sie dann wieder, wenn Sie anfangen, die eingetretene Veränderung nicht mehr aus der Opferrolle heraus zu erleben. Das ist in Ihrer Situation natürlich wesentlich leichter gesagt als getan. Einige Grundeinstellungen können dabei helfen.

Veränderungen als Chance sehen

Veränderungen lösen – wie schon angesprochen – bei vielen von uns Ängste aus. Auch wenn wir unzufrieden sind und uns eigentlich etwas anderes wünschen, neigen wir aus Angst vor Veränderungen dazu, lieber alles beim Alten zu lassen. Da wir nie genau wissen können, was sie uns bringen, nehmen wir Veränderungen in erster Linie als Risiko statt als Chance wahr. Nehmen Sie Abstand von dem Irrglauben, Veränderungen vermeiden zu können – sie sind ein Bestandteil des Lebens. Konzentrieren Sie sich lieber auf die Frage, ob Sie in Zukunft lediglich auf Veränderungen reagieren oder diese selbst initiieren wollen, weil Sie sie als Chance sehen, die Sie für sich nutzen können und wollen.

Mit sich selbst zusammenarbeiten

Nach der Kündigung besteht die Gefahr, dass Sie sich das Leben unnötig schwer machen, indem Sie anfangen, an sich zu zweifeln und mit sich selbst unzufrieden zu sein. Sie fühlen sich nicht leistungsfähig genug, nicht qualifiziert genug, nicht dem Bedarf entsprechend. Mit dieser Einstellung arbeiten Sie beständig gegen sich. Die erste Veränderung, die Sie selbst initiieren können, ist, sich wieder zu mögen. Sich selbst nicht zu mögen, verbraucht sehr viel Energie – nutzen Sie diese Energie lieber, um mit Ihnen selbst zusammenzuarbeiten.

Sich selbst etwas zutrauen

Eine ganz wesentliche Einstellung bei allem, was Sie tun wollen, ist, sich selbst zuzutrauen, die jeweilige Aufgabe auch zu bewältigen. Selbstzweifel rauben Ihnen wertvolle Energie. Erst das Vertrauen in sich selbst spendet Ihnen die Kraft, die Sie für die vor Ihnen liegenden Herausforderungen brauchen. Was immer Sie sich zutrauen, können Sie möglicherweise auch erreichen. Was Sie sich selbst absprechen, wird definitiv unerreichbar.

Es gibt Grenzen – aber sie können überwunden werden

Dass es Grenzen gibt, steht außer Frage. Wir können nicht alles erreichen, nicht alles verändern und erst recht keine Naturgesetze außer Kraft setzen. Wichtig ist jedoch, sich bewusst zu machen, dass viele Ihrer Grenzen nur in Ihrem eigenen Kopf existieren. Entdecken Sie Ihre Grenzen neu, indem Sie deren Unveränderbarkeit genau hinterfragen: Welche Ihrer Grenzen sind real, und welche haben Sie sich selbst gesetzt?

Nicht in Extremen denken und leben

Es gibt mehr als »schwarz und weiß« oder »ganz oder gar nicht«. Zwischen diesen Extrempositionen gibt es immer eine Reihe von Möglichkeiten, Zwischentönen und Abstufungen. Mit extremen Einstellungen neigen wir schnell dazu, bestimmte Vorschläge kategorisch abzulehnen. Hilfreicher ist es, »Neues« oder »Anderes« erst einmal neugierig zu betrachten.

Heute beginnen, aber nicht alles auch schon heute erreichen wollen

Zeigen Sie die Bereitschaft, heute »zu beginnen«, anstatt alles auf morgen zu verschieben. Fangen Sie heute an, aber bedenken Sie auch, dass niemand von heute auf morgen sein komplettes Leben verändern kann. Darum geht es auch nicht. Wenn Sie die vor Ihnen liegende Herausforderung meistern wollen, fangen Sie an einer kleinen Ecke damit an – die Hauptsache ist, dass Sie überhaupt damit anfangen.

Geduld haben und auf sich selbst hören

Wichtig ist, Geduld mit sich selbst zu haben. Konstruktive Entwicklungsprozesse brauchen Zeit – nicht zuletzt, damit man sich auch während des Prozesses immer wieder fragen kann, was genau man wirklich erreichen will. Achten Sie auf sich selbst, und hören Sie auf Ihre innere Stimme, wenn Sie damit beginnen, Ihr eigenes Leben zu überdenken und Ihre Ziele zu hinterfragen. Sie müssen bei weitem nicht alles übernehmen, was Sie hier oder anderswo lesen und hören. Folgen Sie Ihrer Intuition, Sie wissen selbst, was gut für Sie ist. Hören Sie immer wieder in sich hinein, nehmen Sie Ihre Empfindungen wahr, und folgen Sie Ihrem persönlichen Tempo.

Veränderungen selbst in die Hand nehmen

Eine Kündigung bedeutet eine gravierende Veränderung Ihrer Lebenssituation. Auch wenn Sie solche Veränderungen, die nicht von Ihnen selbst herbeigeführt wurden, wohl oder übel zur Kenntnis nehmen und schließlich akzeptieren müssen, so sollten Sie doch versuchen, so schnell wie möglich das Heft des Handelns wieder selbst in die Hand zu nehmen und künftige Veränderungen aktiv steuern. Aktives Handeln aber ist eine beständige Abfolge von Entscheidungen, die Sie bewusst und zielgerichtet zu treffen haben. Dies gilt besonders in Situationen des Umbruchs und der Neuorientierung, wie sie zum Beispiel nach dem Verlust des Arbeitsplatzes erfahren werden.

Handeln heißt, sich zu entscheiden

Entscheidungen bestimmen unser Leben. Schon morgens nach dem Aufstehen müssen wir entscheiden, was wir anziehen, was wir frühstücken oder um wie viel Uhr wir aus dem Haus gehen. Viele dieser Entscheidungen nehmen wir dabei aus Gewohnheit gar nicht mehr als solche wahr. Wir sagen zum Beispiel: »Ich muss pünktlich bei der Arbeit sein, also unterliegt es doch nicht meiner Entscheidung, wann ich mich auf den Weg mache.« Aber ist das wirklich so? Wenn Sie einmal bewusst darüber nachdenken, entscheiden Sie durchaus selbstbestimmt, wann und ob Sie etwas machen. Es ist nur so, dass wir viele unserer Entscheidungen unbewusst treffen, da sie uns wie eine Pflicht erscheinen. So kann es zum Beispiel sein, dass Sie das Essen mit den Schwiegereltern am Sonntagnachmittag als lästig, aber unvermeidlich empfinden. Wenn Sie ehrlich sind, entscheiden Sie sich jedoch jedes Mal erneut dazu. Sie könnten das Essen durchaus absagen, denn dazu zwingen kann Sie niemand – außer Sie sich selbst.

Machen Sie sich Ihre Entscheidungen bewusst

Überdenken Sie doch einmal, wofür und wogegen Sie sich tagtäglich entscheiden. Entscheiden Sie, oder fühlen Sie sich gezwungen durch Regeln, Normen und Werte anderer oder durch das, was andere meinen, was jetzt richtig für Sie ist? Entscheidungen bewusst zu treffen ist ein wesentliches Element eigenverantwortlichen Handelns – und somit auch ein wesentliches Element eigenverantwortlicher und selbstinitiierter Veränderungen, die Sie jetzt anstoßen können.

Entscheiden heißt wählen

Selbstbestimmt zu entscheiden stellt immer eine Wahl dar – Sie entscheiden sich *für* etwas und somit automatisch *gegen* etwas anderes. Das macht Entscheidungen oft, und vielleicht gerade jetzt, schwierig: Wenn Sie sich für zwei Wochen Urlaub mit Ihrer Frau / Ihrem Mann entscheiden, dann entscheiden Sie sich automatisch zum Beispiel dagegen, diese Zeit für die Suche nach einer neuen Position zu nutzen. In der Zeit des Umbruchs, in der wir nicht wissen, was noch alles auf uns zukommt, wäre es uns am liebsten, wir könnten alle Alternativen gleichzeitig nutzen und müssten uns somit weder für noch gegen etwas entscheiden. Trotzdem sollten Sie jederzeit bewusst entscheiden, anstatt andere für sich entscheiden zu lassen. Nutzen Sie Ihre Wahlmöglichkeiten und somit Ihre Chance, stolz auf die selbstbestimmten Veränderungen zu sein.

Sich für »das Richtige« entscheiden

Was »richtig« ist, können Sie nur für sich selbst bestimmen. Richtig ist in jedem Fall all das, was Ihnen gut tut und was Sie persönlich weiterbringt. Es geht für Sie also immer wieder darum, herauszufinden, was Sie brauchen und was Sie wollen, was Sie von Ihrem Leben und sich selbst erwarten. Die Kenntnis Ihrer Hoffnungen und Wünsche führt Sie nahezu automatisch zu den Handlungen, die Sie einer Verwirklichung näher bringen.

Stress- und Belastungsmanagement: Was hilft?

Dass ein Arbeitsplatzverlust und die damit verbundenen psychischen Belastungen zu Stress und damit auch zu körperlichen Symptomen führen können, ist bekannt und leicht nachzuvollziehen. Wir sprechen heute schnell und viel von Stress. Gerade in Ihrer aktuellen Situation ist es für Sie wichtig zu verstehen, was Stress ist und wie es zu den Symptomen von erlebtem Stress kommt. Sehr leistungsbereite Menschen mit hohem beruflichen Engagement und einer gewissen Härte gegen sich selbst sind sich oft gar nicht darüber bewusst, ob sie gestresst sind oder nicht. Viele sind Meister darin, den eigenen Stress zu verdrängen und fühlen sich so lange gut, bis sie irgendwann zusammenbrechen. Dann erleben wir Burn-out, Hörsturz und oft noch Schlimmeres.

Was verursacht eigentlich den erlebten Stress? Aus wissenschaftlichen Untersuchungen im Zusammenhang mit Stress wird unter anderem folgendes Phänomen beschrieben: Das Stammhirn – »Reptiliengehirn« (das ist der stammesgeschichtlich älteste Teil unseres Gehirns, den evolutionstheoretisch schon die ersten Reptilien hatten) – reagiert reflexartig auf alles Neue. Seine Reaktion gibt uns die Wahl zwischen zwei Alternativen: Fliehen oder Kämpfen. Im Bruchteil einer Sekunde wird in diesem Gehirnteil eine Situation als gefährlich eingeschätzt und die Entscheidung zur Flucht oder zum Kampf getroffen. Erleben können Sie diese Reaktion an sich selbst, wenn Sie zum Beispiel mit der Hand versehentlich einen heißen Topf berühren und sich daran verbrennen.

Entwicklungsgeschichtlich ist dies die Reaktion, die Überleben sichert. Unsere Vorfahren mussten innerhalb von Sekundenbruchteilen zwischen Kampf und Flucht entscheiden können – ist der Schatten Raubtier oder Beute?

Um diese Reaktion überhaupt so schnell vollziehen zu können, muss der Körper reagieren – bereit sein. Bei »Stress« erhöhen sich Herzschlag, Puls und Blutdruck. Hände und Füße werden kalt, weil das Blut aus den Extremitäten in die Muskelbereiche strömt, um zum Beispiel schneller laufen zu können. Gehör und Sehvermögen nehmen zu. Der Adrenalinspiegel im Blut steigt, was zum Beispiel Erneuerungs- und Wachstumsprozesse im Körper hemmt. In Stresssituationen muss nur funktionieren, was für Kampf und / oder Flucht gebraucht wird, alles andere wird sozusagen »reduziert« oder »stillgelegt«. In ganz extremen Gefahrensituationen entleert sich auch unser Darm, quasi um

Ballast abzuwerfen. Diese körperliche Reaktion ist für den Moment gut und hilfreich und in machen Situationen überlebenssichernd, auf Dauer ist sie jedoch schädlich.

Allerdings kann das Stammhirn wirkliche Gefahr von einer eigentlich harmlosen Situation nicht immer richtig unterscheiden. Alles was möglicherweise bedrohlich sein könnte, wird als Gefahr eingestuft, und es kommt zu einer mehr oder weniger starken Stressreaktion. Zu dieser Reaktion kommt es auch, wenn Sie überarbeitet sind, wenn Sie nicht wissen, wo Ihnen der Kopf steht und wenn Sie vor neuen, unbekannten Situationen stehen, wie es eine erfolgte Kündigung ist.

Gefährlich ist dauerhafter Stress

Im Normalfall ist Stress nur ein kurzfristiger Zustand und schadet deshalb nicht. Beim Nachlassen der Gefahr oder der Stresssituation lassen auch die Stressreaktionen des Körpers wieder nach. Gefährlich wird es allerdings, wenn aus dem kurzfristigen Stressgefühl ein dauerhafter Stress wird.

Die Herausforderung der Neuorientierung, der Ärger und die Angst, die mit der Kündigung verbunden sind, führen schnell zu Dauerstress. Eine typische Begleiterscheinung hiervon ist das Gefühl, das eigene Leben nicht mehr richtig unter Kontrolle zu haben. Jetzt bringen bereits die kleinsten Dinge das »Fass zum Überlaufen«. Es kommt zu ungewollten Konflikten und Missstimmungen, auch mit Personen, die mit der stressauslösenden Situation nichts zu tun haben. Wir fühlen uns gelähmt, alles fällt schwer, und es wird immer schwieriger, wirklich zu entspannen und auszuruhen.

Wachsam sollten Sie werden, wenn Sie Folgendes bei sich selbst feststellen:

- ständiges Grübeln über all das, was war und noch ansteht,
- deutliche Schwierigkeiten, Entscheidungen zu fällen,
- Aggressivität,

- Depressionen,
- irrationale Ängste,
- Missbrauch von Alkohol und / oder Drogen,
- Müdigkeit,
- Zerstreutheit und Vergesslichkeit,
- übermäßiger oder geringer Appetit,
- Krankheiten oder andere diffuse körperliche Beschwerden, Schlafstörungen.

Managen Sie Ihren Stress

Wenn Sie feststellen, dass der Stress, dem Sie durch den Verlust Ihres Arbeitsplatzes ausgesetzt sind, einige der oben genannten Symptome bei Ihnen auslöst, wird es Zeit, für sich selbst Möglichkeiten zu entwickeln, mit der bestehenden Belastung umzugehen und die verbrauchten Energien wieder zurückzugewinnen – und zwar noch, bevor Sie am Ende Ihrer Kräfte sind.

Anti-Stress-Tipps für Geist und Seele

Sorgen Sie für sich! Hören Sie auf Ihre innere Stimme und sorgen Sie gut für sich. Erlauben Sie sich einfach mal die kleinen Freuden des Lebens, wie zum Beispiel ein gutes Essen, einen ausgiebigen Spaziergang oder etwas anderes, was Ihnen richtig gut tut.

Lernen Sie, zu meditieren! Hier geht es darum, den Geist zu beruhigen, anstatt ihn weiter zu beschäftigen. In der Meditation versuchen Sie, Ihren Geist frei zu machen von allen Gedanken. Hierfür reichen oft schon einige Minuten, in denen Sie zum Beispiel einfach nur ruhig in eine Kerze schauen – und sich dabei von all Ihren Gedanken lösen. Auch Yoga und andere Entspannungstechniken können jetzt von großer Hilfe für Sie sein.

Reden Sie! In Stresssituationen tut es oft gut, sich die Gedanken, die einen belasten »aus dem Kopf zu reden« und sich so Erleichterung zu verschaffen. Hierbei geht es nicht primär darum, sich bei jemandem Rat einzuholen, sondern in erster Linie darum, jemanden zu haben, der einem erst einmal nur zuhört. Wenn Sie sich niemandem mitteilen möchten, kann es auch helfen, Ihre Gedanken aufzuschreiben oder ein Bild dazu zu malen.

Beschäftigen Sie sich mit den Dingen, die Sie sonst vermissen! Bestimmt haben Sie während Ihrer Arbeitszeit häufiger darüber nachgedacht, wie gerne Sie in diesem Moment Zeit mit Ihrem Partner und / oder Ihren Kindern oder anderen Menschen verbringen würden. Auch die persönliche Weiterentwicklung und Weiterbildung bleibt im Berufsalltag häufig auf der Strecke. Hierfür, und für alle anderen Dinge, haben Sie nun Zeit – nutzen Sie sie, um Ihre negativen Gedanken und Gefühle in positive zu verwandeln. Denken Sie immer daran: Das Leben besteht nicht nur aus Arbeit.

Anti-Stress-Tipps für den Körper

Sorgen Sie für Bewegung! Gerade in Stresszeiten brauchen wir Bewegung ganz besonders. Unser Körper will sich bewegen, auch wenn unser Geist vielleicht müde ist. Bei mangelnder Bewegung verspannen wir uns schnell und können auch unsere angestauten negativen Energien nicht abbauen. Wählen Sie zum Beispiel eine Sportart, die Ihnen Spaß macht oder der Sie sich vielleicht schon immer mal widmen wollten – dafür aber bisher keine Zeit gefunden haben. Gerade Ausdauersportarten wie Laufen oder Fahrrad fahren sind einfach umzusetzen und wirken Wunder.

Ernähren Sie sich gesund! Nicht nur Ihr Geist, sondern auch Ihr Körper ist in Stresszeiten einer größeren Belastung ausgesetzt. Tun Sie ihm und somit auch sich selbst etwas Gutes, indem Sie sich gesund ernähren und reichlich Obst und Gemüse zu sich nehmen. Die ausreichende Zufuhr von Vitaminen und Mineralstoffen (bei Stresssymptomen ist Magnesium besonders wichtig) wird Ihr Wohlbefinden steigern und Ihre Resistenz gegen psychische Belastungen stärken.

Schränken Sie Genussmittel ein! Schränken Sie den Konsum von Nikotin und Koffein ein, und verzichten Sie möglichst auf Alkohol. Die kurzfristigen Erleichterungen durch Genussmittel rächen sich später umso mehr, denn sie stellen eine weitere Belastung für Ihren Körper dar.

Kapitel 10
Das A und O: Gesprächsstrategie und -kompetenz

Verhandlungen im Prozess der Trennung von seinem Arbeitgeber erfolgreich und mit dem Anspruch einer »guten Verhandlungsführung« durchzustehen – dies ist eine große Herausforderung und verlangt Ihnen viel ab. Schließlich geht es darum, die eigenen Interessen und Rechte zu wahren und so erfolgreich wie möglich in einer Situation höchster emotionaler Beteiligung umzusetzen. Trotz oder gerade wegen der Anspannung, der Ängste und der Wut, der erfahrenen und empfundenen Kränkungen, müssen Sie einen klaren Kopf behalten, um die eigenen Ziele zu formulieren, sie sicher im Blick zu behalten und möglichst auch zu verwirklichen.

Eine solche Herausforderung unter besonderen und erschwerten Bedingungen verlangt eine gute Vorbereitung. Wenn Sie sich schon bisher gut auf wichtige Verhandlungen vorbereitet haben, so sollten Sie in diesem Fall noch etwas mehr Zeit und Energie darauf verwenden. Nur dies setzt Sie in die Lage, wohldurchdachte Lösungen mitzugestalten, die passende Strategie zu wählen und die richtigen Entscheidungen zu treffen. Auch wenn Sie die Trennung akzeptieren müssen, in den Verhandlungen gestalten Sie die Modalitäten und Ergebnisse aktiv mit!

> **B. T., Personalchef:** »Abfindungsverhandlungen können zäh sein und erfordern Geduld und Ausdauer. Die Vorlaufzeiten sind sehr zeitintensiv. In meinem Fall waren zwölf Verhandlungsrunden erforderlich, bis letztlich der Aufhebungsvertrag unterschrieben war.«

Überzeugungskraft gewinnen

Wie bereits an anderer Stelle betont, sollten Sie bei der Vorbereitung, aber auch bei der Verhandlungsführung selbst nicht den Anspruch verfolgen, alles allein zu bewältigen. Besprechen und diskutieren Sie Ihre Interessen für die Trennungsverhandlungen und die Möglichkeiten der Gestaltung und Durchsetzung Ihrer Interessen frühzeitig mit Ihrem Steuerberater und Ihrem Rechtsanwalt. Zur Entwicklung Ihrer persönlichen Gesprächsstrategie und Verhandlungskompetenz finden Sie in einem Coach den richtigen Sparringspartner.

Zur Vorbereitung gehört es auch, mit Ihrem Rechtsanwalt den Zeitpunkt zu definieren, von dem an er aktiv in die Verhandlungen involviert werden soll. Sie müssen klären, ob es für Sie von Vorteil ist, zu Beginn die Verhandlungen selbst zu führen, ihn von Anfang an daran teilnehmen zu lassen oder die Verhandlungsführung gleich ganz an ihn abzugeben. Allein unter dieser Fragestellung ist ein intensiver Austausch mit Ihrem Fachanwalt wichtig. Er muss Ihre Ziele kennen und mit Ihnen gemeinsam erarbeiten, wie Sie diese erreichen. Erst dann ist er in der Lage, Ihre Interessen wirksam und in Ihrem Sinne zu vertreten.

B. T., Personalchef: »Meine Empfehlungen sind:
Zunächst sollte man nach der Ankündigung der beabsichtigten Trennung gelassen reagieren und sich Bedenkzeit ausbitten. Diese Zeit sollte man nutzen, um eine eindeutige Gesprächsstrategie auch unter Einbeziehung von Freunden und Beratern zu entwickeln und dann mit klaren Vorstellungen mit einem Aufhebungspaket auf die Firma zugehen.

Man sollte davon Abstand nehmen, überall in der Organisation nach Verbündeten zu suchen, sondern sich schnellstmöglich mit der Situation abfinden und die Zukunftsgestaltung optimistisch in die Hand nehmen.«

Sie finden in diesem Kapitel Tipps und Anregungen zu den folgenden Aspekten, die für Ihre erfolgreiche Verhandlungsführung unerlässlich sind:

- *Wer sind die am Prozess beteiligten Gesprächspartner?*
  Finden Sie heraus, »mit wem Sie es zu tun haben« und welche Zielsetzungen und Interessen derjenige vertritt.

- *Das Bewusstsein des persönlichen Verhandlungsstils*
  Betrachten Sie Ihren Verhandlungsstil und Ihre persönliche Verfassung. Entscheiden Sie, wer die Verhandlungen führt. Es geht um die Wahrung Ihrer Rechte und Ihrer Würde – zeigen Sie Zähne, aber wählen Sie nicht den Heldentod!

- *Die Formulierung der eigenen Interessen und Ziele*
  Definieren Sie, was Sie erreichen wollen, und setzen Sie Prioritäten, um Ihre zentralen Interessen zu wahren. Klären Sie offene Fragen, und sammeln Sie alle für Sie wichtigen Informationen.

- *Die Entwicklung der eigenen Verhandlungsstrategie*
  Spielen Sie durch, wie Sie Ihre Ziele am besten erreichen und welche Strategie zu Ihnen und Ihrer Verhandlungssituation am besten passt.

- *Die zielgerichtete Verhandlungsweise*
  Auch hier ist eine gute Vorbereitung unerlässlich. Überlegen Sie außerdem, wie Sie vorgehen werden, wenn es zunächst nicht zu einer Einigung kommt.

- *Die Sicherstellung des Erreichten*
  Dokumentieren Sie Ihre Verhandlungsergebnisse immer. Sie stellen so sicher, dass nichts vergessen wird und getroffene Vereinbarungen verbindlich werden.

Ihre Verhandlungspartner

Trennungsverhandlungen sind in der Regel für alle Beteiligten Gespräche, die als persönlich schwierig empfunden und nicht gerne geführt werden. Dies gilt auch für die meisten Vertreter des Unternehmens, mit denen Sie sprechen. Ein großer Teil der Schwierigkeiten und Konflikte, die in Trennungsgesprächen entstehen, ergibt sich dadurch, dass die Vertreter des Unternehmens nicht genügend vorbereitet und geschult werden, mit dieser Situation und der emotionalen Betroffenheit der Beteiligten umzugehen. Aus der eigenen Unsicherheit und dem Bestreben, diese Situation schnell zu beenden, kann sich ein Gesprächsstil entwickeln, der auf die Würde und die Achtung der Beteiligten voreinander nicht mehr ausreichend Rücksicht nimmt. Aber: Konflikte führen nie zum bestmöglichen Ergebnis. Sollen Konflikte und unnötige juristische Auseinandersetzungen vermieden werden, erfordert dies auf beiden Seiten den Willen zur sachlichen Verhandlungsführung. Sie können Ihren Beitrag dazu leisten. Mit den nachfolgenden Ausführungen wollen wir Sie in die Lage versetzen, Ihrem Gesprächspartner einen Schritt voraus zu sein. Wir wollen Sie unterstützen, sich sehr bewusst auf Ihre Gesprächspartner einzustellen, damit Sie entsprechend agieren und das Gespräch steuern können.

Wer ist mein Gegenüber?

Auch wenn es Ihnen in dieser besonderen Situation schwer fällt:
Wenn Sie mit einem Menschen konstruktiv verhandeln und Ihre Ziele erreichen wollen, müssen Sie bereit sein, die Situation auch durch seine »Brille« zu betrachten, damit gegenseitiges Verständnis überhaupt möglich ist. Wenn Sie nicht entdecken, welcher »Typ« Ihnen als Gesprächspartner gegenübersitzt, warum er wie handelt und welche Interessen er verfolgt, werden Sie ihn nicht oder nur mit viel Aufwand überzeugen können. Erst dieses Verständnis macht es mög-

lich, konstruktive Gespräche zu führen und einen Konsens zu finden, anstatt nur gegeneinander zu kämpfen. – Ein »Duell« führt häufig zu schweren Verletzungen auf beiden Seiten, und das Glück ist in einer solchen Situation ein unzuverlässiger Partner.

Um sich in einer Verhandlung auf den Partner einstellen zu können und die richtige Gesprächsstrategie zu wählen, ist es wichtig, zu verstehen, »wie er tickt«. Dabei geht es um seine Eigenheiten, seinen Stil und seine Persönlichkeit. Es gibt zahlreiche Modelle, die solche individuellen Merkmale nach »Typen« klassifizieren. In Ihrer konkreten Situation aber gibt Ihnen zunächst ein einfaches Modell die beste Orientierung – auch wenn dieses – das gilt für jedes Modell – nur einem stark verallgemeinernden Abbild der Wahrheit und nicht der Wahrheit selbst entspricht. Mit den zwei Persönlichkeitsdimensionen »introvertiert versus extrovertiert« und »emotional versus sachlich« lassen sich Verhaltensweisen von Menschen sehr anschaulich zuordnen, beschreiben und erklären. Die Informationen, die Ihnen diese einfache Klassifizierung gibt, unterstützen Sie dabei, Ihren Gesprächspartner einzuschätzen und Ihre eigene Verhandlungsstrategie auf ihn einzustellen. – Wenn Ihnen das gelingt, sind Sie ihm einen Schritt voraus.

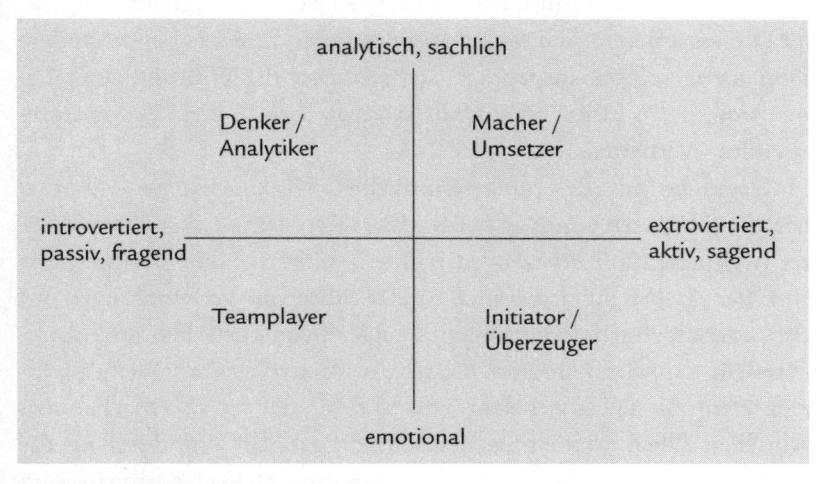

```
                    analytisch, sachlich
                            |
          Denker /          |      Macher /
          Analytiker        |      Umsetzer
                            |
introvertiert, ─────────────┼───────────── extrovertiert,
passiv, fragend             |              aktiv, sagend
                            |
          Teamplayer        |      Initiator /
                            |      Überzeuger
                            |
                      emotional
```

Abbildung 6: Dimension des Verhaltens
Quelle: Fischer, C., aus Andrzejewski, L. (2002)

Versuchen Sie vor dem Weiterlesen einmal für sich selbst zu beschreiben, wie die benannten vier »Typen« sich in Verhandlungen verhalten werden, wodurch Ihr Gesprächstil gekennzeichnet ist und wie sie zum Beispiel mit Informationen umgehen. Fragen Sie sich zum Beispiel: Wie wird sich ein analytischer, sachlicher und eher introvertierter Mensch in der Verhandlung verhalten?

Die verschiedenen Gesprächstypen

Nachfolgend geben wir Ihnen eine kurze Beschreibung der benannten Typen. Um im Gespräch zu erkennen, wie Sie Ihr Gesprächsverhalten auf Ihren Gesprächspartner einstellen können, müssen Sie gut hinschauen und hinhören, wie Ihr Partner agiert und was er sagt. Dabei wird Ihnen seltener eine Person gegenübersitzen, die das unten beschriebene Verhalten sozusagen im Reinformat zeigt. Häufiger werden deutliche Tendenzen in die eine oder andere Richtung erkennbar sein, da grundsätzlich die Ausprägung beider Dimensionen unterschiedlich ist und es so natürlich zu Vermischungen verschiedener Verhaltensweisen kommt. Das heißt, jeder Mensch trägt einen Teil aller Dimensionen in sich, wobei aber entweder die eine oder die andere Dimension stärker ausgeprägt ist. Je stärker die Wirkung einer Dimension, desto klarer erkennbar ist »typisches« – dem Typ entsprechendes – Verhalten.

Gespräche mit den unterschiedlichen »Gesprächstypen« werden leichter für Sie sein, und Sie werden Ihre Gesprächspartner eher von Ihrer Argumentation überzeugen können, wenn Sie »in ihrer Sprache« sprechen. Stellen Sie sich einmal vor, Sie führen die Verhandlungen mit einem sehr sachlich und introvertiert agierenden Menschen, also mit jemandem, den wir in unserem Modell als »Analytiker« beschreiben würden. Wenn Sie selbst vielleicht jemand sind, den wir als »Macher« beschrieben haben, werden Sie vielleicht auf schnelle und durchaus für beide Seiten pragmatische Lösungen drängen. Missverständnisse sind dann vorprogrammiert. Ihr Gesprächpartner wird auf eine genaue und

Der Typ	Beschreibung	Kenne ich?
Der Analytiker/ Denker	Will das Thema im Detail durchdringen und beweist hierbei Ausdauer. Favorisiert Daten, Fakten, Zahlen; argumentiert sachlich und klar; stellt differenzierte Fragen; kommt immer wieder auf den Punkt; lehnt Small-Talk ab. Ihm geht es nicht um den Gesprächspartner, sondern um die Sache; sein Schlagwort lautet »Präzision« bis ins Detail.	
Der Macher / Umsetzer	Ist eher ungeduldig und übernimmt daher schnell die Gesprächsführung. Sagt, was zu tun ist; ist offen für Veränderung; konzentriert sich auf das Wesentliche; spricht ohne Umschweife, verliert sich nicht in Einzelheiten; agiert zielorientiert: Will nicht ewig reden, sondern Ergebnisse erzielen; bevorzugt strukturierte Gespräche; es interessiert ihn das, was im Ergebnis herauskommt; sein Schlagwort lautet »Effektivität«.	
Der Initiator / Überzeuger	Legt Wert auf Akzeptanz und Zuspruch; will von seinen Ideen überzeugen; zeigt Interesse am Gesprächspartner; neigt dazu, den roten Faden zu verlieren. Verhandelt gerne. Besitzt wenig Ausdauer beim Zuhören; spaltet seine Aufmerksamkeit und Konzentration; neigt zu voreiligen und emotionalen Entscheidungen und Reaktionen; neigt dazu, unstrukturiert, sprunghaft und unsystematisch zu agieren. Beansprucht hohe Redeanteile; sein Schlagwort lautet »Enthusiasmus«.	

Der Teamplayer	Besitzt eine hohe Sensibilität für seinen Gesprächspartner; legt Wert auf eine harmonische Beziehung; argumentiert besonnen und überlegt; kann gut zuhören; will das Gesprächsziel »gemeinsam erreichen«; will für seinen Partner eine gute Lösung; nimmt sich viel Zeit; bevorzugt eine ruhige und entspannte Gesprächsatmosphäre; neigt dazu, offene Konflikte zu meiden; sein Schlagwort lautet »Harmonie«.

gründliche Analyse der Fakten bestehen, und Sie werden ungeduldig, weil Sie die Angelegenheit vom Tisch haben wollen und nicht verstehen können, wie man es so »kompliziert« machen kann. Seien Sie sicher, Ihr Gesprächspartner hat nicht weniger Schwierigkeiten, Ihr Verhalten zu verstehen.

Um in der insgesamt schon schwierigen Situation derart unnötige Konflikte zu vermeiden, finden Sie nachfolgend einige wichtige Tipps für die Verhandlungsführung mit den jeweils genannten »Typen«:

Der Analytiker / Denker

- Ihn oder andere persönlich betreffende Fragen empfindet er in der Regel als Zeitverschwendung.
- Bevorzugen Sie direkte, kurze Sätze und Fragen.
- Stellen Sie ihm präzise, analytische und klare Fragen.
- Vollständige Fakten, Darstellungen, Beweise und Ergebnisse sind ihm wichtig.
- Klare, eindeutige und kurze Argumentationen versteht er am besten.
- Geben Sie dem Gespräch Struktur und Systematik.
- Legen Sie Wert auf eine gute Vorbereitung der Gespräche.

- Äußern Sie Kritik umsichtig und sehr sachlich.
- Fassen Sie erarbeitete Ergebnisse zusammen, um bei den besprochenen Punkten einen Abschluss zu finden.

Der Macher / Umsetzer

- Er steuert das Gespräch gern selbst und lässt sich die Gesprächsführung nur ungern aus der Hand nehmen.
- Er ist für Fragen nicht sehr zugänglich: »Nicht Reden, sondern Handeln« ist seine Devise; Fakten und Daten werden bevorzugt.
- Fragen sollten Sie direkt, kurz und ohne Umschweife stellen.
- Er verzichtet gern auf Einzelheiten und bevorzugt eine klare Sprache.
- Vermeiden Sie es, ihn in die »Enge« zu treiben, indem Sie ihn unter Druck setzen, ihn drängen oder nach Gefühlen fragen.
- Agieren Sie selbst sehr strukturiert und zielorientiert.
- Geben Sie ihm ruhig das Gefühl, dass er im Wesentlichen die Entscheidungen trifft.

Der Initiator / Überzeuger

- Sprechen Sie ihn mit Fragen direkt an (»Wie möchten Sie ...?«, »Wie empfinden Sie ...?«).
- Stellen Sie mehr »Wer-Fragen« als »Was-Fragen« (ihn interessieren Menschen, nicht Sachen).
- Ihre Fragen sollten ihn zu ergebnisorientiertem Handeln führen.
- Geben Sie dem Gespräch Struktur, und achten Sie auf ein ergebnisorientiertes Vorgehen. Vorsicht: Lassen Sie sich nicht zu weit vom Gespräch wegführen.
- Führen Sie ihn zum Thema zurück, wenn er abschweift und auf Nebenkriegsschauplätze ausweicht.
- Fassen Sie Zwischenergebnisse immer wieder zusammen.
- Halten Sie Zwischenergebnisse und Ergebnisse schriftlich fest.

- Fragen Sie nach seiner Einschätzung.
- Bereiten Sie sich durchaus auch auf emotionale Reaktionen von seiner Seite vor, Sie können ihn schnell verärgern.
- Lassen Sie sich von rhetorischer Brillanz und hoher Überzeugungskraft nicht aufs »Glatteis« führen.

Der Teamplayer

- Er wird sich mehr für Ihre persönliche Situation interessieren und reagiert gegebenenfalls selbst betroffen.
- Sprechen Sie ihn persönlich an.
- Vorsicht, er kann misstrauisch sein.
- Stellen Sie viele offene Fragen.
- Konflikte sind ihm persönlich unangenehm, sodass er dazu neigt, sich bei Ärger und Problemen eher zurückzuziehen; vermeiden Sie eine direkte Konfrontation.
- Stellen Sie das »Wie« und den Menschen »Wer« in den Mittelpunkt der Frage.
- Achten Sie auf seine Gestik und Mimik. (Gefahr: Er sagt etwas nicht, reagiert aber emotional)
- Plötzliche Ausbrüche durch aufgestauten Ärger sind möglich.

Das dargestellte Modell sollten Sie durchaus auch nutzen, um sich Ihr eigenes Gesprächsverhalten einmal zu verdeutlichen. Wie schätzen Sie sich ein, welcher Typ beschreibt Ihr Verhalten am besten, wo erkennen Sie sich selber wieder? Die Selbsteinschätzung hilft Ihnen besser zu verstehen, warum Sie mit dem einen Kollegen sehr gut auch kritische Gespräche führen können und Gespräche mit anderen immer wieder als schwierig erleben. In diesem Fall sind Ihre Gesprächsstile wahrscheinlich zu unterschiedlich. Wenn Sie wissen, wie der Stil Ihres Gesprächspartners aussieht, können Sie eine entsprechende Gesprächsstrategie entwickeln und Ihr eigenes Verhalten auf ihn ausrichten. Stimmen Sie sich gedanklich auf die unterschiedlichen Gesprächssituationen und -partner ein. Spielen Sie durch, wie Sie sich verhalten wollen und wie Sie bei Ihrem eigenen »typischen Verhalten« gegensteuern werden, wenn es dem Gesprächsverlauf nicht förderlich ist.

Die eigenen Interessen und Ziele fest im Blick

Bei der Formulierung Ihrer Zielsetzungen sind Informationen zu den wirtschaftlichen und rechtlichen Rahmenbedingungen, in denen Sie sich bewegen, sowie zur Unternehmenskultur in vergleichbaren Trennungsprozessen für Sie von großer Bedeutung. Die genaue Situationsanalyse ermöglicht es Ihnen, Ihre Forderungen und Zielsetzungen für die Verhandlung realistisch und rechtlich durchsetzbar zu gestalten.

Stellen Sie sich die folgenden Fragen, und beantworten Sie sie bei Bedarf mit Unterstützung von Experten und Vertrauenspersonen:

- In welcher wirtschaftlichen Situation befindet sich das Unternehmen? Müssen zum Beispiel Arbeitsplätze abgebaut werden?
- Welche Rechte und Pflichten ergeben sich für Sie und Ihren Arbeitgeber aus Ihrem Arbeitsvertrag, aus Tarifverträgen und Betriebsvereinbarungen oder Sozialplänen?
- Wer sind die Entscheidungsträger bei den Verhandlungen?
- Ist der Gesprächspartner auch der letzte Entscheidungsträger?
- Wie haben sich diese in der Vergangenheit in vergleichbaren Situationen verhalten? Welche Ziele haben sie verfolgt?
- Welche Linie verfolgt das Unternehmen in der Regel? Werden Führungskräfte freigestellt, oder arbeiten sie bis zum Ausscheiden weiter? Wird die Strategie einer einvernehmlichen Lösung oder wird die harte Linie mit möglichem Prozessrisiko verfolgt?
- Erfolgt zur Zeit Personalabbau im größeren Umfang?
- Sind finanzielle Rahmen für die Höhe von Abfindungen bekannt? Existieren Abfindungsregelungen aus Sozialplänen oder andere Betriebsvereinbarungen?

- Liegt bereits ein Aufhebungsangebot vor, und wie ist das Trennungspaket hinsichtlich arbeitsrechtlicher Regelungen und der eigenen Zielsetzungen zu beurteilen?

Die Einschätzung der Unternehmenssituation gibt Ihnen Hinweise darauf, mit welchen Vorstellungen und Strategien Sie auf der Gegenseite rechnen können. Sie können versuchen, Ihren eigenen Spielraum bei Ihren Forderungen abzuwägen und verschiedene Forderungsalternativen erarbeiten.

Daneben ist die Analyse Ihrer persönlichen Situation eine wichtige Grundlage zur Bewertung des Arbeitsplatzverlusts. Sie bildet die Basis für die Verhandlungsziele, die Sie erreichen wollen. So sind Ihre finanziellen Verpflichtungen ein Anhaltspunkt für die Höhe der Abfindungszahlung, die Sie anstreben. Es schließen sich die Fragen an: Wie lange kann ich meinen Lebensunterhalt bestreiten, wenn es mit einer Anschlussbeschäftigung nicht zeitnah klappt? Wie stehen meine Chancen am Arbeitsmarkt, wie schnell werde ich eine adäquate Weiterbeschäftigung finden? Je nach Ihrem Alter, Ihrer Fach- und Branchenspezialisierung oder einer eingeschränkten Mobilität aufgrund Ihres familiären Umfeldes sollten Sie Ihr Augenmerk auf Leistungen des Unternehmens richten, die Sie bei der Suche nach einer neuen Position unterstützen. In diesem Fall werden sich Ihre Verhandlungen stärker ausrichten auf:

- Weiterbeschäftigungsalternativen im Unternehmen oder Unternehmensumfeld,
- Wandel einer fristgerechten Kündigung in eine Aufhebungsvereinbarung,
- Weiterbildungsmaßnahmen,
- Referenzen Ihres derzeitigen Arbeitgebers,
- Outplacement-Beratung,
- Coaching,
- Finanzierung einer Annonce,
- Unterstützung durch Kontakte zu anderen Unternehmen,

- Unterstützung der Suchaktivitäten durch Freistellung und organisatorische Hilfestellungen (Sekretariat, Nutzung des Internets etc.).

Überlegen Sie im Vorfeld der Verhandlungen, wie Sie die folgenden Bestandteile Ihres Trennungspakets gestalten wollen:

- Höhe der Abfindung,
- Austrittstermin und Freistellung.
- Welche Sonderzahlungen (Tantiemen, Prämien etc.) müssen Sie berücksichtigen?
- Sind weitere Zuwendungen (Darlehen, Pensionsansprüche) gesichert?
- Wie sind die Regelungen für ein nachvertraglich geltendes Wettbewerbsverbot? Welche Vereinbarungen sind wichtig für Ihre berufliche Zukunft?
- Welche Rechte an Patenten oder anderen Entwicklungen sind zu klären?
- Welche Regelungen zur Nutzung und Übernahme des Dienstwagens streben Sie an?
- Wie möchten Sie Aufgaben- und Projektübergaben etc. regeln?
- Welche Sprachregelung zur Trennung durch das Unternehmen streben Sie gegenüber externen Geschäftspartnern an?
- Wie und durch wen soll das Zwischen- und Endzeugnis erstellt werden? Was sollte es in jedem Fall beinhalten?
- Welche Fristen und Bedenkzeiten brauchen Sie?
- Welchen Zeitpunkt der abschließenden Einigung streben Sie an?

Alle Fragen führen Sie zur Beschreibung Ihrer Ziele für den Einigungsprozess. Entscheidend für das Verhandlungsergebnis wird sein, wie klar Sie Ihre eigenen Interessen und Ziele formulieren und vertreten bzw. vertreten lassen. Halten Sie dafür alle erarbeiteten Punkte immer schriftlich fest. Die Unterlagen werden Ihnen helfen, Ihre Verhandlungsziele auch in schwierigen Gesprächssituationen stets im Blick zu behalten. Sie erleichtern Ihnen das Abwägen bei möglichen

Kompromissen. Sie bilden außerdem die Grundlage für das Briefing der von Ihnen zur Unterstützung eingebundenen Personen.

Es gibt immer mehr als eine Lösung: Alternativen erarbeiten, flexibel verhandeln

Eine wichtige Regel erfolgreichen Verhandelns ist der Grundsatz, schon im Vorfeld alternative Lösungsmöglichkeiten zu entwickeln. Sie können nicht davon ausgehen, dass alle Ihre Forderungen akzeptiert werden. Also ist es erfolgversprechender, von Anfang an in alternativen Lösungsmöglichkeiten zu denken. Für den Verlauf der Verhandlungen ist es hilfreich, für alle beschriebenen Inhalte Ihre Forderungen zu formulieren und schriftlich zu notieren. Klären Sie Ihre Maximalziele, und legen Sie Ihre Mindestforderungen bzw. Minimalziele fest. Vergeben Sie Prioritäten, damit Sie die zentralen Verhandlungspunkte immer fest im Blick behalten. Kennzeichnen Sie die Ansprüche, die Sie bereit sind, für die Durchsetzung Ihrer zentralen Ziele herunterzuschrauben oder zu opfern. Überlegen Sie, wenn Alternative A nicht möglich ist, welche Alternative B dann für Sie akzeptabel ist. Diese Dokumentation ist Ihr »Storyboard« für den Gesprächsverlauf und gleichzeitig Ihr Kontrollzettel für die Beurteilung der Zielerreichung. Mit fixen Forderungen ohne Alternativen haben Sie nicht nur schnell einen handfesten Konflikt am Verhandlungstisch, Sie werden auch Ihre Argumentation weder flexibel auf die Verhandlungssituation einstellen noch durchhalten können – das ist nicht der Weg erfolgreicher Verhandlungsführer. Kennzeichen guter Verhandlungen sind vielmehr, dass sie nie zum Stillstand kommen, auch wenn die Schritte in Richtung einer gemeinsam getragenen Vereinbarung sehr klein sind. Auch aus diesem Grund ist es sinnvoller, der Gegenseite das Annähern durch Wahlmöglichkeiten zu erleichtern. Mit Ihren unterschiedlichen »Lösungspaketen« (zum Beispiel Maximal- und Minimallösungen) erleichtern Sie die Annäherung und verhindern einen Stillstand der Verhandlung.

Nutzen Sie für die Analyse und zur realistischen Festlegung Ihrer Ziele die Unterstützung von Fachleuten und den Austausch mit Freunden. Diese helfen Ihnen, Ihre Forderungen rechtlich abzusichern, präzise Vorschläge sowie Strategien und Argumentationen zu erarbeiten.

Ein weiterer häufiger Fehler in Verhandlungen ist der, dass zu schnell auf eine Lösung hingearbeitet wird. Im Falle eines Trennungsgesprächs kann dies darin begründet sein, dass die Situation belastend oder unangenehm ist, man schnell fertig werden will oder weil man das Gefühl der »gerade günstigen Gelegenheit« hat. Drucksituationen machen jedoch nur dann Sinn, wenn eine der Parteien in der Verhandlungsführung deutlich überlegen ist und die unterlegene Partei auch später keine Möglichkeit mehr zum Gegenzug hat. Das ist aber nur dann der Fall, wenn beide Seiten sich vertraglich geeinigt und bereits unterschrieben haben. Bis zu diesem Zeitpunkt ist alles offen – von der alle Interessen berücksichtigenden Einigung bis zum Gerichtsprozess. Gute Verhandlungen sind durch die Annäherung der unterschiedlichen Standpunkte gekennzeichnet. Bevor Sie vorschnell unterschreiben, bestehen Sie auf Ihr Recht, die Vereinbarung in Ruhe und bei Bedarf mit der Unterstützung eines Experten zu prüfen. Lassen Sie sich nicht unter einen nicht gerechtfertigten Druck setzen. Die Gegenseite will ja auch etwas von Ihnen.

Wenn Profis mehr erreichen: Externe Unterstützung in schwierigen Situationen

Mit einer soliden Vorbereitung sind Sie gut gerüstet, mit Ihren Vorschlägen selbst auf Ihre Gesprächspartner zuzugehen. Wie gesagt gilt es in allen Verhandlungsphasen abzuwägen, ob und wann Sie die Verhandlungen einem Fachanwalt übergeben. Unter wirtschaftlichen Gesichtspunkten besteht die Gefahr, dass der Anwalt sein Hauptaugenmerk auf die Höhe der Abfindungszahlung richtet, da sich daran auch seine Honorarzahlung orientiert (wenn Sie nicht im Vorfeld ein Zeit-

oder Pauschalhonorar vereinbart haben). Umso wichtiger sind klare Vorgaben zu den Verhandlungsergebnissen, die Sie erzielen wollen.

> **P. H., Leiter Einkauf:** »Während meiner Verhandlungen war es sehr vorteilhaft, mit der Unterstützung eines Anwalts rechtlich abgesichert auf den Punkt zu kommen und präzise formulierte Forderungen auf den Tisch zu legen, ohne die absolute Schmerzgrenze auszureizen. Dadurch konnte ich den Prozess selbst mitsteuern. Ich würde heute wieder genauso vorgehen. Für meine Situation war es besser, mit einem Anwalt zusammenzuarbeiten, der im Hintergrund berät. Dann kommt es nicht dazu, dass der eigene Jurist und der des Unternehmens in einen juristischen Wettstreit geraten, der unnötig eskaliert.«

Lassen Sie sich unter keinen Umständen von der Gegenseite unter Druck setzen. Es ist immer der bessere Weg und Ihr gutes Recht, sich, wenn Sie es für notwendig halten, Bedenkzeit auszubitten. Sie entscheiden, ob und wann Sie einen Juristen einschalten und für welche Aufgabe. Seien Sie ehrlich gegenüber sich selbst, und schätzen Sie realistisch ein, in welcher physischen und psychischen Verfassung Sie sich befinden und ob Sie sich wohler fühlen, wenn Sie die Verhandlungsführung abgeben können. Beobachten und analysieren Sie auch, wie die Gegenseite vorgeht, reagiert und mit Ihnen umgeht. Entscheidend ist, dass Sie Ihre Rechte und Ihre Würde wahren und das mit jeder Unterstützung, die Sie dazu benötigen.

Interessen realisieren, nicht Positionen durchsetzen

Konflikte in Verhandlungen lassen sich grundsätzlich auf unterschiedliche Weise austragen und günstigenfalls lösen. Das angestrebte Ziel und die entsprechende Strategie sind dabei eine wesentliche Orientierung.

Die Abbildung macht deutlich, welche »Kampfhaltung« beide Parteien einnehmen können. Das beste Ziel ist sicher, eine Lösung zu finden, bei der sich beide hinterher noch in die Augen sehen können. Auch wenn Ihnen vielleicht danach zumute ist, »einen kleinen Rachefeldzug« zu führen, fragen Sie sich, ob ein solches Vorgehen wirklich Zufriedenheit bietet.

> **U. G., Bereichsleiter:** »Ich war von Anfang an darauf bedacht, nicht auf Konfrontationskurs zu gehen und die Situation nach meiner Kündigung nicht eskalieren zu lassen. Denn eine einvernehmliche Trennung mit dem Gefühl, ›gut aus der Sache herausgekommen zu sein‹, ist in jedem Fall besser als ein langer Rechtsstreit ohne einen gelungenen Ablösungsprozess.«

Eine wichtige Regel der Verhandlungsführung besagt: »Nicht um Positionen, sondern um Interessen verhandeln.« Was heißt das? Eine Position ist ein fester, gewissermaßen unumstößlicher Standpunkt – »so und nicht anders«. Wenn Sie und Ihre Verhandlungspartner sich mit Ihren Positionen gegenübertreten, kommt es unweigerlich zum

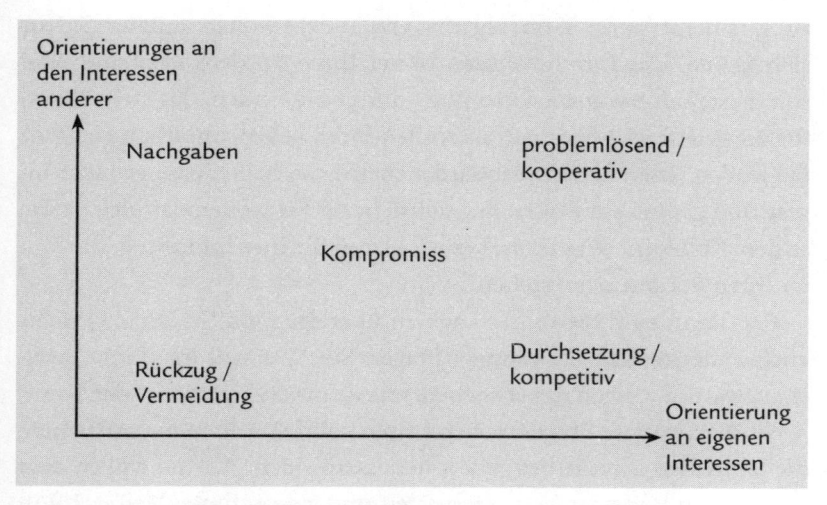

```
Orientierungen an
den Interessen
anderer
  ↑
  │   Nachgaben                    problemlösend /
  │                                kooperativ
  │
  │              Kompromiss
  │
  │   Rückzug /                    Durchsetzung /
  │   Vermeidung                   kompetitiv
  │                                          Orientierung
  └──────────────────────────────────────→ an eigenen
                                             Interessen
```

Abbildung 7: Umgang und Reaktion auf Konflikte
Quelle: Fischer, C., aus Andrzejewski, L. (2002)

Schlagabtausch, Ihre Positionen sind ja fest und unbeweglich. Es gibt nur Gewinnen und Verlieren, vielleicht noch den Kompromiss, der halbherzig getroffen wird und den Erfolg beider Seiten schmälert. Eine kleine Geschichte macht das sehr deutlich:

Jürgen und Klaus betreten zum gleichen Zeitpunkt die Küche. In der Obstschale liegt noch eine Orange. Beide greifen danach: »(Klaus) Die Orange gehört mir!« »(Jürgen) Das sehe ich anders, sie steht mir zu, Du hattest schon mehr als ich!« Den Dialog können Sie beliebig weiterdenken. Beide tauschen Ihre Positionen aus und kämpfen um die Orange. Um den Konflikt zu beenden, einigen sie sich darauf, dass jeder eine halbe Orange bekommt. (Mit diesem Kompromiss hat jeder ein wenig verloren und ein wenig gewonnen.) Beide ziehen mit ihrer halben Orange los: Jürgen reibt die Schale ab, weil er Orangenaroma braucht, Klaus presst den Saft aus.

Beide hätten viel mehr haben können, beide hätten ihr eigentliches Interesse (Saft bzw. Schale) ganz befriedigen können, wenn sie darüber gesprochen hätten. Die Geschichte soll verdeutlichen, dass wir mit der Verkündung unserer Positionen noch lange nicht unsere Interessen kommunizieren und uns dies selber nicht einmal bewusst ist. Das heißt, wenn Sie erfolgreich verhandeln wollen, müssen Sie für sich klären, was Ihre Interessen hinter Ihren Forderungen sind: Warum bestehen Sie auf X Euro Abfindung? Sie finden, das steht Ihnen für die geleistete Arbeit zu? Sie wollen Ihren Lebensunterhalt sichern? Sie wollen Ihren Lebensstandard sichern? Sie haben eine größere Investition getan und wollen diese absichern? Sie wollen das gleiche wie andere Kollegen? Was immer es ist, klären Sie Ihre Interessen, die hinter Ihren Forderungen stehen.

Erst dann sind Sie in der Lage zu überlegen, ob Sie Ihr Ziel nicht auch anders erreichen können. Fragen Sie: Was will ich damit erreichen, warum will ich das erreichen, was ist mein Ziel, was ist der Sinn?

So wie Sie diese Frage für sich klären sollten, sollten Sie versuchen, die Interessen Ihres Arbeitgebers herauszufinden: Warum will er, dass Sie bis zum Ende der Vertragslaufzeit im Unternehmen bleiben? Will er Kosten sparen? Will er Ihr Wissen sichern? Will er, dass Sie jemanden anderen noch einarbeiten? Will er, dass Aufgaben / Projekte durch Sie noch beendet werden?

Finden Sie heraus, was Sie und Ihr Verhandlungspartner erreichen möchten, denn hinter gegensätzlichen Positionen liegen sowohl gemeinsame und ausgleichbare als auch sich widersprechende Interessen. Ihr Ziel sollte es zunächst sein, einen Ausgleich zu erzielen. Erst wenn Sie die Interessen kennen – Ihre und die Ihres Arbeitgebers –, ist eine Verhandlung darüber, wie Sie die Interessen beider Seiten am besten erreichen, möglich. Erst dann können Sie die Verhandlung bei allen Differenzen und Übereinstimmungen zu einer für beide Seiten befriedigenden Lösung führen. Erkennen Sie an, dass sowohl Sie als auch Ihr Gegenüber vielfältige Interessen haben. Auch zum Beispiel, dass auch Ihr Verhandlungspartner einen Chef hat, der ihm seine Interessen übermittelt und verlangt, dass diese im Verlauf der Verhandlung befriedigt werden. Des Weiteren vertritt er Unternehmensziele, die er erreichen muss.

Fragen Sie Ihren Verhandlungspartner nach dem »Warum« und nicht nach Rechtfertigungen für seine Position. Fragen Sie auch: »Warum nicht?« Erfragen Sie in Verhandlungen zunächst die Interessen der Gegenseite. Gleichen Sie sie mit Ihren eigenen ab. Bei Übereinstimmungen können Sie zustimmen. Hier geht es dann nur noch um das »Wie«. Bei Abweichungen müssen Sie verhandeln. Bauen Sie Ihre Argumentation auf den Interessen und Argumenten der Gegenseite auf. Entwickeln Sie daraus Vorschläge und Lösungen, die im möglichst breiten Umfang den Interessen beider Seiten gerecht werden.

Stellen Sie sicher, dass die herausgefundenen Interessen festgehalten und in eine Rangfolge gebracht werden. Die Liste kann jederzeit ergänzt werden.

Die eigene Verhandlungsstrategie entwickeln

Die Suche nach den Interessen, die verwirklicht werden sollen, gilt auch für Ihre Strategie. Klären Sie zunächst für sich selbst, welche Strategie Sie verfolgen wollen. Sie haben drei Alternativen, die je nach

Verlauf der Verhandlungen auch in Kombination zum Ziel führen können:

- Sie verhandeln selbst und streben eine einvernehmliche Lösung an.
- Sie lassen Ihren Anwalt mit dem Ziel einer einvernehmlichen Lösung verhandeln.
- Sie wählen den Klageweg.

Betrachten Sie nun die Situation mit den Augen des Gegenübers:

- Welche Zielsetzungen verfolgt er?
- Welcher Lösungsweg bringt ihm den größten Nutzen, sucht er z. B. eine schnelle einvernehmliche Lösung?
- Stehen wirtschaftliche Faktoren im Vordergrund, wird er die Kosten optimieren wollen?
- Wie wichtig ist es ihm, dass wenig »Staub aufgewirbelt« wird?
- Muss er beachten, dass es sich bei der mit Ihnen getroffenen Vereinbarung um einen Präzedenzfall handelt, der auf andere Verhandlungen ausstrahlt?
- Wie ist er oder das Unternehmen in vergleichbaren Situationen vorgegangen?

Die Wahl Ihrer Strategie wird maßgeblich von zwei Faktoren abhängen:

Zum einen von der Beziehung zu den Verhandlungspartnern:

Wie schätzen Sie sie ein – neutral, positiv oder negativ? Ist es eine rein arbeitsbezogene Beziehung, oder besteht eine persönliche Beziehung? Inwieweit ist sie geprägt von Abhängigkeiten und welche sind das? Herrscht zwischen Ihnen eine freie oder unfreie Kommunikation? Wie wichtig ist Ihnen die Beziehung, zum Verhandlungspartner?

Zum anderen vom angestrebten Verhandlungsergebnis: Wie wichtig ist es Ihnen, Ihr Maximalziel zu erreichen, wollen Sie alle Punkte erreichen, wollen Sie dies auch auf Kosten der Beziehung zum Gesprächspartner?

Nicht zu unterschätzen ist die Situation, eine persönliche Beziehung zu demjenigen zu haben, der von Arbeitgeberseite beauftragt ist, die Verhandlungen mit Ihnen zu führen. Auch bei den besten Absichten, die persönliche Beziehung nicht mit in die Verhandlungen einzubringen, ist es natürlich sehr schwer, dies auch durchzuhalten, gerade dann, wenn die Verhandlungen kritischer werden.

Strategien in Handlungen umsetzen

Strategie 1: Sie suchen und finden für beide Parteien nutzbringende Lösungen, weil Sie davon ausgehen, dass die Kooperation mit Ihren Verhandlungspartnern möglich ist und Sie diese Vorgehensweise Ihren Zielen am nächsten bringen wird. Sie streben in diesem Fall eine einvernehmliche Lösung ohne Eskalation an (Kooperationsstrategie oder Win-Win-Lösung).

In den Verhandlungen wird sich Ihre Argumentation darauf konzentrieren, die Gemeinsamkeiten bei den Lösungsvorschlägen und den Nutzen für die Gegenseite herauszustellen. Ihre Fähigkeit, abzuwägen und Ihre Bereitschaft einzulenken oder bei der einen oder anderen Verhandlungsposition nachzugeben, wird gefordert sein.

Strategie 2: Sie präferieren die Konkurrenzstrategie, da Sie die Maximierung Ihres eigenen Nutzens in den Vordergrund stellen. Die Beziehung zu Ihren Verhandlungspartnern ist Ihnen nicht so wichtig, oder Sie schätzen sie als eher negativ und nicht kooperativ ein. In diesem Fall sollten Sie schnell einen Fachanwalt hinzuziehen und auch die Möglichkeit einer gerichtlichen Entscheidung in Ihre Strategie mit einbeziehen.

Wägen Sie die Chancen und Risiken genau ab. Vor Gericht wird entweder eine einvernehmliche Lösung erreicht oder ein Urteil gesprochen, jedoch ohne Garantie dafür, dass das Ergebnis Ihren Zielvorstellungen entspricht. Beide Parteien werden Ihre Standpunkte vertreten, um zu gewinnen. In Abwägung aller vorgetragenen Sachverhalte wird der Richter entscheiden.

Ist erkennbar, dass Ihre Gesprächspartner nicht oder nur in geringem Maße bereit sind, auf Ihre Vorschläge einzugehen, gilt es, die Einschätzung eines erfahrenen Fachanwaltes einzuholen. Er wird Sie beraten, ob vor Gericht ein für Sie besseres Ergebnis zu erzielen ist und welche Konsequenzen damit für Sie verbunden sind.

In der Sache hart, zu den Menschen anständig

Streben Sie eine gemeinsame und für beide Seiten die beste Lösung an, dann werden Sie Konflikte, die auf der persönlichen Ebene ausgetragen werden, eher meiden wollen. Dabei kann Ihnen eine weitere wichtige Regel zur Verhandlungstechnik helfen: Trennen Sie handelnde Menschen und sachliche Probleme voneinander – vermischen Sie diese beiden Aspekte nicht!

Aus Ihrer eigenen Erfahrung als Führungskraft werden Sie wissen, dass Sie häufiger Interessen vertreten mussten, die jene des Unternehmens waren, aber nichts mit Ihren persönlichen Interessen oder Meinungen zu tun hatten. Sie mussten Inhalte vertreten, hinter denen Sie persönlich nicht standen. Was Sie taten und sagten, hatte in bestimmten Situationen mit Ihrer persönlichen Auffassung nicht viel zu tun. Auch in Ihren Trennungsgesprächen sitzen Sie Unternehmensvertretern gegenüber. Vielleicht haben Sie bisher eine gute Arbeitsbeziehung mit ihnen geführt. Mit der Kündigung aber ist Ihr Gesprächspartner für Sie in eine andere Rolle gerutscht. Ob er in Ihren Gesprächen seine eigenen Ansichten vertritt oder sich in der von ihm erwarteten Rolle vielleicht sogar unwohl fühlt, wissen Sie nicht.

Das heißt, auch hier müssen die Personen sowie die Standpunkte und Ziele, die sie in ihrer Rolle vertreten, nicht unbedingt etwas miteinander zu tun haben. Vermischen Sie Rollen, Probleme und Personen, so laufen Sie Gefahr, emotional unangemessen zu reagieren und selber verletzbar zu werden. Die Wahrung einer sachlichen Haltung verlangt Ihnen in dieser schwierigen Situation einiges ab. Sie erhöht aber deutlich Ihre Chancen, ein optimales Verhandlungsergebnis zu erzielen. Versuchen Sie, sowohl Ihre Rolle, aus der Sie handeln, als auch die Rolle Ihres Gegenübers zu klären und das Problem nicht dem

Verhandlungspartner persönlich zuzuschieben. Nur so ist ein gewisses Verständnis für Ihr Gegenüber und die Gestaltung einer emotional kontrollierten Verhandlungsführung überhaupt erst möglich. Darüber hinaus können Sie mit dieser Haltung Ansatzpunkte für Win-Win-Lösungen und Einigungen schneller wahrnehmen.

Betrachten Sie das Problem und die Lösungsfindung als gemeinsame Aufgabe. Auch dann, wenn Sie den anderen vielleicht nicht mögen. Artikulieren Sie das Problem genau, und benennen Sie das gemeinsame Interesse an einer Lösung.

Gerade in Trennungssituationen ist die gegenseitige Akzeptanz für das Verhandlungsergebnis wichtig, um zu einer abschließenden gemeinsam getragenen Vereinbarung zu kommen. Für Sie persönlich kann es sehr hilfreich sein, gerade bei solch schwierigen Verhandlungen schon frühzeitig objektive Entscheidungskriterien zu definieren, an denen sich bemessen lässt, ob die Entscheidungen Ihre Ziele und Interessen erfüllen. Damit vermeiden Sie von vornherein das spätere Gefühl, ungerecht behandelt oder über den Tisch gezogen worden zu sein. Die Kriterien sollten aber nicht nur Ihren persönlichen Interessen dienen. Sie sollten vielmehr fair, neutral und objektiv über das Einzelinteresse beider Parteien hinausgehen und können sich dabei auf folgende Aspekte beziehen:

- Kosten,
- Moralische Aspekte,
- Vergleichbare Fälle,
- Kriterien von Experten / Sachverständigen,
- Gleichbehandlung.

Verhandlungen zum Erfolg führen

Neben der sorgfältigen Definition Ihrer Ziele und der Wahl Ihrer Verhandlungsstrategie ist auch für die eigentliche »Gesprächsführung« eine gute Vorbereitung notwendig.

Sie sollten im Vorfeld klären, wer die Verhandlung leitet, um sich auf den Gesprächspartner besser einstellen zu können. Bedenken Sie dabei auch, mit welchen Funktionen und Rechten der Verhandlungsführer ausgestattet ist, vor wem er das Ergebnis zu vertreten hat, inwieweit er über Entscheidungskompetenzen verfügt und welchen Einfluss er an anderer Stelle auf die Vorgehensweise bei Trennungsgesprächen hat.

Des Weiteren empfiehlt es sich, Ihre wichtigsten Argumente und die möglichen Einwände der Gegenseite im Vorhinein durchzuspielen und sich Lösungsvorschläge zu notieren. Stellen Sie Überlegungen zu einer sinnvollen Reihenfolge Ihrer Verhandlungspunkte an. Richten Sie sich auf unerwartete Situationen und Vorschläge ein, indem Sie sich auch hierzu Argumente notieren. Da Sie natürlich nicht alles vorhersehen können, denken Sie auch dabei immer an den Grundsatz: Sie müssen im Gespräch nichts unterschreiben oder entscheiden, solange Sie sich nicht sicher sind. Denn Sie haben jederzeit das Recht, beratende Unterstützung einzuholen und sich Bedenkzeit auszubitten. Überlegen Sie schon im Vorfeld, wann Sie wen hinzuziehen wollen.

Spielregeln der Verhandlung am Anfang klären

Beginnen Sie keine Verhandlung, ohne deren Zielsetzung, Inhalte und die Vorgehensweise mit Ihrem Gesprächspartner zu definieren. Verlangen Sie von Ihrem Partner Aussagen dazu. Er wird unter Umständen aus taktischen Gründen nicht alles preisgeben, gerade deshalb sind klärende Fragen von Ihrer Seite von großer Bedeutung. Erhalten Sie keine befriedigende Antwort, so scheuen Sie sich nicht, noch einmal nachzufragen oder durch Wiederholung und Zusammenfassen das Gehörte zu konkretisieren. Dieses Vorgehen ist wichtig, um sicher zu stellen, dass Sie die Ausführungen Ihres Verhandlungspartners richtig verstanden haben. Aus ganz alltäglichen Gesprächssituationen wissen wir, wie schnell es zu Missverständnissen kommt. In kritischen Situationen und bei hoher emotionaler Betroffenheit ist die Gefahr solcher Missverständnisse um ein Vielfaches höher. Wir hören häufig nur noch durch unsere eng geschalteten »Filter« und verstehen nur dass, was wir verstehen wollen. Nur eine klärende Zusammenfassung, die Bestätigung dieser durch den Gesprächspartner und die schriftliche Fixierung von Vereinbarungen und Absprachen können hier Schutz bieten und unnötigen Eskalationen vorbeugen. Um die Struktur und die Inhalte der Verhandlung für alle sichtbar zu machen, schreiben Sie sie nach der Absprache kurz auf ein Flip-Chart oder auf ein Blatt Papier, das Sie in die Mitte des Tisches legen. So kann jeder zu jeder Zeit darauf zurückgreifen und die Partner bei eventuellem Abschweifen wieder zur Zielsetzung des Gesprächs zurückführen.

Nicht nur auf die Worte hören: Botschaften der nonverbalen Kommunikation

Beobachten Sie die verbalen und nonverbalen Signale Ihres Gesprächspartners. Oft zeigt dieser nonverbale Reaktionen, die Sie unbedingt beachten sollten. Bei welchen Verhandlungspunkten wirkt er möglicherweise unsicher oder angespannt? An welcher Stelle ist er in den Ausführungen nicht klar und deutlich?

Wir kommunizieren unser psychisches Befinden, unsere Anspannung und Entspannung durch Mimik (Blick, Gesichtverziehen, Mund lächelnd oder verspannt etc.), Stimme und Sprache (höher, schneller, gepresst, versprechen etc.), Gestik (vermehrte Gestik, deutlich zurückgenommene Gestik, Verlegenheitsgesten) und zum Teil über unsere Haut (rote Flecken, Schwitzen etc.). Schauen Sie gut hin, und beachten Sie die Botschaften und Signale, die Sie auf nonverbaler Ebene erhalten. Hieraus können Sie Anhaltspunkte ableiten, in welchen Punkten Ihr Gesprächspartner zum Beispiel verunsichert, verhandlungsbereit oder nicht, verärgert oder erleichtert ist.

Demonstrieren Sie selbst, dass Sie aufmerksam und selbstbewusst sind. Sie haben keinen Grund, sich zu verstecken oder den Kopf einzuziehen. Schauen Sie Ihren Gesprächspartner an, halten Sie einen ruhigen Blickkontakt, sitzen Sie aufrecht und gerade. Betrachten Sie auch unfaire Aktionen des Partners nicht als Angriff, sondern als das, was sie sind: eine nützliche, wertvolle Information. Gleiches mit Gleichem zu vergelten, spricht nie für die Stärke und das Selbstbewusstsein eines Verhandlungspartners. Auf dieses Niveau müssen Sie sich zum Schutz Ihrer Person und Ehre nicht begeben.

Fragen und Argumentieren

Wenn Sie etwas über die Interessen und Motive Ihres Gesprächspartners erfahren wollen, müssen Sie fragen. Das hört sich einfach an, ist es aber nicht. Sie können aber davon ausgehen, dass fragen deutlich schwieriger ist als reden. Dafür aber auch viel sinnvoller. Denn nur so

- erfahren Sie, was Ihr Gesprächspartner denkt, erreichen will und welche Interessen er verfolgt,
- erhalten Sie wichtige Informationen für Ihre eigene Argumentation,
- vermeiden Sie, sich mit den eigenen Argumenten vorschnell »aus dem Fenster zu hängen« oder sich »um Kopf und Kragen« zu reden,
- gewinnen Sie Zeit, zwischendurch nachzudenken,
- können Sie das Gespräch unauffällig und ohne Druck steuern,
- erhalten oder gewinnen Sie die Wertschätzung oder Sympathie Ihres Gesprächspartners einfach dadurch, dass sich die meisten Menschen am liebsten selber reden hören.

Wenn Sie fragen, müssen Sie auch zuhören, das eine geht nicht ohne das andere. Notieren Sie die Aussagen Ihres Gesprächspartners. Wichtig sind insbesondere die Motive, die Ihr Partner erkennen lässt, sie sind wesentlich für Ihre Argumentation, die sich auf diese Motive beziehen sollte: »Sie haben vorhin angeführt, dass ...«; »Genau aus diesem Grund bin ich der Meinung dass, ...« Spricht Ihr Verhandlungspartner beispielsweise den Kostendruck als Trennungsgrund an, sind die Argumente besonders wichtig, die darstellen, dass zum Beispiel eine einvernehmliche Lösung ohne Gerichtsverfahren die kostengünstigere ist.

Ihre Argumente sollten für Ihren Gesprächspartner einen Nutzen bieten. Nur weil Sie vielleicht Recht haben, bekommen Sie es noch nicht unbedingt zugesprochen. Wie im Verkaufsgespräch ist der Nutzen für die andere Seite Ihr Überzeugungsargument. Und auch wenn es für Sie eine besondere Situation ist, denn es geht um Ihre berufliche Zukunft, bedenken Sie dabei immer: Ihr Gesprächspartner braucht gute Argumente, um an anderer Stelle zu vertreten, wie er Ihr Trennungspaket geschnürt hat. Geben Sie ihm also viele gute Gründe, warum Ihre Vorschläge seine Zielerreichung unterstützen.

Bringt Ihr Gesprächspartner ein Angebot mit, halten Sie dessen wichtige Inhalte schriftlich fest, wenn Ihr Verhandlungspartner selbst keine schriftliche Vereinbarung vorbereitet hat. Bevor Sie Ihre Vorschläge unterbreiten, fassen Sie das Gehörte noch einmal zusammen. Die Zusammenfassung bietet Ihnen einen guten Einstieg, da Sie mit den Punkten beginnen können, in denen Einigkeit besteht. Sprechen Sie zunächst die vom Partner formulierte positive Ebene an, und springen Sie nicht gleich auf das Negative. Halten Sie Gemeinsamkeiten fest, und untermauern Sie die gemeinsame Ebene mit einer Bestätigungsfrage. Gehen Sie nun Punkt für Punkt die Zielsetzungen durch, die Sie im Vorfeld erarbeitet haben, und gleichen Sie sie mit dem Angebot der Gegenseite ab. Beobachten Sie auch jetzt genau, wie Ihr Gegenüber auf Ihre Fragen und Argumente reagiert, und greifen Sie diese Reaktionen auf. Schaut Ihr Gesprächspartner zum Beispiel skeptisch, melden Sie ihm dies zurück. Bestätigt er Ihren Eindruck, dann fragen Sie nach, um zu erfahren, was ihn skeptisch macht. Seinen Einwänden begegnen Sie am besten, wenn Sie ihm wiederum seinen Nutzen vor Augen führen, den er durch eine Annäherung an Ihre Position hat. Ein Beispiel: Sie fordern eine höhere Abfindungssumme, als das Unternehmen zu zahlen bereit ist. Fragen Sie nach, auf welcher Basis die angebotene Summe errechnet wurde, und zeigen Sie auf, welche zusätzlichen Kosten entstehen können, wenn sich die Einigung um beispielsweise sechs Monate verschiebt (es gibt nicht selten Fälle, in denen Gerichtsverfahren deutlich länger anhängig sind). Bis dahin läuft Ihr Gehalt weiter, Kosten für Anwälte, eventuelle Gerichtskosten und Kosten für die Arbeitszeit zur Vorbereitung und Durchführung aller notwendigen Maßnahmen schlagen zu Buche. Rechnen Sie das vor dem Gespräch durch, dann haben Sie die notwendigen Zahlen parat.

Sich auch in schwierigen Gesprächssituationen richtig verhalten

Betrachten wir zwei typische Situationen:

Situation 1: Das Unternehmen strebt eine Einigung mit Ihnen an und hat das erste Gespräch initiiert.

Nehmen Sie zunächst die Rolle des »Entgegennehmenden« ein. In diesem Fall ist es sinnvoll, sich auf das Zuhören und Nachfragen zu konzentrieren. Die Devise ist: Im richtigen Moment zu schweigen und im nächsten durch gezielte Fragetechnik zu konkretisieren. Nur durch Fragen und Zuhören werden Sie die Ziele und Motive Ihres Verhandlungspartners genauer kennen lernen und können Ihre Gesprächsstrategie darauf ausrichten.

Situation 2: Sie haben Ihre Verhandlungspunkte definiert und gehen auf das Unternehmen zu, um eine Einigung zu erreichen.

Stellen Sie Ihre Forderungen vor, und arbeiten Sie den Nutzen heraus, den Ihr Gesprächspartner hat, wenn er mit Ihnen gemeinsam an einer Einigung arbeitet. Nehmen Sie sehr genau auf, wie er verbal und nonverbal reagiert, und spiegeln Sie Ihre Wahrnehmung. Lehnt er bestimmte Punkte ab, fragen Sie nach seinen Gründen. Bieten Sie ihm Alternativlösungen an, und bringen Sie Ihre Wunschliste ins Spiel. Auf ihr stehen alle Ihre Forderungen. Geben Sie in einem Punkt nach, dann legen Sie mit Ersatzforderungen nach: »Gut, hier bin ich bereit nachzugeben (aber nach meinen Regeln!), erwarte aber, dass dafür meine Bedingung X erfüllt wird.« Sie sitzen im Fahrersitz und steuern das Gespräch durch Fragen und überlegte Argumentation.

Grundsätzlich gilt wie in allen Gesprächen und Verhandlungen:

- Sprechen Sie kurze Sätze. Eine Faustregel lautet: Ihr Partner folgt nur Sätzen, die nicht aus mehr als zwölf Wörtern bestehen.
- Fragen Sie mehr, und argumentieren Sie weniger.
- Halten Sie keine Monologe, man redet sich schnell um Kopf und Kragen. Darüber hinaus sollten Sie nicht derjenige sein, der der Gegenseite Argumente liefert.
- Bringen Sie pro Satz nur ein Argument ein, und versichern Sie sich an Schlüsselpunkten des Gesprächs, ob Ihr Partner Sie richtig verstanden hat.
- Bei immer nur einem Argument pro Aussage heben Sie die anderen für die weitere Diskussion auf. Es ist mehr als schädlich, alle Argumente auf einmal vorzubringen. Kommt es zur Diskussion, dann geht Ihnen schnell die Luft aus, und Sie können sich nur noch wiederholen. Das ist keine überzeugende Strategie.
- Überprüfen Sie, bevor Sie etwas sagen, ob Ihre Aktion weiterführenden Charakter hat, und kontrollieren Sie Ihr eigenes Verhalten immer, vor allem Ihre Emotionen.

Was tun, wenn keine Einigung in Sicht ist?

F. K., Leiter Organisationsentwicklung: »Es macht keinen Sinn, in einer Situation zu verharren, in der man nicht erwünscht ist. Lieber ein Ende mit Schrecken als ein Schrecken ohne Ende. Achten Sie darauf, dass Sie in diesem Prozess keinen Schaden an Ihrer Ehre und Integrität nehmen.«

In festgefahrenen Situationen ist eine wirklich konstruktive Zusammenarbeit oft nur sehr schwer zu erreichen, und es kommt vermehrt zu großen »Ausschweifungen« und auch zu gegenseitigen Angriffen. In diesem Fall ist es ratsam, einen Experten hinzuzuziehen und die weitere Verhandlungsführung an einen Fachanwalt zu übergeben. Eine zweite Möglichkeit ist der Versuch, einen kleinen Umweg zu gehen. Finden Sie über die Hauptpunkte keine Einigung, versuchen Sie Randthemen (»Nebenkriegsschauplätze«) zu finden, für die Einigungsfähigkeit besteht. Dies können zum Beispiel Ziele sein, denen sich alle Verhandlungspartner verpflichtet fühlen. Haben Sie schließlich ein Randthema gefunden, zu dem eine Einigung möglich ist, sollten Sie versuchen, den Bogen wieder zurück zum Hauptthema zu führen. Dabei können Ihnen übergeordnete Gesetze, Regeln, Handlungsanweisungen oder auch die betriebliche Übung sehr hilfreich sein, denn aus ihnen kann in der Vielzahl der Fälle wiederum ein gemeinsames Vorgehen in der Hauptsache entwickelt werden.

- Versetzen Sie sich in die Lage der anderen, und versuchen Sie, diese zu verstehen. Dabei soll verstehen nicht heißen, dass Sie mit den Aussagen oder Vorschlägen einverstanden sind und sie akzeptieren.
- Artikulieren Sie Ihre Emotionen bzw. Befürchtungen, und erkennen Sie deren Berechtigung an. Wenn Sie Ihre unausgesprochenen Emotionen aussprechen, wenden Sie sich wieder leichter der Problemlösung zu. Sie sind so eher in der Lage, aktiv anstatt überwiegend reaktiv zu handeln. Hüten Sie sich davor, die Absichten der anderen aus Ihren eigenen Befürchtungen abzuleiten, was in einer angespannten und emotional geprägten Verhandlungssituation keine einfache Aufgabe ist.
- Gestatten Sie es der Gegenseite ruhig, Dampf abzulassen, und reagieren Sie nicht auf emotionale Ausbrüche. Ihre Gesprächspartner sind möglicherweise das erste Mal mit einem Trennungsgespräch konfrontiert oder müssen aus unternehmerischer Sicht Argumente vertreten, die ihren persönlichen Wertvorstellungen widersprechen.

> **F. K., Leiter Organisationsentwicklung:** »Wenn klar ist, dass der Boden für eine weitere Zusammenarbeit nicht mehr da ist, versuchen Sie auf keinen Fall mehr, sich in Detailargumenten zu verlieren und gegenseitig zu verletzen, bloßzustellen oder sinnlose Schlachten zu kämpfen. Vermeiden Sie kleinkarierte Aufhebungsvereinbarungen.«

Wenn es zum Konflikt kommt

Trotz aller Bemühungen um Vernunft und Sachlichkeit kann die Verhandlungssituation eskalieren. Solange verhandelt wird, liegt noch kein ernster Konflikt vor, denn dann sucht man ja noch immer nach einer Lösung. Kommt es aber nach langem Hin und Her zu keiner Einigung und emotionalisiert sich die Situation aufgrund von Handlungs- oder Leistungsdruck bei mindestens einem der Beteiligten, dann ist der Konflikt da. Jetzt geht es nicht mehr nur um die Verhandlung der Trennung, sondern auch um Konfliktklärung, was eine deutliche Verschärfung der Situation bedeutet.

Um den entstandenen Konflikt im Gespräch zu lösen, muss zunächst einmal geklärt werden, wie und warum es dazu gekommen ist. Die Konfliktanalyse geht dem eigentlichen Lösungsprozess voraus und dient dazu, alle strittigen Punkte zur Sprache zu bringen. Theoretisch kann in einem Konflikt alles zu einem Streitpunkt gemacht werden. Streitpunkte und Ursachen vermischen sich in den Augen der Parteien immer mehr. Es wird schließlich nicht mehr rational und sachlich argumentiert. Scheuen Sie sich in einem solchen Fall nicht, einen neutralen Moderator oder Mediator hinzuziehen zu lassen, um die Gefahr der Eskalation abzuwenden. Der Moderator unterstützt den Analyse- und Klärungsprozess. Er trägt Sorge dafür, dass die strittigen Punkte von Ihnen und Ihren Verhandlungspartnern zum Zweck einer gemeinsamen Problemdefinition klar benannt werden. Liegen die Konfliktpunkte offen auf dem Tisch, lassen sich auch wieder mögliche gemeinsame Ziele und Interessen der Konfliktbeteiligten finden, an denen dann gearbeitet werden kann.

Ein Moderator ist als neutrale Instanz in jedem Fall dann hinzuzuziehen, wenn der Konflikt schon sehr festgefahren und die Fronten so verhärtet sind, dass die Beteiligten sich nur widerwillig an einen gemeinsamen Tisch setzen. Der Moderator sollte eine Person sein, die das Vertrauen aller Beteiligten genießt.

Bei der Konfliktanalyse können Sie sich an den folgenden Fragen orientieren:

- An welchem Punkt ist der Konflikt ausgebrochen?
- Beziehen sich die Streitpunkte auf persönliche Ansichten, Personen oder auf objektive Sachverhalte?
- Was ist der »springende Punkt«, auf den Sie sich und Ihre Verhandlungspartner versteifen?
- Könnte der Konflikt aus einem anderen Bereich hierher verschoben worden sein?
  - Wie erleben Sie persönlich die Streitpunkte? Wie wichtig sind Ihnen diese Punkte?
  - Wie sehen Ihre Verhandlungspartner die Punkte?
  - Was ärgert und stört Sie, was Ihre Verhandlungspartner?

Auch für die Lösung der definierten Probleme sollten Sie die Begleitung durch den Moderator beibehalten. Als neutrale Instanz schützt er alle Beteiligten vor erneuten Regelverstößen und achtet auf sachliches und zielorientiertes Arbeiten. Darüber hinaus gewährleistet er, dass die erzielte Lösung / der Konsens in Form einer Tätigkeitsliste oder eines Verhaltensvertrags schriftlich fixiert oder direkt in den Abwicklungs- oder Aufhebungsvertrag übernommen wird.

Das Erreichte sichern

Für die gesamte Vorbereitung und den Verlauf der Verhandlungen gilt immer: Halten Sie *alles* schriftlich fest.

Für die Analyse und Ermittlung Ihrer Verhandlungsziele sind Checklisten wie zum Beispiel die nachfolgend angeführte mit Ihren Fragen und zu klärenden Punkten eine wichtige Hilfe. Aus den Ergebnissen leiten Sie Ihre Maßnahmen und Zielsetzungen ab.

TOP	Fragen und zu klärende Punkte	Ergebnisse der Recherche und Beratung	Daraus abgeleitete Maßnahmen und Ziele
1			
2			
3			
4			

Für die Vorbereitung der Verhandlungsgespräche versehen Sie die ermittelten Ziele und Maßnahmen mit Ihren Maximal- und Mindestforderungen und den für Sie möglichen alternativen Lösungswegen. Vergeben Sie Prioritäten für die Wichtigkeit der Zielerreichung.

Priorität	Maßnahmen und Ziele	Maximalforderung	Mindestforderung	Verhandlungsergebnis
A				
B				
C				
D				

In der Spalte »Verhandlungsergebnis« notieren Sie die im Gespräch erreichten Ergebnisse und vereinbarten Maßnahmen sowie Aussagen zu weiteren Schritten. Sie bilden die Grundlage für die Gesprächsprotokolle, die Sie nach jeder Verhandlung erstellen und an Ihren Verhandlungspartner weiterleiten. Auf dieser Basis wird das gesamte

»Trennungspaket« geschnürt und in einen entsprechenden Abwicklungs- oder Aufhebungsvertrag übernommen.

Legen Sie sich auch eine Übersicht an, in der Sie aufnehmen, mit welchen Maßnahmen und mit welchen Argumenten Sie auf mögliche Einwände und Widerstände reagieren wollen.

Einwände / Widerstände	Mögliche Ursachen	Gegenargument	Maßnahme (z. B. Anwalt einschalten)

Die Dokumentation der Ergebnisse bietet Ihnen in jedem Stadium der Verhandlungen die Möglichkeit, zu überprüfen, inwieweit Sie oder Ihr Anwalt die Ziele erreicht haben. Sie ist also Motivations-, Steuerungs- und Kontrollinstrument in einem! Darüber hinaus hilft sie Ihnen, den Überblick darüber zu behalten, wann mit wem welches Gespräch mit welchem Ergebnis geführt wurde.

Kapitel 11
Der Weg in die Zukunft: Frühzeitig die richtigen Kontakte knüpfen

In der Mehrzahl der Fälle stellt sich die drängende Frage: Wie und wo finde ich eine neue, adäquate Position? Der besondere Druck resultiert dabei auch aus dem Anspruch, mindestens eine vergleichbare, wünschenswerteise aber eine bessere Position hinsichtlich Aufgaben, Verantwortung und Vergütung zu erhalten – wer will schon »rückwärts« gehen. Eine weitere Schwierigkeit besteht häufig in der Frage: Wie gehe ich an die Jobsuche heran, wo erhalte ich welche Unterstützung?

Gerade wenn Sie lange Zeit in einem Unternehmen oder in Ihrer letzten Position tätig waren, fehlt es hierbei einfach an Erfahrung, von Routine ganz zu schweigen. Mangelnde oder fehlende Erfahrung führt erst einmal zu Verunsicherung, was ein zeitadäquates und konstruktives Handeln behindern kann.

Bewerbungssituationen sind nicht alltäglich und aufgrund der damit verbundenen Chancen und Risiken, aber auch der Anforderung, »sich verkaufen zu müssen«, für fast alle Menschen mit einem gewissen Unbehagen besetzt. Diese Aufgabe müssen, ja sollten Sie nicht im Alleingang bewältigen, wenn Sie Ihre Chancen optimieren wollen. Nehmen Sie daher möglichst vielfältig die Unterstützung in Anspruch, die Ihnen angeboten wird, und finden Sie heraus, welche für Sie persönlich sinnvoll und effizient ist. Scheuen Sie sich vor allem nicht, jetzt Ihre privaten und beruflichen Kontakte auf dem Weg der beruflichen Neuorientierung zu nutzen. Von ihnen können wesentliche Anstöße und Synergien ausgehen.

Jetzt bekommt Ihr persönliches Netzwerk eine neue Bedeutung

»Man trifft sich immer zweimal«, heißt es – und deswegen ist es gut, wenn Sie gerade in Ihrer derzeitigen Situation über viele Kontakte verfügen und auf ein breites Netzwerk zurückgreifen können.

Wichtig ist beides, geschäftliche Kontakte und der Freundeskreis. Gute geschäftliche Kontakte, aber vor allem Freunde, die Ihnen durch ihre eigene Position oder mit ihren eigenen Kontakten als Sparringspartner zur Verfügung stehen können, sind jetzt wichtig. Es gibt in der Regel immer jemanden, der noch jemand anderen kennt oder noch etwas Nützliches weiß.

> **H. E., Leiter Marketing:** »Offene Gespräche mit engen Freunden helfen, das Selbstvertrauen aufrechtzuerhalten. Viele Kontakte erhöhen die Chance, vielleicht nicht den Traumjob, aber den gerade vakanten Job zu finden. Die (Re-)Aktivierung meines Kontaktnetzes hat an völlig unerwarteten Stellen zu Vorstellungsgesprächen und sogar schließlich zu einem neuen Job geführt.«

Am besten erstellen Sie eine Liste mit potenziellen Kontakten, die Sie (wieder) aufnehmen können. Schließen Sie einzelne Personen nicht zu voreilig aus, sondern versuchen Sie bei jedem die Frage zu beantworten: Wen könnte derjenige kennen? In welchen Netzwerken bewegt er sich selber? Wobei könnte er mich aufgrund seiner eigenen Positionierung und seiner Erfahrung unterstützen?

Gehen Sie Ihre Adresslisten durch. Sie werden kaum auf jemanden treffen, der nicht die Bereitschaft zeigt, Ihr Anliegen anzuhören und zu überlegen, was er für Sie tun kann.

Priorität	Eigene Positionierung	Mögliche Kontakte zu ...	Mögliche Unterstützung bei ...

Netzwerke sind – wenn sie brauchbar sein sollen – etwas über lange Zeit Gewachsenes und wollen regelmäßig gepflegt werden. Von heute auf morgen ein solches Netzwerk aufzubauen wird nicht gelingen. Wenn Sie aber über persönliche oder berufliche Netzwerke verfügen, gilt es auch in schwierigen Situationen die Spielregeln einzuhalten und den Ausgleich zwischen Geben und Nehmen zu wahren. Wenn Sie Ihre Beziehungen in letzter Zeit vielleicht etwas haben schleifen lassen, dann versuchen Sie spätestens jetzt wieder, etwas präsenter zu sein. Nehmen Sie wieder Kontakt auf. Zu dem einen oder anderen vielleicht auch, ohne gleich mit der Tür ins Haus zu fallen. Auch hier müssen Sie überlegen, wem Sie welche Informationen wie weitergeben. Ein »Ehrenkodex« in Netzwerken ist Aufrichtigkeit. Das heißt, wahren Sie auch jetzt Anstand und Ehrlichkeit und missbrauchen Sie nicht das Vertrauen Ihres Netzwerkes. Üble Nachrede über den alten Arbeitgeber könnte dem einen oder anderen Gesprächspartner vielleicht nicht so gut gefallen. Bedenken Sie: Man kennt sich. Auch geht es gar nicht so sehr darum, immer direkt eine Hilfestellung zu erhalten. Häufig ist es wichtiger, dass Brücken zu wieder anderen Chancen gebaut und Türen geöffnet werden.

Auch wenn Sie nicht über ein stabiles Netzwerk verfügen, lohnt es sich, darüber nachzudenken, wen Sie in der Vergangenheit eigentlich bei welcher Gelegenheit kennen gelernt haben – auf Kongressen, Tagungen, in Seminaren, in Arbeitskreisen, bei politischen oder gesellschaftlichen Treffen.

> **S. H., Vorstand Vertrieb:** »Mein Netzwerk, das ich mir in 18 Jahren unterschiedlicher Tätigkeiten in der Branche aufgebaut habe, hat mir sehr geholfen. Durch persönliche Kontakte erhielt ich ohne besondere Anstrengung die Möglichkeit, verschiedene Gespräche zu alternativen Beschäftigungsverhältnissen zu führen. Parallel hatte ich bei zwei, drei Headhuntern angefragt, die mir aber nur eingeschränkt Mut gemacht hatten und auf deren Hilfe ich – glücklicherweise – nicht angewiesen blieb.«

Wenn Sie jetzt zu Veranstaltungen gehen, ist es ratsam, immer genügend Visitenkarten dabei zu haben, um mit interessanten Menschen ins Gespräch zu kommen und ihnen in Erinnerung zu bleiben. Zwei Wochen nach dem Treffen können Sie erneut Kontakt aufnehmen – Chancen können sich überall ergeben. Sie selber sollten auch die Visitenkarten Ihrer Gesprächspartner an sich nehmen. Am besten vermerken Sie gleich auf der Rückseite, was einen Ansprechpartner für Sie interessant macht.

Neben Kontakten, die für Sie eine neue Position bedeuten können, bieten Ihnen Netzwerke etwas anderes, jetzt sehr Wichtiges: Informationen über Unternehmen und deren Vertreter. Für eine erfolgreiche berufliche Neupositionierung brauchen Sie möglichst viele solcher Informationen, je höher Ihre angestrebte Position ist, desto mehr. Dabei geht es nicht nur um Fakten aus Jahresabschlüssen, sondern um Kultur, Regeln und Menschen. Sicher hilft auch das Studium der gängigen Wirtschafts- und Managementpresse. Doch von persönlichen Gesprächspartnern erhalten Sie in der Regel authentische Informationen. Überlegen Sie auch, »wo man sich trifft« und wo »Insidergespräche« stattfinden, sicher nicht beim Joggen im Wald. Welche Clubs und Wirtschaftsverbände kennen Sie, und wo sind Sie etwa selbst Mitglied? Werden Sie wieder aktiv!

Zusammenarbeit mit dem Arbeitsamt

Vielleicht denken Sie als Führungskraft zunächst einmal gar nicht an das Arbeitsamt als Partner bei der Suche nach einer neuen Position. Zum Arbeitsamt sind Ihre Mitarbeiter gegangen – aber was soll es Ihnen als Bereichsleiter oder Geschäftsführer nutzen?

Mit dem eigenständigen Bereich der Führungskräftevermittlung bietet aber das Arbeitsamt auch für Führungskräfte ein zielgruppengerechtes Leistungsangebot. Es kann eine Chance sein – ansehen und nachfragen lohnt sich also auf jeden Fall. Übergreifende Informationen finden Sie im Internet unter www.arbeitsamt.de unter der Rubrik »Managementvermittlung«.

Insgesamt richtet die Managementvermittlung der Zentralen Arbeitsvermittlung (ZVA) ihre Aktivitäten auf die Zielgruppen:

- Vorstände, Geschäftsführer, Direktoren;
- Bereichsleiter, Hauptabteilungsleiter;
- Abteilungsleiter;
- leitende Stabskräfte;
- Interims-Manager;
- Chefärzte, Oberärzte.

Die Leistung erfolgt in zwei Agenturbereichen:

Die »Managementvermittlung National« berät und vermittelt Geschäftsführer kleiner und mittlerer Unternehmen, Verbandsgeschäftsführer und – unabhängig von der Unternehmensgröße – Führungskräfte der oberen Führungsebene. Dazu gehören zum Beispiel Abteilungsleiter, Bereichs- und Hauptabteilungsleiter, Werks- und Betriebsleiter sowie leitende Stabskräfte.

Das »Büro Führungskräfte der Wirtschaft (BFW)« vermittelt Führungskräfte für Positionen des Topmanagements. Die Beratung und Vermittlung erfolgt ausschließlich auf Vorstands-, Direktions- bzw. Geschäftsleitungsebene größerer Wirtschaftsunternehmen.

Selbst wenn Sie nicht die Vermittlungsangebote des Arbeitsamtes in Anspruch nehmen wollen, stehen Ihnen weitere hilfreiche Leistungen zur Verfügung. Diese umfassen zum Beispiel Informationen zum Arbeitsmarkt für Führungskräfte sowie Informationen über die Entwicklung in einzelnen Branchen und Arbeitsfeldern. Neben der Möglichkeit, selbst aktiv zu werden und Ihr Profil im Internet zu platzieren, erhalten Sie über das Arbeitsamt auch aktuelle Stellenangebote. Karriereberatungen sowie Hinweise zur Bewerbungsstrategie und zur professionellen Gestaltung von Bewerbungsunterlagen ergänzen das Angebot.

Bei Testsuchläufen nach zu besetzenden Stellen haben wir unter dem Schlagwort »Management« acht Positionen und unter dem Schlagwort »Führung« immerhin 28 Positionen gefunden. Gesucht wurde für die unterschiedlichsten Bereiche – von Produktion bis Controlling. Denken Sie auch für diese Option daran: Eine ausgelassene Chance ist keine.

Was leisten Personalberater?

Vertrauter ist Ihnen vielleicht die Leistung von Personalberatern oder Headhuntern – sprich Beratern, die für Unternehmen vakante Positionen besetzen. Traditionell handelt es sich hierbei um Führungspositionen der mittleren und oberen Ebene. Heute erstreckt sich das Leistungsspektrum von Personalberatern aber auch auf spezifische Fachpositionen.

Unternehmen qualifizierte Bewerber anbieten zu können, erfordert einen großen Bewerberpool und gezieltes Recruiting. Und genau diesen Aspekt können Sie für sich nutzen. Am besten ist es, wenn Sie bereits Kontakte zu Personalberatern hatten – zum Beispiel solchen, die

Ihnen in der Vergangenheit einmal Positionen angeboten oder für Sie Positionen besetzt haben. Haben Sie häufiger mit einem gut positionierten und vernetzten Berater gearbeitet, dann haben Sie gewissermaßen einen »Fallschirm« im Gepäck. Vielleicht gibt es in Ihrem Netzwerk und Bekanntenkreis weitere Personalberater, mit denen Sie Kontakt aufnehmen können – fragen Sie nach!

Wenn in der Vergangenheit bereits einmal Kontakt zwischen Ihnen und dem Berater bestand oder Sie sich auf eine Empfehlung berufen können, ist das nur von Vorteil – beides ist ein nützlicher Türöffner. Aber auch, wenn es diesbezüglich keine Kontakte gibt, sollten Sie Personalberater ansprechen und Ihre Bewerbung dort einreichen.

Dabei sollten Sie allerdings im Hinterkopf haben, dass Personalberater zwar immer geeignete Kandidaten für zu besetzende Positionen suchen, dass sie aber einen Kontrakt mit einem Unternehmen eingehen und nicht mit Ihnen als Kandidat.

Der richtige Umgang mit Ihrem Personalberater

Für den Kontakt zu einem Personalberater gilt das Gleiche wie für alle Ihre Aktivitäten in einer Phase der Um- und Neuorientierung: Gehen Sie immer nur sehr gut vorbereitet in ein Gespräch – das gilt auch für die erste telefonische Anfrage. Stellen Sie sich vor, der Berater bittet Sie, ihm kurzfristig Ihre Unterlagen zur Verfügung zu stellen. Da Sie mit Ihrer Vorbereitung noch nicht so weit sind, benötigen Sie zwei Wochen, bis die Unterlagen beim Berater sind. – Das wirkt weder sehr professionell noch kompetent und wird das Interesse, Sie zu vermitteln, kaum steigern.

Ihre Vorbereitung auf ein Gespräch mit einem Personalberater betrifft alle Aspekte, die auch Ihre Vorbereitung auf Bewerbungen umfasst. Einen Fragenkatalog als Leitfaden und Orientierungshilfe sowie weitere wichtige Informationen finden Sie in diesem Kapitel.

Auch wenn der Kontakt zum Personalberater positiv verlaufen ist und er Sie als Kandidaten aufgenommen hat, um Sie Kunden vorzustellen, sollten Sie sich dabei auf etwas Wartezeit einstellen. Eine Vermittlung durch Personalberatungen kann durchaus längere Zeit in Anspruch nehmen. Ihre Unterlagen müssen dem Kunden vorgestellt werden und bei Interesse muss ein Termin gefunden werden.

Noch mehr Geduld werden Sie brauchen, wenn Ihnen der Berater mitteilt, dass er zwar an Ihnen als Bewerber sowie an Ihren Unterlagen interessiert ist, zurzeit aber keinen Auftrag hat, zu dem Ihr Profil passt. Sind Sie als Kandidat trotzdem interessant, werden Sie mit in die Datenbank aufgenommen. Eine Vermittlungsaussage oder Zusage werden Sie in diesem Fall von einem Personalberater nicht bekommen.

Aus der Zusammenarbeit mit Personalberatern in unserem Netzwerk ist uns nicht bekannt, dass Bewerber für die Vermittlung Vereinbarungen unterschreiben oder Vermittlungsgebühren zahlen, da die suchenden Unternehmen die Vermittlungskosten tragen. Etwas anderes ist es natürlich, wenn Sie einem Berater einen konkreten Beratungsauftrag geben oder mit ihm vereinbaren, dass er aktiv eine neue Position für Sie suchen soll. Hierbei handelt es sich selbstverständlich um kostenpflichtige Leistungen, vergleichbar denen der Out- bzw. New-Placement-Beratung.

Verfügen Sie in Ihrem Umfeld nicht über mögliche Ansprechpartner, so können Sie Adressen von Personalberatern recht einfach über drei Wege gewinnen:

- Stellenausschreibungen in regionalen und überregionalen Zeitungen,
- Suche im Internet,
- beim »Bund Deutscher Unternehmensberater e.V.« (www.bdu.de) in Bonn können Sie eine Liste von dort organisierten Personalberatern erhalten.

Versuchen Sie, sich vor einer Kontaktaufnahme Informationen über den jeweiligen Berater zu verschaffen. Zum einen geht dies über die Homepages der jeweiligen Berater, aber natürlich auch durch Nachfragen im Bekanntenkreis oder in Ihrem Netzwerk.

Verfügt ein Personalberater über Besetzungsaufträge, zu denen Ihr Profil passt, durchlaufen Sie letztendlich einen ganz normalen Personalauswahlprozess. Er wird mehr Stufen haben als bei einer direkten Bewerbung im Unternehmen und sollte durch hohe Professionalität gekennzeichnet sein. Sie können sich generell auf folgende Schritte einstellen:

1. Erster Kontakt zum Berater.
2. Einreichen der persönlichen Bewerbungsunterlagen.
3. Erstes vertiefendes Interview, um herauszufinden, ob Sie auf die vakante Stelle passen.
4. Gegebenenfalls weiteres vertiefendes Interview.
5. Gegebenenfalls Einholen von Referenzen.
6. Gegebenenfalls Bearbeitung von Führungs- oder Persönlichkeitsfragebögen.
7. Bei Passung zur vakanten Position folgt ein erstes Vorstellen beim Kunden (wie viele Gespräche beim einstellenden Unternehmen erfolgen, ist sehr vom Kunden abhängig. Auf zwei bis drei Gespräche können Sie sich je nach Position einstellen.).
8. Gegebenenfalls Teilnahme an einem Auswahlverfahren, zum Beispiel Einzel-Assessment.
9. Entscheidung durch den Kunden.

An die Unterlagen, die Sie bei Personalberatern einreichen, sollten Sie mindestens die gleichen, wenn nicht höhere Anforderungen als bei Ihren direkten Bewerbungen stellen. Abweichungen bestehen lediglich hinsichtlich der ersten Seite (dem Anschreiben), wenn Sie sich nicht auf eine konkrete Position, sondern generell als Kandidat zur Vermittlung bewerben. Was für Unternehmen gilt, gilt umso mehr für Personalberater. Personalberater sind für Sie Mittler zu mehreren potenziellen Arbeitgebern. Damit sie Sie als Top-Kandidaten bei Ihren Kunden vorstellen, müssen Sie die Berater von Ihrer Person überzeugen. Die wichtigsten Hinweise zur Erstellung Ihrer Bewerbungsunterlagen finden Sie ab S. 197.

Hier einige Adressen von Headhuntern:

Spencer Stuart
Burggrafenstraße 5
40545 Düsseldorf
Telefon: 02 11-8 64 07-0
Telefax: 02 11-8 64 07-20

Ray & Berndtson
Olof-Palme-Straße 15
60393 Frankfurt am Main
Telefon: 0 69-9 57 77-01
Telefax: 0 69-9 57 77-9 01
E-Mail: info@rayberndtson.de

Egon Zehnder International GmbH
Königsallee 55
40212 Düsseldorf
Telefon: 02 11-1 39 99-0
Telefax: 02 11- 1 39 99-31
E-Mail: dusseldorf@egonzehnder.com

Egon Zehnder International GmbH
Arndtstrasse 15
60325 Frankfurt/Main
Telefon: 0 69-6 33 96-0
Telefax: 0 69-6 33 96-1 00
E-Mail: frankfurt@egonzehnder.com

Egon Zehnder International GmbH
Warburgstr. 5
20354 Hamburg
Telefon: 0 40-32 32 40-0
Telefax: 0 40-32 32 40-70
E-Mail: hamburg@egonzehnder.com

Heidrick & Struggles Düsseldorf
Schadow Arkaden Schadowstraße 11b
40212 Düsseldorf
Telefon: 02 11- 82 82-0
Telefax: 02 11-59 16 27
E-Mail: dusseldorf@heidrick.com

Interconsilium GmbH GmbH & Co. KG
Unternehmensberatung
Victoriaplatz 2
40477 Düsseldorf
Telefon: 02 11-32 30 961

Rickert & Co Personalberatungsgesellschaft mbH
Nördl. Münchener Straße
82031 Grünwald
Telefon: 0 89-64 90 20-0
Telefax: 089-64 90 20-11
E-Mail: mail@rickert-online.de

Heiner Thorborg
Bischofsweg 32
60598 Frankfurt am Main
Telefon: 0 69-92 07 45-0
Telefax: 0 69-92 07 45-99
E-Mail: contact@thorborg.com
Internet: www.heinerthorborg.com

Ifp – Institut für Personal- und Unternehmensberatung
Will und Partner GbR
Domkloster 2
50667 Köln
Telefon: 02 21/2 05 06-0
Telefax: 02 21/2 05 06-33
E-Mail: info@ifp-online.de

Das eigene Stellengesuch

Eine weitere Option, bei der Suche nach einer geeigneten neuen Position selbst aktiv zu werden, bietet Ihnen das Schalten eines eigenen Stellengesuchs. Heute stehen Ihnen dafür grundsätzlich zwei Wege offen:

- Jobbörsen im Internet,
- regionale und überregionale Tageszeitungen und Fachzeitschriften.

Bei einer insgesamt angespannten Arbeitsmarktlage braucht es für die Jobsuche auf diesen Wegen sicherlich Geduld. Wenn einer oder beide Wege für Sie in Frage kommen, erhöhen Sie damit in jedem Fall Ihre Chancen.

Jobbörsen im Internet

Mit dem Internet haben Stellensuchende heute weitaus bessere Möglichkeiten, an potenzielle Arbeitgeber zu gelangen, als früher. Der besondere Vorteil besteht darin, dass regionale und nationale Grenzen quasi mit einem Mausklick überwunden werden. Ihnen steht ein umfangreicher, weltweiter Informationspool zur Verfügung – zumindest auf den ersten Blick. Geben Sie etwa bei einer beliebigen Suchmaschine (z. B. www.google.de) einmal den Suchbegriff »Jobbörse« ein, werden Sie ein so großes, aber gleichzeitig auch schwer überschaubares Angebot finden, sodass Sie es kaum schaffen werden, es durchzuarbeiten. Minuspunkte der Stellensuche per Internet liegen zum einen in der schwer zu bewertenden Vielfalt und zum anderen in der Frage, ob die Position, die Sie suchen, »online« angeboten wird.

Inzwischen gibt es die verschiedensten Internet-Jobbörsen, sortiert von fachspezifisch bis fachübergreifend, von regional bis überregional. Unternehmen können dort ihre Stellenangebote und Bewerber ihre Gesuche platzieren. Über E-Mail können Unternehmen und Bewerber direkt Kontakt miteinander aufnehmen. Die Zahl der Internet-Jobbörsen schwankt immer ein wenig. Es kommen neue hinzu, andere stellen Ihre Dienste ein, weil sie sich nicht etablieren konnten.

Etablierte Jobbörsen sind – um nur einige zu nennen:

- www.jobware.de
  Stellenangebote können nach Fachbereichen und Regionen sortiert werden. Bewerber können sich vermitteln lassen und Stellengesuche veröffentlichen.

- www.tcw.de
  Aktuelles Angebot an Positionen aus den Bereichen MBA, BWL, Ingenieur, Management, Logistik.

- www.jobmagazin.de
  Stellengesuche können kostenlos aufgegeben werden, in den weltweiten Stellenangeboten kann on- oder offline gesucht werden.

- www.robopost.de
  Kostenpflichtig können über einen längeren Zeitraum mehrere Bewerberdatenbanken nach frei bestimmbaren Suchkriterien durchsucht werden.

- www.jobpilot.de
  Kostenlose Abfrage von aktuellen Stellenangeboten, sortiert nach Regionen und Bereichen. Nach dem Hinterlegen eines persönlichen Profils werden per E-Mail und SMS passende Stellenangebote unterbreitet.

- www.stepstone.de
  Bietet 10 000 Stellenangebote von 3 000 Firmen aller Branchen und eine spezielle IT-Jobbörse. Ein persönliches Suchprofil kann kostenlos hinterlegt werden – geeignete Angebote werden dann per E-Mail zugesandt.

- www.versum.de
  Stellenanzeigenmarkt führender Tageszeitungen im Internet.

- www.worldwidejobs.de
  200 000 täglich aktualisierte Jobangebote, die nach verschiedenen Fachbereichen und Ländern durchsucht werden können. Kostenpflichtig kann zusätzlich ein Service in Anspruch genommen werden, der das gesamte Internet nach persönlich hinterlegten Suchkriterien durchsucht.

- www.career-now.com
  Bewerber und Unternehmen geben Qualifikation bzw. Anforderungen in einen umfangreichen Fragebogen ein. Das Matching-System verknüpft freie Stellen mit passenden Bewerbern.

- www.jobonline.de
  Über 8 000 Angebote für 37 Branchen.

- www.karrieredirekt.de
  Angebot für Fach- und Führungskräfte von neun Partnern – *Handelsblatt, VDI Nachrichten, werben & verkaufen, Financial Times* etc.

- www.adamson.com
  Internationale Headhunteragentur mit Sitz in Großbritannien, die vor allem Führungskräfte vermittelt.

Wenn Sie feststellen, dass für die von Ihnen angestrebte Position grundsätzlich Vakanzen in Jobbörsen ausgeschrieben werden, hat die Nutzung wesentliche Vorteile:

- Sie können gezielt nach bestimmten Kriterien suchen.
- Es gibt keine nationalen Grenzen. (Für Positionen aus dem internationalen Umfeld empfiehlt es sich, sich im Vorfeld mit den Anforderungen an einen internationalen cover letter und einen internationalen CV auseinander zu setzen.)
- Es besteht die Möglichkeit eines Abgleichs zwischen Ihrem Profil und dem Anforderungsprofil in Stellenangeboten. Hierfür müssen Sie allerdings gezielt und wohlüberlegt die Kriterien für den Vergleich eingeben.

- Sie können direkt über ein Bewerberformular oder eine E-Mail Kontakt zu den Unternehmen aufnehmen (die Anleitungen sind in der Regel sehr ausführlich).
- Sie können Ihr eigenes Bewerbungsprofil unter einer Chiffre-Nummer veröffentlichen, Ihre persönlichen Daten werden dann nicht veröffentlicht. Die Kontaktaufnahme erfolgt über eine Kennziffer.

Das eigene Stellengesuch in einer Tageszeitung oder Fachzeitschrift

Eine Stellenanzeige in Printmedien ist der klassische Weg, um potenzielle Arbeitgeber auf sich aufmerksam zu machen. Im Vergleich zum Internet begrenzen Sie dabei zwar Ihre Reichweite. Suchende Unternehmen können Sie über dieses Medium jedoch gezielt ansprechen. Eine Stellenanzeige können Sie sowohl regional und überregional in den entsprechenden Tageszeitungen als auch fachbezogen in entsprechenden Fachzeitschriften schalten.

Wenn Sie aufgrund Ihrer Annonce eingeladen werden, steigen die Chancen auf eine Einstellung meist erheblich. Die Anzahl der Bewerber ist wesentlich geringer, als wenn das Unternehmen selbst eine Anzeige schaltet.

Manchmal kann eine Anzeige auch einfach dazu dienen, den eigenen Marktwert zu testen.

H. E., Leiter Marketing: »In Zeiten, wo die Resonanz auf Personalanzeigen vielleicht noch positiver war als heute, hat das Feedback auf die Eigenanzeige in einer großen Tageszeitung sehr motivierend gewirkt. Das Gefühl, doch noch (auch wenn von anderen Unternehmen) begehrt zu sein, hilft durchaus weiter, auch wenn es letztlich nicht zu einer Einstellung kommt.«

Stellengesuche richtig platzieren

Bevor Sie Ihr Stellengesuch in dem für Sie persönlich am besten geeigneten Medium aufgeben, sollten Sie sich mit ein paar Anforderungen beschäftigen:

Hierzu gehört vor allem das Selbstmarketing: Mit Ihrer Stellenanzeige wollen Sie für sich werben. Die Kunst besteht im »goldenen Mittelweg« zwischen sachlichem Informationsgehalt und Eigenwerbung:

- Stellen Sie Ihre Fähigkeiten und Kenntnisse klar und prägnant heraus.
- Wecken Sie Aufmerksamkeit, ohne dabei übertrieben witzig oder gar »plump« zu schreiben.
- Vermitteln Sie die wesentlichen Kernbotschaften zu Ihrer Person: Ihren Beruf bzw. die Position, die Sie besetzen können. (Fragen Sie sich bei jeder Aussage, die Sie in Ihre Anzeige aufnehmen wollen, welche Schlüsse ein Leser daraus ziehen kann.).
- Benennen Sie die Tätigkeit konkret, die Sie bislang ausüben und / oder die Sie auch in Zukunft ausüben wollen. Allgemeinplätze helfen nicht.
- Setzen Sie mit der visuellen Hervorhebung wichtiger Inhalte Akzente.
- Nutzen Sie die Möglichkeit, Chiffre-Anzeigen aufzugeben.
- Die wichtigsten Informationen, die in die Anzeige gehören sind:
  - Der von Ihnen gesuchte Aufgabenbereich.
  - Ihre persönlichen Daten (Geschlecht, Alter, Familienstand).
  - Ihre zentralen Qualifikationen.
  - Ihre besonderen Fähigkeiten und Kenntnisse.
  - Berufspraxis und Erfahrung.
  - Die Branche, in der Sie tätig waren.
  - Den Ort bzw. die Region, in der Sie tätig werden wollen.
  - Ihren möglichen Wechsel- bzw. Einstiegstermin. Werden Sie konkret!

- Anzeigen- und Schriftgröße sollten so sein, dass Ihre Anzeige dem Leser beim ersten »Scannen« in den Blick fällt. Der Schrifttyp ist klar und leicht zu lesen (Serifen-Schrift oder Helvetica-Familie).
- Machen Sie einen Entwurf, um beurteilen zu können, wie Ihre Anzeige wirkt.

Welche Zeitung Sie wählen, ist zuerst von der Position, die Sie suchen, abhängig. Grundsätzlich bieten sich folgende an:

- Regionale Tageszeitungen, wenn Sie regional gebunden sind.
- Überregionale Tageszeitungen sind der geeignetere Markt für Führungs- und Managementpositionen (*Frankfurter Allgemeine Zeitung, Die Welt, Süddeutsche Zeitung, Die Zeit, Handelsblatt*).
- Fachzeitschriften Ihrer Branchen (hier können Sie selbst am besten entscheiden, welche für Sie geeignet sind).

Auch Unternehmen suchen: Jobangebote auf der Homepage

Die meisten Unternehmen veröffentlichen inzwischen ihre vakanten Positionen im Internet. Bei Führungspositionen ist sicher die Frage berechtigt, wie viele Unternehmen hohe Führungspositionen oder sogar eine Geschäftsführerposition auf der Homepage ausschreiben. Eine weitere Schwierigkeit ergibt sich daraus, dass nicht alle Unternehmen mit ihren Online-Jobangeboten up to date sind. Häufig werden die Daten nicht zeitnah gepflegt und aktualisiert.

Trotzdem ist es richtig und sinnvoll, die Stellenangebote der Unternehmen, die Sie interessieren, anzuschauen. Ist dort eine interessante Position ausgeschrieben, nehmen Sie mit dem Unternehmen Kontakt auf, um zu erfahren, ob die Sie interessierende Position noch vakant ist.

Manche Unternehmen bieten auf ihren Websites bereits standardisierte Online-Bewerbungsformulare an, die Sie »nur« noch auszufüllen brauchen. Diese beginnen meist mit sehr leicht zu beantwortenden Fragen, wie Ihren Personalien etc., werden dann jedoch anspruchsvoller, zum Beispiel durch Fragen nach der Motivation für Ihre Bewerbung. Beliebt sind auch offene Fragen, wie »Nennen Sie eine Situation, in der Sie andere von einer Idee überzeugen konnten«. Nehmen Sie sich die Zeit, diese Formulare auszudrucken, um offline in Ruhe über Ihre Antworten nachdenken zu können.

Sich selbst vermarkten: Die professionelle Bewerbung

Sich bewerben heißt sich selbst »verkaufen«. Sie erstellen mit Ihren schriftlichen Bewerbungsunterlagen Ihren persönlichen »Informations- und Verkaufsprospekt«. Ihr wesentliches Ziel ist, Ihre »Verkaufsargumente« in kurzer, verständlicher und prägnanter Form so darzustellen, dass Sie beim Leser Interesse und Neugier für Ihre Person wecken. Lassen Sie den Wunsch entstehen, Sie kennen zu lernen. Hierfür sollten Ihre Bewerbungsunterlagen folgende Unterlagen enthalten:

- Deckblatt mit Foto,
- Bewerbungsanschreiben,
- Lebenslauf,
- eine so genannte »dritte Seite«.

Weitere Anlagen sind zum Beispiel Zeugniskopien, Zertifikate von Weiterbildungsmaßnahmen oder auch Referenzen und Empfehlungen. Dabei ist die richtige Auswahl das Erfolgskriterium. Ihr Blick für das zu Ihrer Person und für die in Frage stehende Position Wesentliche ist ein wichtiges »Verkaufsargument«.

Ihr Bewerbungsanschreiben

In Ihrem Anschreiben sollten Sie folgende drei zentrale Kriterien erfüllen:

- Prägnanz und Aussagekraft,
- Leserorientierung und Positionsbezug,
- sachlich, aber dennoch »verkaufend« und Interesse weckend.

Der Leser Ihrer Unterlagen soll sofort erkennen können, dass sich Ihre Kompetenzen mit den Anforderungen der ausgeschriebenen Position decken, denn genau hier liegt das Interesse des Personalentscheiders. Das heißt, formulieren Sie Ihre Kompetenzen klar, eindeutig und werbend. Versäumen Sie es nicht, diese immer zu den Anforderungen des Unternehmens in Beziehung zu setzen. Wichtig ist, dass Sie Ihre Verkaufsargumente auf den Punkt bringen, nämlich genau auf eine Seite. Beantworten Sie auf dieser einen Seite die Fragen:

- Warum sind Sie der / die Richtige für die vakante Position?
- Mit welchen Ihrer Qualitäten entsprechen Sie den in der Stellenanzeige genannten beziehungsweise für die Position relevanten Anforderungen des Unternehmens?
- Welchen Nutzen bieten Sie dem Unternehmen?
- Aus welcher Motivation heraus bewerben Sie sich bei genau diesem Unternehmen?
- Ab wann sind Sie verfügbar?

Nach dieser überzeugenden Darstellung endet Ihr Anschreiben in der Regel mit dem Wunsch nach einem Vorstellungsgespräch, der Grußformel, Ihrer Unterschrift und dem Hinweis auf Ihre Anlagen.

Ihre Wortwahl und Ihr Schreibstil entsprechen Ihrer Position – das heißt, auch wenn Sie sich im Moment in einer für Sie schwigen Situation befinden, gibt es keinen Grund, sich »kleiner« zu machen. Das einstellende Unternehmen sucht eine Führungskraft oder einen Manager, der die Interessen des Unternehmens in den unterschiedlichsten Situationen kompetent und souverän vertreten kann. Zu dem richtigen Eindruck gehört auch die namentliche Ansprache des Empfängers. »Sehr geehrte Damen und Herren« ist unpersönlich und zu einfach; auch wenn in einer Stellenausschreibung kein Name genannt wurde – durch einfaches telefonisches Nachfragen lässt er sich immer herausbekommen.

Ihr Lebenslauf

Mit Ihrem Lebenslauf wollen Sie von Ihrer fachlichen Eignung und Ihren für die Position relevanten beruflichen Erfahrungen überzeugen. Legen Sie hierbei in formaler Hinsicht Wert auf Struktur und Übersichtlichkeit. Verdeutlichen Sie sich aber auch, dass es nicht um Ihren »Lebenslauf« im traditionellen Sinne geht (Eltern, Kindergarten, Schule ...), sondern darum, Stationen Ihrer beruflichen Entwicklung mit Zeitangaben und relevanten Qualifikationen und Erfahrungen prägnant darzustellen. Es ist also sinnvoll, Ihre einzelnen Stationen »umgekehrt chronologisch« darzustellen und so die für die Position relevanten Informationen in den Vordergrund (nämlich an den Anfang) zu stellen.

Auch wenn Ihr Lebenslauf sich nicht auf ein oder zwei Seiten beschränken muss, sollten Sie Schwerpunkte setzen, um »das richtige Maß« zu finden. Genannt werden alle beruflichen Stationen; betonen sollten Sie die Stationen, die für die Position, für die Sie sich bewerben, auch wirklich relevant sind (zum Beispiel positions- und branchenbezogene Erfahrungen). Hier können Sie im Lebenslauf wichtige Erfahrungen oder Verantwortungsbereiche benennen. Bei allen anderen Angaben (zum Beispiel zu Ihrer Schulbildung) reicht es, wenn Sie sich auf die wesentlichen Aussagen beschränken. Unbedingt benennen sollten Sie positionsrelevante Zusatzqualifikationen und besondere Kompetenzen.

Ihr Foto

Machen Sie nicht den Fehler, die Macht der Bilder zu unterschätzen – Ihr Foto ist entscheidend für den ersten Eindruck. Auf Folgendes sollten Sie unbedingt achten:

- ein vom Profi angefertigtes Porträt,
- ein freundliches und natürliches Lächeln,
- Blick in Richtung des Betrachters,
- Größe: ca. 4,5 x 6,5 cm,

- schwarz-weiß oder farbig,
- angemessene Kleidung (Männer: Jackett, gebügeltes Hemd und Krawatte, Frauen: Bluse und Blazer),
- Aktualität des Fotos (nicht älter als zwei Jahre),
- stellen Sie sich als Repräsentant einer verantwortungsvollen Position dar.

Da man selbst in der Regel eher Schwierigkeiten hat, seine »Schokoladenseite« auf Fotos zu entdecken, lassen Sie sich am besten mehrmals fotografieren und dann von der Familie oder Freunden das Foto auswählen, welches das sympathischste und zugleich passendste im Sinne von »professionell und seriös« ist. Dieses Foto platzieren Sie auf dem Deckblatt Ihrer Bewerbung (oberhalb der Bildmitte).

Ihre dritte Seite

Die »dritte Seite« ergänzt Ihren Lebenslauf. Alles, was Sie in diesem aus Platzgründen Ihrer Meinung nach noch nicht genügend erläutert haben, können Sie hier ausführen. Durch diese Anlage vermeiden Sie es, Ihren Lebenslauf »zu überfrachten« – er bleibt überschaubar und enthält die wesentlichen Informationen zu Ihrem beruflichen Werdegang. Die vertiefenden Details finden die Personalentscheider auf Ihrer dritten Seite. Mögliche Inhalte Ihrer dritten Seite können sein:

- Informationen zu Ihrer Person (zum Beispiel Kompetenzen, Erfahrungen, wahrgenommene Aufgaben).
- Eine ausführliche Beschreibung Ihrer Aufgaben und Tätigkeiten in Ihrer letzten Position (hier geht es weniger um die sachliche Darstellung der Aufgaben als vielmehr um Ihre Entscheidungsverantwortung und Erfolge).
- Erfahrungen mit speziellen Projekten und deren Leitung (auch hier wieder Entscheidungsverantwortung und Erfolge angeben).
- Ein Verzeichnis Ihrer Publikationen (heben Sie hier besonders die

Publikationen hervor, die das Themengebiet, für das Sie sich bewerben, betreffen. Achten Sie unbedingt auf eine korrekte Literaturangabe – Name, Titel, Ort, Verlag, Erscheinungsjahr, evtl. Seite). Auch Vorträge sind interessant.

- Besondere berufsbezogene Engagements in Verbänden, Arbeitskreisen etc.
- Gegebenenfalls Ihre »Referenzliste« (bevor Sie Ihre Referenzgeber auflisten, fragen Sie diese, ob Sie auch wirklich dazu bereit sind, sich mit einem potenziellen Arbeitgeber zu unterhalten und Zeugnis über Ihre Leistungen abzugeben).

Mit einer Interesse weckenden Überschrift wie »Was Sie noch von mir wissen sollten« erreichen Sie, dass Ihr Text aufmerksam gelesen wird und Ihre entscheidenden Argumente, warum gerade Sie in die engere Auswahl gehören, auch wirklich beim Personalentscheider ankommen.

Um den persönlichen Charakter Ihrer »Bonusseite« noch zu unterstreichen, können Sie sie mit einem Füllfederhalter und klassischer königsblauer oder schwarzer Tinte unterschreiben.

Outplacement-Beratung: Professionelle Unterstützung bei der beruflichen Neuorientierung

Immer mehr Firmen erkennen, wie sinnvoll und unterstützend es im Trennungsprozess ist, Mitarbeiter mit einer Outplacement-Beratung zu unterstützen.

> **U. G., Bereichsleiter:** »Die Suche nach einer passenden neuen Tätigkeit dauert seine Zeit, vier bis sechs Monate ist der Durchschnitt. Professionelle Outplacement-Berater und Coaches können natürlich eine große Hilfestellung sein, und es ist eine gute Entwicklung, dass solche Unterstützung von mehr und mehr Unternehmen angeboten wird.«

Der Begriff Outplacement hat zum Teil eine unbegründete negative Konnotation. Diese resultiert aber nicht aus der Beratung selbst, sondern basiert auf Assoziationen mit dem Wort »out« (»raus«), die mit »zweitklassig« und »nicht mehr gefragt sein« in Verbindung gebracht werden. Der Begriff weckt häufig auch die Vorstellung, dass der »Outgeplacete« auch »out« ist, das heißt nicht mehr gefragt. Als Grund der Freisetzung wird also eine unzulängliche Arbeitsleistung unterstellt. Angesichts der negativen Belegung des Wortes werden häufig auch die folgenden Begriffe synonym verwendet: »New Placement«, »Trennungsberatung« oder »Veränderungsberatung«.

Negative Assoziationen sollten Sie sofort beiseite legen. Outplacement-Beratung ist zwar letztlich ein personalpolitisches Instrument, welches Unternehmen für Ihre Mitarbeiter bei der beruflichen Neuorientierung in Anspruch nehmen, die Zielsetzung ist aber auf den Nutzen für den Mitarbeiter ausgerichtet. Ziel der Beratungsleistung ist es, Mitarbeiter (meist Führungskräfte), die gekündigt wurden, darin zu unterstützen, möglichst schnell eine neue Position zu finden, die zum einen ihren Wünschen und Vorstellungen entspricht und zum anderen ähnlich angesiedelt ist wie die alte Position. Outplacement ist Karriereunterstützung und in keinem Fall mit Therapie oder mit Arbeits- und Jobvermittlung zu verwechseln.

Eine Neuorientierung am Arbeitsmarkt, aber auch der gesamte Bewerbungsprozess ist eine uns in der Regel wenig aus dem täglichen Handeln vertraute Aktivität. Durch kleine Fehler kann ein Erfolg leicht verhindert werden. Sollte Ihnen Ihr Unternehmen im Rahmen der Trennungsverhandlungen eine Outplacement-Beratung bei einem seriösen und kompetenten Berater anbieten, können wir nur empfehlen, sie auch zu nutzen.

Outplacement-Berater bieten Ihnen umfangreiche Unterstützung im gesamten Prozess der Stellensuche. Angefangen bei einer gezielten Standortbestimmung und der Erstellung eines Kompetenzprofils über die Entwicklung einer Bewerbungsstrategie, der Unterstützung bei der Erstellung von Bewerbungsunterlagen und der Vorbereitung auf Vorstellungstermine, können Sie vielfältig von den Erfahrungen, Kontakten und Kompetenzen der Berater profitieren. Diese Kompetenzen sollten Sie nutzen, um eine Position zu finden, die optimal zu Ihren Qualifikationen, Kompetenzen, Fähigkeiten und Vorstellungen passt.

In der Regel wird die Outplacement-Beratung vom Arbeitgeber finanziert und das meist mit dem Anliegen, den »einvernehmlichen« Trennungsprozess mit dem Mitarbeiter möglichst reibungslos zu gestalten. Wenn die Trennungsabsicht eindeutig ist, vielleicht auch das Ende des Arbeitsvertrages schon festgelegt ist, soll dieser Schritt für den Arbeitgeber natürlich auch zu einer Kostenminimierung durch eine Verkürzung der Restlaufzeiten der Arbeitsverträge führen. Wichtig ist dabei aber auch die Überzeugung, für den Mitarbeiter auch nach der Kündigung noch verantwortlich zu sein. Denn wer seinem Mitarbeiter hier unter die Arme greift, zeigt, dass er ihn wertschätzt, und verhilft ihm zu einer neuen beruflichen Perspektive. Das Unternehmen wird damit auch seiner sozialen Verantwortung gerecht.

Wenn Sie nur lange zurückliegende oder gar keine Erfahrungen mit einer Neupositionierung am Arbeitsmarkt haben, können Sie davon ausgehen, dass Ihnen die Outplacement-Beratung wesentlich mehr hilft, als wenn Sie den entsprechenden Geldbetrag, der als Honorar für den Berater anfällt, zusätzlich zu Ihrer Abfindung zu bekommen.

Haben Sie Anspruch auf eine Outplacement-Beratung?

Wer unter welchen Bedingungen eine Outplacement-Beratung bekommt, ist eine strategische und sicher auch politische Entscheidung des Unternehmens. Die Zielgruppe, die das Unternehmen für die passende hält, kann unterschiedlich sein. Unternehmen müssen hier entscheiden, ob generell alle (unfreiwillig) ausscheidenden Mitarbeiter die Outplacement-Beratung bekommen sollen oder nur Führungskräfte innerhalb eines bestimmten Gehaltsrahmens. Viele Unternehmen bieten Ihren Mitarbeitern diese Leistung noch nicht als selbstverständlich an, sondern meist nur dann, wenn der Betroffene in Folge von organisatorischen oder strukturellen Entscheidungen das Unter-

Wem Unternehmen Outplacement anbieten, in Prozent

- 10% Nachwuchsführungskräfte
- 40% Mittleres Management
- 29% Topmanagement
- 21% Fachkräfte

Warum Arbeitgeber Outplacement-Beratung finanzieren, in Prozent

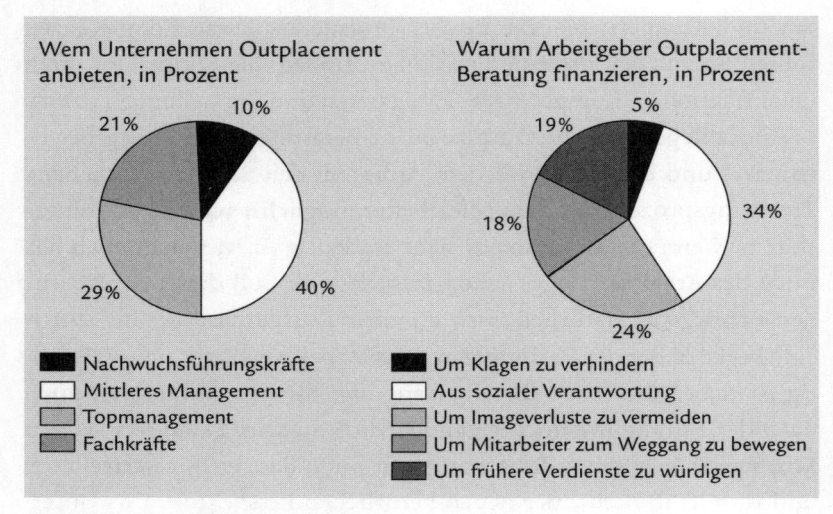

- 5% Um Klagen zu verhindern
- 34% Aus sozialer Verantwortung
- 24% Um Imageverluste zu vermeiden
- 18% Um Mitarbeiter zum Weggang zu bewegen
- 19% Um frühere Verdienste zu würdigen

Abbildung 8: Outplacement
Quelle: © Medienakademie Köln

nehmen verlässt. Bei Trennungen aus persönlichen Gründen entfällt dieses Angebot oft.

Im Allgemeinen lassen sich bei Unternehmen folgende Kriterien für das Angebot von Outplacement-Beratung finden:

- einvernehmliche Trennung,
- Akzeptanz von Outplacement bei den Mitarbeitern des Unternehmens,
- Bereitschaft des Betroffenen, an sich zu arbeiten und aktiv zu sein,
- »gesunde« Persönlichkeit des Betroffenen (keine Alkohol- oder Drogenprobleme etc.),
- relativ lange Betriebszugehörigkeit.

Generell wird Ihnen umso wahrscheinlicher Outplacement angeboten, je weniger transparent die Trennungsgründe sind und je weniger Sie einsehen können, weshalb die Entscheidung gerade zu diesem Zeitpunkt getroffen wurde. Dies ist dann der Fall, wenn Prozesse zur Trennung führen, auf die Sie keinen Einfluss haben, wie zum Beispiel konzernübergreifende Umstrukturierungsmaßnahmen, Fusionen oder feindliche Übernahmen. Wenn Ihnen also relativ plötzlich gekündigt wurde, ohne dass Sie sich darauf vorbereiten konnten, sieht sich das Unternehmen am ehesten veranlasst, zusätzlich zu seinen rechtlich festgelegten Verpflichtungen auch eine Outplacement-Beratung anzubieten. Im Gegenzug, so nimmt der Arbeitgeber an, werden Sie sich eher bereit erklären, einer Aufhebung Ihres Arbeitsvertrages zuzustimmen.

Sie können eine Outplacement-Beratung natürlich auch selber zum Gegenstand der Aufhebungsverhandlungen mit Ihrem Arbeitgeber machen. Es gibt keine Regel, die Ihnen dies versagt. Wie Sie hier strategisch und argumentativ gezielt vorgehen, besprechen Sie am besten mit Ihrem Rechtsanwalt.

Maximaler Nutzen: Die eigene Zukunft aktiv gestalten

Outplacement-Beratung bietet Ihnen deutlich mehr als nur eine berufliche Neuorientierung und hier liegt Ihr Nutzen. Während finanzielle Abfindungen Sie letztendlich mit Ihren Zukunftsängsten und Sorgen alleine lassen, bietet Outplacement eine individuell zugeschnittene Unterstützung und persönliche Betreuung in dieser schwierigen Umbruchsphase. Professionelle Beratung und Hilfestellung bei allen Problemen, die in der Bewerbungsphase auftreten, machen es für Sie leichter, sich schneller und erfolgreich wieder beruflich zu orientieren und eine adäquate Position zu finden.

Durch Outplacement gelingt es Ihnen:

- den Trennungsprozess schneller zu überwinden,
- Selbstwertgefühl wieder aufzubauen,
- den eigenen »Marktwert« besser einschätzen zu können,
- motivierter und organisierter bei der Jobsuche vorzugehen,
- schneller eine neue adäquate Position zu finden.

Beratungsleistungen individuell gestalten

Wichtig ist, dass Sie für sich ein Setting finden, welches Ihrer Situation und Ihrem Bedarf maximal gerecht wird. Dabei ist es durchaus Ihr Recht und auch Ihre Verantwortung, dies mit dem Arbeitgeber auszuhandeln, anstatt nur ein vorgegebenes Programm zu absolvieren. Ganz grundsätzlich können Sie unterscheiden zwischen:

Einzelberatung

Als Führungskraft wird Ihnen sicherlich am ehesten eine Outplacement-Einzelberatung zugestanden. Die Eins-zu-Eins-Situation während der Beratung garantiert hohe Effizienz und optimale Betreuung. Die Inhalte der Beratung können optimal und wirklich individuell auf Ihre Bedürfnisse abgestimmt werden. Der Umfang der Beratung erfolgt meist nach individueller Beurteilung. In Abhängigkeit von der Zeitachse lässt sich hier zwischen unlimitierter und limitierter Einzelberatung unterscheiden. Was Ihr Arbeitgeber bereit ist zu finanzieren, ist zumindest zum Teil abhängig von Ihren Verhandlungskompetenzen. Die unlimitierte Einzelberatung dauert so lange an, bis der Betroffene wieder eine neue Position gefunden hat. Zusätzlich gibt es eine Probezeitgarantie, das heißt, der Klient wird ohne Mehrkosten erneut beraten, wenn er die Probezeit nicht besteht.

Bei der limitierten Einzelberatung durchlaufen Sie innerhalb eines begrenzten Zeitrahmens die einzelnen Phasen der Beratung zur beruflichen Neuorientierung und legen dabei selbst fest, welche Phase für Sie am bedeutsamsten ist.

Gruppenberatung

Die Gruppenberatung wird von Unternehmen gerne angeboten, wenn sie sich von mehreren Mitarbeitern auf einmal trennen müssen. Neben umfangreichen individuellen Unterstützungsmaßnahmen steht häufig ein zwei- oder dreitägiges Seminar im Mittelpunkt der Beratung. Die individuellen Seminarinhalte umfassen in der Regel:

- die Teilnehmer auf ihre neue Situation vorbereiten,
- Hilfestellungen während der Umbruchsphase leisten,
- Fähigkeiten und Kompetenzen im Gruppenprozess ermitteln,
- Standortbestimmung, Abgleich zwischen Selbst- und Fremdbild,
- Hilfestellung bei der Einstellung auf ein neues Umfeld.

Ein individueller Nachbetreuungsservice, Folgeberatungstage sowie eine telefonische Beratung runden das Angebot ab. Der Umfang der Unterstützung wird dabei zu Beginn auf Basis der spezifischen Unternehmenssituation festgelegt.

Die Einzelberatung ist aufgrund der individuellen Betreuung sicher in jedem Fall vorzuziehen. Ist der Arbeitgeber hierzu aber nicht bereit, sollten Sie die Chancen der Gruppenberatung auf jeden Fall nutzen.

Wie verläuft eine Outplacement-Beratung?

Jeder Tag ist wertvoll! Unter dieser Perspektive sollte Outplacement nicht nur rechtzeitig, sondern frühzeitig beginnen. Eine Verzögerungstaktik nutzt weder Ihnen noch dem Unternehmen, da wertvolle Zeit für den Prozess der Umorientierung verloren geht. Die unternehmensinterne Beratung zur beruflichen Neuorientierung beginnt in der Phase des Trennungsprozesses und endet erst nach Ablauf der Probezeit im neuen Job. Typische Phasen der Beratung lassen sich grob wie folgt beschreiben:

(1) Auffangphase und Festlegen der Zielsetzung (persönliche Standortbestimmung). Zunächst geht es darum, den »Trennungsschock« in einem ausführlichen Beratungsgespräch aufzufangen und abzufedern. Es gilt, das möglicherweise angeschlagene Selbstwertgefühl wieder herzustellen, indem beispielsweise bisherige berufliche Erfolge hervorgehoben und vergegenwärtigt werden. Es

folgt zumeist eine Analyse der Selbst- und Fremdeinschätzung, das heißt, der Berater erfragt, wie Sie sich im Hinblick auf berufsrelevante Kompetenzen selbst einschätzen und gibt Ihnen eine Rückmeldung dazu, ob er Sie identisch einschätzt und wo sich möglicherweise Abweichungen zwischen Selbst- und Fremdbild ergeben. Des Weiteren erarbeitet er gemeinsam mit Ihnen Ihre berufliche Idealvorstellung. Aufbauend auf den persönlichen Stärken werden anschließend die beste individuelle Strategie geplant, ein Kompetenzprofil entwickelt und Ihre Bewerbungsunterlagen zusammengestellt.

(2) Vorbereitungsphase auf den Bewerbungsprozess. Gemeinsam mit dem Berater entwickeln Sie eine Neuorientierungsstrategie. Anschließend werden Sie sich in der effektiven Handhabung und Nutzung aller Methoden Zugang zum Arbeitsmarkt verschaffen, unterstützt und angeleitet. Ebenfalls werden die weitere berufliche Zielsetzung abgesprochen und entsprechende Schritte geplant.

(3) Durchführungsphase der Bewerbungskampagne. In dieser Phase trainieren Sie Ihre professionelle schriftliche und mündliche Präsentation, es geht um Ihr optimiertes Selbstmarketing. Ebenso werden gemeinsam die notwendigen Schritte im Bewerbungsprozess angegangen, wie zum Beispiel eingängiges Prüfen der vorliegenden Job-Angebote (»Best Fit«) und Interviewtrainings. Erhalten Sie Angebote neuer Positionen, so wird Sie ein guter Berater bei der Prüfung und Entscheidung unterstützen. Er ist hier eine wertvolle Hilfe, da er Sie auf die für Sie wichtigen Kriterien aufmerksam machen kann und vor vorschnellen, eventuell zu euphorischen Entscheidungen bewahrt.

Den richtigen Outplacement-Berater finden

Eine Dienstleistung ist immer so gut wie derjenige, der sie erbringt – das gilt besonders für beratende Dienstleistungen, bei denen der Schwerpunkt auf der Interaktion zwischen Kunden und Dienstleister liegt. Was genau einen Outplacement-Berater qualifiziert und welche Kompetenzen und Eigenschaften er aufweisen sollte, lässt sich nicht pauschal angeben.

Das Berufsbild ist ähnlich wie das eines Coachs oder eines Unternehmensberaters – die Bezeichnungen sind rechtlich nicht geschützt, es existiert keine festgelegte »Berufsausbildung« und kein allgemein anerkanntes Zertifikat. Kompetenz heißt hier in hohem Umfang Rückgriff auf Erfahrung – in der Beratung, in der Wirtschaft und hier in verschiedenen Branchen und Positionen sowie in eigenen Führungsaufgaben. Selbstverständlich können auch aus der Aufgabenstellung erforderliche Qualifikationen abgeleitet werden. In diesem Zusammenhang kann zum Beispiel eine akademische Ausbildung als Voraussetzung für die Beratung angesehen werden. Dabei ist es sekundär, ob ein juristisches, wirtschaftswissenschaftliches, psychologisches oder geisteswissenschaftliches Studium abgeschlossen wurde. Der akademische Hintergrund ist in der Regel eher wünschenswert, um Ihnen als Klienten ein adäquater Gesprächspartner zu sein und eine angemessene Auseinandersetzung mit Ihrer komplexen Situation zu gewährleisten.

Schnell werden Sie in einem ersten Gespräch herausfinden können, ob der Berater sich in wirtschaftlichen, politischen und sozialen Zusammenhängen auskennt. Dieser Aspekt ist gerade bei hochkarätigen Führungs- und Managementaufgaben nicht zu unterschätzen. Nicht selten ist es notwendig, während der Beratungseinheiten politische und wirtschaftliche Zusammenhänge zu diskutieren und anzusprechen, die sich auf die berufliche Neuorientierung auswirken. Der Berater soll dabei Anregungen geben und Ihre Situation und Perspektive im Zusammenhang mit komplexen politischen und wirtschaftlichen Entwicklungen verstehen und berücksichtigen können. Einen guten Nutzen bieten sicherlich Berater mit Erfahrungen als Personalberater in einem Unternehmen oder vergleichbaren Positionen und Aufgabenfeldern. Hierzu gehören Kenntnisse wichtiger Variablen der Personalauswahl und der Interessen der Arbeitgeberseite.

Fachliche Qualifikationen und Kompetenzen sind die eine Seite.

Auch bei Outplacement-Beratung ist die persönliche Passung ein wesentliches Kriterium für den Erfolg. Sie müssen sich gut betreut und verstanden fühlen und die Gewissheit haben, mit einem kompetenten Sparringspartner zusammenzuarbeiten.

Ein seriöser Outplacement-Berater

- führt im Vorfeld kostenlose Informations- und Beratungsgespräche sowohl mit Ihnen als auch mit einem Vertreter des Unternehmens. Er nimmt sich Zeit, sich über den Hintergrund der Trennungssituation genau zu informieren und diese zu verstehen.
- erläutert Ihnen sein geplantes Vorgehen und fragt Sie nach Ihren Wünschen, Bedürfnissen und Vorstellungen. Er gibt realistisch darüber Auskunft, welche Erwartungen er erfüllen kann und welche nicht.
- arbeitet auf Basis eines Festhonorars und macht für alle Beteiligten klar, mit welchen Kosten seine Beratungsleistung verbunden ist.
- bleibt während des gesamten Beratungsprozesses Ihr fester Ansprechpartner.
- passt sich in seinem Vorgehen an die Erfordernisse der Situation an (Häufigkeit, Zeitpunkt und Vorgehensweise der Beratung).
- übernimmt Verantwortung für den erfolgreichen Abschluss der Neuorientierung, indem er zeitlich unbefristet mit Ihnen zusammenarbeitet.
- begleitet Sie auch in der Anfangsphase in Ihrer neuen Position (mindestens sechs Monate) und nimmt die Beratung erneut auf, falls Sie aus der neuen Position frühzeitig wieder ausscheiden sollten.
- unterstützt Sie auch administrativ in der Bewerbungsphase.
- arbeitet mit aktuellen Informationsquellen (Bücher, Datenbanken, Internet etc.).
- ist auf Outplacement-Beratung spezialisiert und macht nicht etwa im Hauptgeschäft Personalvermittlung oder Headhunting. Diese Personen sind in der weit überwiegenden Mehrzahl eher »Makler« denn »Berater«.

- hat ausreichend Berufserfahrung als Outplacement-Berater.
- stellt auf Anfrage Referenzlisten zur Verfügung.
- verpflichtet sich zu absoluter Diskretion.

Wenn Sie diese Kriterien als erfüllt oder weitgehend erfüllt betrachten und die »Chemie« stimmt, steht einer erfolgreichen Beratung nichts mehr im Weg. Abwägen müssen Sie bei diesen Beratungsleistungen genau wie bei allen anderen auch dann, wenn Sie die Auswahl des Beraters nicht mitbestimmen können, sondern bereits ein fester Kontrakt zwischen Unternehmen und dem Berater besteht. Prüfen Sie auch, wenn nicht alle Ihre Wunschvorstellungen erfüllt sind, ob der Nutzen der Outplacement-Beratung für Sie nicht trotzdem höher ist als ein kompletter Verzicht.

Wenn Sie sich selbst einen Outplacement-Berater suchen können oder müssen, sind folgende Internet-Seiten eventuell eine Hilfestellung:

- www.outplacementpartners.com,
- www.karrieremanagement.de,
- www.new-placement.de,
- www.karent.de.

Begleitung auf Zeit

Wie lange eine erfolgreiche berufliche Neuorientierung im Einzelfall dauert, kann nicht allgemein beantworten werden. Zu individuell sind die einzelnen Aspekte und Situationen. Durchschnittlich arbeiten Klienten circa vier bis sechs Monate mit dem Outplacement-Berater zusammen, bis sie einen neuen Arbeitsvertrag unterschreiben. Das mag sich vielleicht sehr lang anhören. Sie rechen vielleicht damit, in deutlich kürzerer Zeit wieder erfolgreich eine neue Position einzunehmen. Eine richtige und gute Entscheidung braucht zum Teil aber einfach ein größeres Zeitfenster. Stellen Sie sich frühzeitig darauf ein, wenn Sie Fehlentscheidungen und dadurch vorprogrammierte Unzufriedenheit vermeiden wollen. Zudem liegt die Situation nicht allein in Ihrer Hand, Sie sind neben ihrem eigenen Engagement von verschiedenen externen Faktoren abhängig.

Zum einen haben die Rahmenbedingungen in ihrem Alt-Unternehmen einen großen Einfluss darauf, wie lange der Trennungs- und Neuorientierungsprozess dauert. Streitigkeiten bewirken auch schnell eine Verzögerung des Neubeginns. Dies auch, da Sie Ihre Kräfte immer wieder in die Verhandlungen mit Ihrem bisherigen Arbeitgeber investieren müssen, anstatt sie auf Ihre Zukunft zu konzentrieren. Sind Sie mit einer langen Restlaufzeit Ihres Vertrags freigestellt, können Sie die neue Herausforderung gelassener und konzentrierter angehen, als wenn Sie parallel noch in Ihrer bisherigen Position eingebunden sind. Weitere Faktoren, die Sie nicht oder nur kaum beeinflussen können, sind Entscheidungszeiten in Unternehmen bei denen Sie sich beworben haben. Auch hier gehen manchmal Wochen oder gar Monate ins Land, bis eine Entscheidung getroffen wird.

Sehr grobe Anhaltspunkte dafür, wie viel Zeit Sie für die einzelnen Phasen der Beratung veranschlagen sollten, sind folgende:

Phase 1: Auffangphase und Festlegung der Zielsetzung: circa vier Wochen

Phase 2: circa sechs Wochen

Phase 3: Hier lässt sich aufgrund der Abhängigkeit von den Entscheidungszeiten einstellender Unternehmen kein ungefährer Zeitrahmen angeben. Umfasst die Beratung auch die Betreuung während der ersten Zeit in Ihrem neuen Unternehmen, können Sie hierfür mit einem Zeitfenster von mindestens sechs Monaten rechnen.

Deutlich ist, dass es bei Outplacement-Beratung nicht um eine »schnelle« Leistung geht. Es ist vielmehr wichtig, dass Sie den Prozess so früh wie möglich beginnen. Für das Ziel, eine Position zu finden, die Ihren Vorstellungen und Wünschen möglichst weitgehend entspricht, ist diese Zeit bestens investiert.

Kapitel 12
Blick nach vorn: Ziele, Strategie und Planung

Alle Arten von Veränderungen, selbst initiierte genauso wie Veränderungen mit einem unvorhersehbaren externen Auslöser, bieten immer auch die Möglichkeit, das eigene Berufs- und Privatleben zu reflektieren. Sie bieten die Chance und Gelegenheit, innezuhalten und zu fragen: Was will ich eigentlich wirklich, bin ich zufrieden, glücklich, was erwarte ich noch von meinem Leben? Oft gehen wir im Alltag den einmal eingeschlagenen Weg einfach immer weiter, ohne zu fragen, ob es der richtige ist, ohne Bilanz zu ziehen. Wir versäumen es in der Alltagshektik, uns die Zeit zu nehmen und darüber nachzudenken, was uns wirklich wichtig ist und welche Ziele wir eigentlich mit unserem Handeln erreichen wollen – heute, in fünf, in zehn oder in 15 Jahren.

Die Trennungssituation und der Veränderungsprozess, den Sie gerade bewältigen müssen, bieten Ihnen die Chance, Bilanz zu ziehen. Diese Bilanz und der Blick nach vorne auf das, was Ihnen für Ihr Leben wichtig erscheint und was Sie in Zukunft noch erreichen wollen, sind gerade in dieser Phase wichtig. Beides ermöglicht Ihnen letztendlich erst, all Ihre Kräfte auf die neuen Herausforderungen zu konzentrieren. Sei es, dass Sie den bisherigen Weg genauso weiterverfolgen wollen oder eine Neuorientierung das Ergebnis Ihrer Überlegungen ist. Wer sagt denn, dass ein einmal eingeschlagener Weg der einzig richtige ist und bis ans Lebensende verfolgt werden muss? Nutzen Sie die Chance, die auch mit der Kündigung verbunden ist. Vielleicht stellen Sie später fest, dass diese sogar ein günstiges Sprungbrett für einen beruflichen Neubeginn war.

Standortbestimmung: Wo stehe ich heute?

Um definieren zu können, was für uns bedeutsam ist und welches unsere Ziele sind, müssen wir erst einmal Bilanz ziehen und betrachten, wo wir heute stehen und wie zufrieden wir eigentlich mit dem sind, was wir schon haben. Danach können wir in Übereinstimmung oder Abweichung zu unserer aktuellen Bilanz festlegen, was wir morgen und übermorgen wollen und die Maßnahmen definieren, die uns unseren Zielen näher bringen.

Vom »Ist« zum »Soll«

Nachfolgende Fragensammlung gibt Ihnen eine Hilfestellung für Ihre persönliche Bilanz. Am besten nehmen Sie sich einen Block und schreiben jede Frage auf ein leeres Blatt Papier. Ihre Gedanken und Antworten zu der Frage tragen Sie dann nach und nach auf diesen Blättern ein. Alle Fragen sollten Sie einmal für den beruflichen und einmal für den privaten Bereich beantworten.

- Was mögen Sie besonders in Ihrem Leben / Beruf?
- Was möchten Sie auf keinen Fall mehr missen?
- Was hat Ihnen in der Vergangenheit besonders viel Spaß gemacht?
- Welche Dinge / Aufgaben haben eine motivierende / energiespendende Wirkung auf Sie?
- Welche Erfolgserlebnisse (privat / beruflich) hatten Sie in den letzten Jahren, und wodurch kamen sie zustande?
- Was missfällt Ihnen in Ihrem Leben / Beruf?
- Was tun Sie (privat / beruflich), obwohl es Ihnen keinen Spaß macht?
- Welche Dinge sollen in Ihrem zukünftigen Leben / Beruf keinen Platz mehr haben? (Denken Sie hier besonders an Ärgernisse und echte Frustfaktoren, die Ihnen oft den Spaß an der Arbeit oder an

anderem verdorben haben und auf die Sie zukünftig ohne Weiteres verzichten können.)

Die Bilanz für Ihr Berufs- wie auch für Ihr Privatleben bildet zusammen erst ein Ganzes, denn beide Lebensbereiche beeinflussen sich gegenseitig.

Wofür nutze ich meine Zeit?

Ein weiterer wichtiger Aspekt ist, sich einmal zu fragen, in welche Lebensbereiche Sie wie viel Zeit investieren. Bei dieser Frage hilft Ihnen nachfolgendes Zeitrad: Tragen Sie im ersten Schritt zu jedem Aspekt ein, wie viel Prozent Ihrer Zeit Sie nach Ihrer Schätzung für diesen Bereich aufwenden. Ihre Gesamtzeit beträgt 100 Prozent, mehr können Sie nicht vergeben.

Vielleicht gibt es noch andere als die aufgeführten Bereiche, die Sie in das Zeitrad mit aufnehmen wollen. Tragen Sie hierfür einfach einen weitere Linie ein, oder streichen Sie eine andere, für Sie nicht relevante.

Auf der Linie markieren Sie mit einem Punkt das Maß an Zeit, das Sie für diese Aktivitäten aufwenden. Verbinden Sie am Ende alle Punkte miteinander, so erhalten Sie ein Flächendiagramm, was deutlich macht, wie viel Zeit Sie wofür aufwenden.

Überrascht Sie das Ergebnis, oder war Ihnen klar, wie Ihre Zeitverteilung aussieht? Im nächsten Schritt sollten Sie prüfen, ob diese Zeitverteilung eigentlich Ihren Vorstellungen entspricht oder ob Sie Ihre Zeit zukünftig anders nutzen wollen. Dies hängt eng mit der Definition Ihrer Ziele für die nächsten Monate und auch Jahre zusammen. Einige Anregungen zur Zielfindung finden Sie im nächsten Abschnitt.

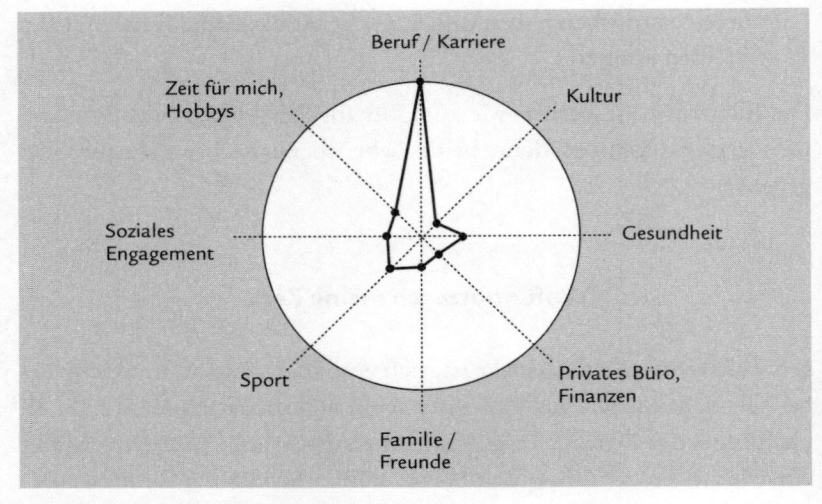

Abbildung 9: Wofür nutze ich meine Zeit?
Quelle: Fischer, C., aus Andrzejewski, L. (2002)

Zielfindung: Was ist wirklich wichtig?

»Wer nicht weiß, wohin er will, wird überall und nirgends ankommen.« Dieser schlichte Gedanke macht deutlich, wie wichtig Ziele für uns sind. Sie geben uns Richtung und Orientierung, sie machen uns deutlich, wofür wir wie viel einsetzen wollen. Ein Ansatzpunkt, um Ziele zu definieren, ist Ihre persönliche und berufliche Bilanz. Sie finden Bereiche, in denen alles bleiben soll wie es ist, und solche, in denen Sie etwas verändern wollen. Beides sind die Bereiche, für die Sie Ziele formulieren sollten. Diese stehen am Anfang Ihres zukünftigen Erfolges.

> **U. G., Bereichsleiter:** »Sinnvoll ist es, sich ausreichend Zeit und Muße zu gönnen und dabei wieder einmal Inventur zu machen. Dazu gehört auch, zurückzublicken und sich wieder auf alte Tugenden, Interessen und (Berufs-)Wünsche zu besinnen.«

Nur mit klaren Zielen vor Augen gewinnen Sie Orientierung und erkennen, wann Sie sich in die richtige Richtung bewegen und wann Sie vom angestrebten Weg abdriften. Ziele wirken also wie ein Wegweiser. Ohne Ziele hingegen besteht viel eher die Gefahr, dass die Richtung, in die Sie gehen, von Ereignissen in Ihrer Umgebung oder von anderen Menschen bestimmt wird. Ohne Ziele können wir oft nur auf das reagieren, was um uns herum passiert, anstatt im eigenen Sinne zu handeln.

Ziele müssen Sie nicht für alle möglichen Kleinigkeiten im Leben definieren. Es lohnt sich aber, für die Dinge, die wirklich wichtig sind, die Richtung zu bestimmen. Vieles erscheint vielleicht verlockend und erstrebenswert. Dann ist es besonders wichtig, herauszufinden, welche Ziele wirklich Ihre eigenen sind und nicht etwa die von Familienangehörigen, Freunden und Bekannten. Bei der Definition Ihrer Ziele sollten Sie drei unterschiedliche Gruppen bilden – Ihre *privaten*, Ihre *persönlichen* und Ihre *beruflich-karrierebezogenen* Ziele.

Private Ziele betreffen Ihre ganz private Lebensplanung und schließen Fragen nach familiären und persönlichen Beziehungen ebenso ein wie solche, die sich auf die Bedeutung von Freizeitaktivitäten und Familienplanung für Ihr Leben beziehen. Exemplarische Fragen sind hier zum Beispiel:

- Was brauchen Sie, um sich wohl zu fühlen?
- Welchen Lebensstandard streben Sie an, und was müssen Sie tun, um diesen auch halten zu können?
- Welche Beziehungen (Familie und Freunde) möchten Sie führen und pflegen?
- Wie sieht Ihre Familienplanung aus?
- Was brauchen Sie, um privat (Beziehungen, Hobbys, soziales Engagement etc.) wirklich zufrieden zu sein?
- Welchen Hobbys und Freizeitaktivitäten möchten Sie nachgehen?

Haben Sie Ihre privaten Ziele für sich definiert, dann sollten Sie sich im nächsten Schritt auf Ihre *persönlichen Ziele* konzentrieren. Möglicherweise sind für Sie die privaten und persönlichen Ziele weitgehend deckungsgleich. Obwohl beide Zielgruppen auf den ersten Blick sehr ähnlich zu sein scheinen, gibt es doch erhebliche Unterschiede. Bei der Definition Ihrer privaten Ziele haben Sie zum Beispiel Ihre Familie, Freunde und Bekannten mit einbezogen. Bei der Klärung Ihrer persönlichen Ziele geht es dagegen nur um Sie selbst.

Es geht darum, zu klären, was für Sie persönlich wichtig ist und was Sie für sich noch erreichen wollen. Welche Rolle spielt für Sie Sicherheit, Freiheit oder Unabhängigkeit, und was stellt für Sie einen Ausgleich zwischen Arbeit und Familie dar? Fragen Sie sich auch nach Ihren Wertvorstellungen und danach, worauf Sie einmal besonders stolz sein möchten. Vielleicht ergeben sich daraus Fähigkeiten, Fertigkeiten und Kenntnisse, die Sie noch erwerben möchten? Zu Ihren persönlichen Zielen gehört auch die Frage, was Sie für Ihre Gesundheit tun wollen und welche »geistigen« Bedürfnisse Sie befriedigen wollen. Die Frage »Wie viel Zeit brauche ich für mich alleine?« gehört ebenso dazu. Ihre persönlichen Werte wirken sich in allen Ihren Lebensbereichen aus und spielen daher auch im gesamten Zielfindungsprozess eine wichtige Rolle. Ihre Ziele dürfen Ihren persönlichen Wertvorstellungen nicht widersprechen! Tun sie dies, werden Sie sie nicht erreichen. Das gilt für alle Ziele.

Ihre *beruflich-karrierebezogenen* Ziele bilden die dritte Gruppe. Hier geht es darum, was Sie beruflich erreichen wollen und welche Position und Aufgaben Sie wahrnehmen möchten. Verschaffen Sie sich Klarheit über Ihre karrierebezogenen Ziele, indem Sie sich Ihre berufliche Zukunft in drei, fünf und in zehn Jahren vorstellen – wie sieht dann Ihr idealer Arbeitstag aus? Was möchten Sie in diesem Zeitraum verwirklicht haben und welche Rolle möchten Sie dann einnehmen? Berücksichtigen Sie an dieser Stelle auch die beruflichen Trends und Entwicklungen, die in den letzten fünf Jahren für Sie persönlich und in Ihrem Umfeld eine wichtige Rolle gespielt haben. Was waren »Flops« und was waren »Tops« (siehe Kapitel 6)? Fragen Sie sich auch, ob Sie bereit sind, noch weiter hinzuzulernen und Ihre Fähigkeiten und Ihr Können zu verbessern, um das, was Sie als Ziel definieren, auch realisieren zu können.

Bei der Zielfindung und -definition geht es nicht um die Bewertung der Vergangenheit, sondern um die Gegenwart und die Vorbereitung der Zukunft. Sind die in der Vergangenheit einmal getroffenen Entscheidungen auch heute noch die richtigen? Hilfreich kann folgende kleine Übung sein:

Stellen Sie sich vor, heute ist Ihr 80. Geburtstag und zu Ihren Ehren findet ein großes Fest statt. Sie sitzen auf einem bequemen Lehnstuhl und freuen sich darüber, dass so viele Leute gekommen sind, um Ihnen zu gratulieren und mit Ihnen zu feiern. Im Laufe des Abends halten Familienmitglieder, Freunde, ehemalige Arbeitskollegen oder Mitarbeiter, jemand von der Stadt und andere Personen, die Ihnen etwas bedeuten, eine Rede zu Ihren Ehren. Sie sprechen davon, was Sie an Ihnen schätzen und warum Sie ein wichtiger Mensch in Ihrem Leben sind.

Wenn Sie die Augen schließen und sich diese Situation vorstellen, versuchen Sie, in sich hineinzuhorchen und zu hören, was diese Menschen über Sie, sagen. Dabei geht es darum, herauszufinden, *was Sie wollen*, das diese Personen über Sie sagen. Was würden Sie gerne hören? Was möchten Sie, dass andere Menschen über Sie und Ihr Leben an Ihrem 80. Geburtstag zum Ausdruck bringen und denken. Was würde Sie an diesem Tag glücklich und stolz machen, was möchten Sie dann einmal erreicht haben? Schreiben Sie auf, wer die einzelnen Redner sind und was sie an Ihrem 80. Geburtstag über Sie sagen.

Ihre Wünsche für das, was Sie an Ihrem 80. Geburtstag gesagt bekommen, geben Ihnen wichtige Hinweise auf Ihre Werte und die Dinge, die Ihnen wirklich wichtig erscheinen. Es sind damit wichtige Hinweise für die Definition Ihrer Ziele.

Eine weitere Hilfe bei der Konkretisierung Ihrer Ziele ist noch einmal das Zeitrad.

Nutzen Sie das Zeitrad diesmal so, dass Sie eintragen, wie viel Ihrer Zeit Sie in welche Bereiche investieren wollen. Wenn Sie Ihr erstes Zeitrad (Ist-Zeitrad) und dieses zweite (Soll-Zeitrad) übereinander legen, werden Sie Übereinstimmungen, aber vielleicht auch Abweichungen feststellen. Die Differenzen zwischen Wunsch und Wirklichkeit geben

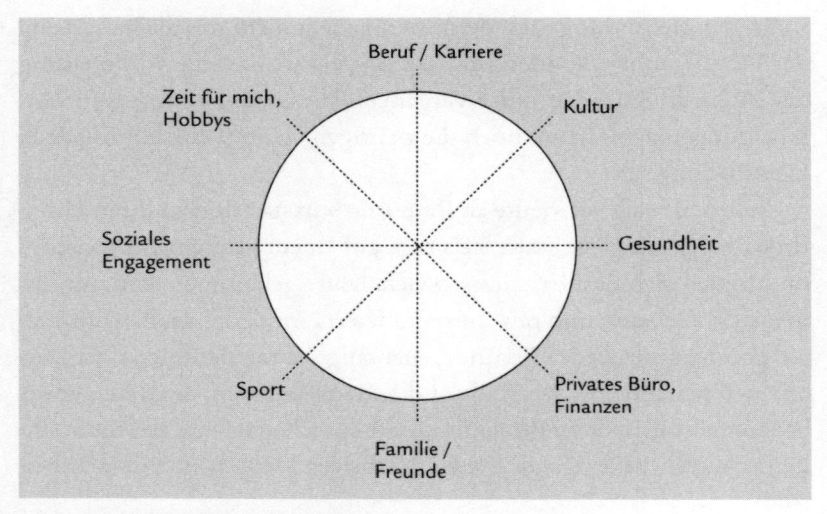

Abbildung 10: Wofür will ich meine Zeit nutzen?
Quelle: Fischer, C., aus Andrzejewski, L. (2002)

Ihnen wiederum Hinweise darauf, wo Sie in Ihrem Leben etwas ändern sollten und daraus entsprechende Ziele ableiten.

Ziel-Abgleich: Stimmigkeit erreichen

Alle Ziele, die Sie für sich beruflich, privat und persönlich definiert haben, müssen Sie noch einmal dahingehend überprüfen, ob möglicherweise einzelne miteinander in Konflikt stehen oder sich nur sehr schwer oder gar nicht miteinander vereinbaren lassen. Vielleicht gibt es auch Ziele, die mit den Interessen Ihnen sehr wichtiger Menschen kollidieren. Solche Zielkonflikte müssen Sie lösen. Anderenfalls nutzt Ihnen die beste Zieldefinition nichts. Die Konflikte und die bestehenden Widersprüche werden einer Zielerreichung im Wege stehen.

Auch Rand- und Umfeldfaktoren, die sich aus Ihrer persönlichen Lebenssituation ergeben, müssen mit einbezogen werden. Inwieweit sind auch andere Menschen von Ihren Zielen betroffen? Müssen Sie diese Ziele mit anderen abstimmen? Setzen Sie sich mit Ihrem Lebenspartner / Ihrer Partnerin und Ihrer Familie zusammen, um Ihre derzeitige Situation zu besprechen. Finden Sie gemeinsam heraus, wie Ihre gemeinsamen Zukunftsvorstellungen aussehen. Auch Ihre Familienmitglieder werden bestimmte Pläne und Ziele für ihren weiteren Lebensweg haben, die Sie in Ihren Überlegungen mit berücksichtigen müssen. Bei dem Abgleich der verschiedenen Vorstellungen wird sich sehr schnell herausstellen, was von dem, das Ihnen vorschwebt, auch wirklich möglich und realisierbar ist.

Bei allem, was Sie mit dem Erreichen eines Ziels gewinnen, gibt es vielleicht auch Dinge, auf die Sie dann verzichten müssten. Kurzum, jedes Ziel hat seinen Preis. Dieser kann niedrig oder hoch sein. Deshalb sollten Sie sich rechtzeitig darüber klar werden, was der Preis für jedes Ihrer Ziele ist und ob Sie bereit sind, diesen Preis zu zahlen. Er kann Zeit, Arbeit oder Geld umfassen. Er kann ein Umzug in eine andere Stadt sein. Manchmal besteht der Preis für das Erreichen eines Zieles aber auch einfach darin, die eigene Bequemlichkeit zu überwinden. Um dies zu ermitteln, können Sie sich für jedes Ihrer Ziele die folgenden Fragen stellen:

- Was muss ich tun, um das Ziel zu erreichen?
- Was muss ich an Zeit, Arbeit und / oder Geld investieren?
- Was kann ich bei der Zielerreichung verlieren?
- Was muss ich aufgeben, wenn ich dieses Ziel erreichen will?
- Welche Nachteile muss ich für die Zielerreichung in Kauf nehmen (Auseinandersetzungen mit dem Lebenspartner, Verlust von Freunden etc.)?

Je nachdem, wie viele Ziele Sie für sich herausgearbeitet haben, empfiehlt es sich, eine Gewichtung der einzelnen Ziele vorzunehmen und Prioritäten zu setzen. Legen Sie fest, was Ihnen am wichtigsten ist und welche Ziele Sie als erste realisieren möchten. Zu viele Ziele auf einmal verhindern ebenso den Erfolg wie Zielkonflikte.

Im folgenden Schritt sollten Sie ermitteln, was Ihnen an dem jeweiligen Ziel besonders wichtig ist und warum Sie genau dieses erreichen wollen. Fragen Sie sich, welche Vorteile und welchen Nutzen eine Zielerreichung für Sie mit sich bringt. Schenken Sie aber auch Ihren Zweifeln und Vorbehalten Beachtung. Jedes »Ja-Aber« verdeutlicht, dass die Zielformulierung noch nicht wirklich stimmig ist.

Bei der Prioritätensetzung kann ein einfacher Paarvergleich hilfreich sein: Schreiben Sie alle Ihre Ziele auf einer Liste untereinander auf. Beginnen Sie damit, das letzte mit dem vorletzten Ziel zu vergleichen. Das Ihnen unwichtiger erscheinende nehmen Sie in einen Zielspeicher auf. Gehen Sie dann Ihre gesamte Liste durch, und vergleichen Sie jeweils die letzte mit der vorletzten Nennung. Sie vergeben Schritt für Schritt Prioritäten und haben am Ende das Ihnen wichtigste Ziel herausgefiltert. Alle anderen Ziele befinden sich im Zielspeicher. Betrachten Sie, wie umfangreich Ihre Aktivitäten sein werden, um Ihr wichtigstes Ziel zu erreichen. Vielleicht ist es gar nicht so viel, was Sie dafür tun müssen. Dann können Sie auch mit der Umsetzung von zwei oder drei Zielen gleichzeitig beginnen.

Die Ziele im Zielspeicher gehen Ihnen nicht verloren, und Sie können deren Bedeutung dann überprüfen, wenn Sie die für Sie wichtigeren Ziele erreicht haben. Sie rücken dann zu Ihren neuen Zielen auf, oder es stellt sich heraus, dass sie aufgrund aktueller Gegebenheiten und erreichter Veränderungen in Ihrem Leben keine adäquaten Ziele mehr sind.

Wichtige Variablen, um Ziele zu erreichen

Ein Ziel, das Sie so definieren: »Ich will zukünftig mehr Sport machen«, werden Sie wahrscheinlich nur schwerlich erreichen. Dieser Zielbeschreibung fehlen einfach wesentliche Variablen, um Ihnen einen gute Orientierung zu bieten.

Als erstes fehlt eine Aussage dazu, wann Sie damit anfangen wollen, auf dieses Ziel hin zu arbeiten und wann Sie es erreicht haben wollen. »Zukünftig« kann irgendwann sein. Der nächste Stolperstein liegt in dem Wort »mehr«. Was heißt mehr? Fünf Minuten am Tag, eine halbe Stunde oder, oder? Es geht also um die genaue Definition des Was und Wie viel. Hilfreich ist hier zu beschreiben, woran Sie erkennen, dass Sie das Ziel erreicht haben.

Beschreiben heißt auch aufschreiben. Das Aufschreiben Ihrer Ziele ist wichtig, weil mit dem Schreiben aus den Gedanken etwas »Materielles« wird. Bislang existierten Ihre Ziele ja nur in Ihrem Kopf. In geschriebener Form wird aus Ihren Gedanken jetzt eine Absichtserklärung, und es ist ein bisschen so, als würden Sie einen Vertrag mit sich selbst abschließen. Durch das Niederschreiben gewinnen Ihre Ziele mehr Kraft und Verbindlichkeit. Gleichzeitig prüfen Sie beim Schreiben automatisch noch einmal, ob das, was Sie schreiben und hinterher lesen, wirklich das ist, was Sie wollen.

Die meisten Menschen nehmen sich immer wieder etwas vor – die guten Vorsätze zu Silvester sind ein Beispiel. Viele haben selbst die fest vorgenommenen Silvester-Ziele schnell wieder aufgegeben, da sie sie nur selten erreicht haben. Das hat zum einen viel damit zu tun, dass nicht wirklich geprüft wird, ob man etwas tatsächlich will und Widersprüche und Konflikte in den Zielen nicht geklärt sind. Zum anderen wählen wir häufig Formulierungen, die, wie oben schon angedeutet, den Erfolg erschweren. Das heißt, die Art der Formulierung Ihres Ziels entscheidet mit über Erfolg oder Misserfolg. Ein paar einfache Regeln helfen Ihnen, Ihre Ziele so zu formulieren, dass sie Sie in die richtige Richtung »ziehen«:

Ein gutes Ziel ist in sich und in seiner Formulierung SMART.

Das »S« in SMART steht für »spezifisch« als Gegensatz zu »allgemein«. Eine gute Zielformulierung beschreibt immer den angestrebten Soll-Zustand, also das, was Sie am Ende erreicht haben wollen. Dabei sollte eine erfolgversprechende Zielvereinbarung sehr detailliert sein. Das hat zwei Gründe: Zum einen geben Sie Ihrem Unterbewusstsein eine ganze Menge Bilder vor, wenn Sie viele Detailinformationen in Ihre Formulierung aufnehmen. Zum anderen schränken Sie die Gefahr von vornherein ein, dass sich Ihr Ziel in eine andere Richtung als in die von Ihnen gewünschte entwickelt. Zu einer detailgenauen Beschreibung gehört es auch, Ihre Motivation, sprich den Grund aufzuschreiben, warum Sie dieses Ziel erreichen wollen. Das hilft Ihnen vor allem in Phasen, in denen Sie entmutigt sind und Ihr Ziel vielleicht völlig anzweifeln. In solchen Situationen können Sie sich immer wieder selber daran erinnern, warum Ihnen das Ziel so wichtig ist. Um Ihre Motivation hinter einem Ziel herauszufinden, können Sie sich die folgenden Fragen beantworten:

- Was genau macht dieses Ziel eigentlich so attraktiv für mich?
- Welche Vorteile habe ich davon, wenn ich dieses Ziel erreiche?
- Welche positiven Folgen hat das Ziel für mich und andere?

Das »M« in SMART steht für »messbar«. Die Messbarkeit eines Ziels steht wesentlich dafür ein, dass Sie überprüfen können, ob und wann Sie ein Ziel erreicht haben (wie viel, wie hoch, wie tief, wie intensiv). Oft neigt man dazu, Ziele nur sehr vage und unbestimmt zu formulieren. So sagt man zum Beispiel: »Ich will abnehmen« oder »Ich will Geschäftsführer werden«. Solche Ziele lassen sich in der Regel nur sehr schwer erreichen, weil hier das Attribut »s - spezifisch«, aber auch der Maßstab, nämlich »m - messbar«, fehlt. Bei quantitativen Zielen sind die Formulierung eines Maßes und auch die Erfolgsmessung leicht. Anders ist dies bei qualitativen Zielen. Hier hilft nur zu beschreiben, was genau Sie haben werden (sehen, hören, fühlen) wenn Sie das Ziel erreicht haben.

Das »A« in SMART steht für »attraktiv«. Attraktiv ist ein Ziel, wenn Gewinn und Nutzen der Zielerreichung für Sie sehr positiv sind. Von einem Ziel sollen Sie angezogen werden. »A« beschreibt Ihre Motivation (siehe oben), das Ziel zu erreichen.

Das »R« in SMART steht für »realistisch«. Realistisch bedeutet in diesem Fall, dass Ihre Ziele stets das richtige Maß und den passenden Schwierigkeitsgrad haben sollten. Ein Ziel sollte nicht zu groß und damit vielleicht unerreichbar sein, aber es sollte auch nicht zu klein und unbedeutend sein, dann ist es keine Herausforderung. Auch verlieren Sie dann wohl schnell die Lust an der Zielerreichung. Bei sehr großen Zielen

S	Spezifisch	(um was genau geht es)
M	Messbar	(was genau will ich erreichen)
A	Attraktiv	(Zielerreichung ist positiv, Nutzen aus eigener Kraft)
R	Realistisch	(Zeitraum, Umfang, Ressourcen und Bedingungen sind so geplant, dass ich mein Ziel erreichen kann)
T	Terminiert	(der Zeitpunkt, wann ich mein Ziel erreiche, ist genau definiert)

Abbildung 11: SMART – erfolgreiche Zielformulierung
Quelle: Fischer, C., aus Andrzejewski, L. (2002)

(erfordern viel Aktivität und Anstrengung) nutzen Sie den Trick, das Ziel in mehrere kleinere aufzuteilen und sich dem Gesamterfolg Schritt für Schritt zu nähern. »Realistisch« heißt auch, dass Sie Ihre Ziele aus eigener Kraft und mit eigenen Mitteln erreichen können. In der Zielerreichung dürfen Sie nicht von anderen Personen abhängig sein.

Das »T« in SMART steht für »terminiert«. Zur Messbarkeit Ihrer Ziele gehört auch, dass Sie sich selbst einen Termin setzen, wann Sie mit den ersten Aktivitäten zur Zielerreichung starten und wann Sie das jeweilige Ziel erreicht haben wollen. Hat ein Ziel keinen festen Endtermin, dann ist es kein Ziel, sondern eine Absichtserklärung gleich denen, die man sich an Silvester fürs neue Jahr vornimmt. Geben Sie Ihren Zielen einen genauen Zeitrahmen. Nennen Sie in der Zielformulierung ein bestimmtes Datum oder einen fest definierten Zeitpunkt für die Erfüllung. Ist ein Ziel nicht terminiert, so neigen Sie vielleicht dazu, es immer weiter nach hinten zu verschieben, bis Sie es am Ende möglicherweise ganz vergessen.

Formulieren Sie Ihre Ziele positiv

»Bitte denken Sie jetzt auf keinen Fall an einen rosa Elefanten!« – Was hat dieser Satz ausgelöst? Haben Sie an einen rosa Elefanten gedacht?

Dieses kleine Beispiel macht deutlich, dass wir nicht in »Negationen« denken können, wir können uns das »Nichtsein« von etwas nicht vorstellen, sondern nur das »Sein«. Das heißt, ein »Nicht« in Ihrer Zielformulierung richtet Ihre Aufmerksamkeit immer wieder auf das, was Sie nicht erreichen wollen.

Schreiben Sie für Ihre Ziele immer das auf, was Sie am Ende erreicht haben wollen. Wählen Sie positive Formulierungen – das Ziel soll Sie anziehen. Auch Vergleiche sollten Sie in der Zielformulierung vermeiden.

Formulieren Sie Ihre Ziele so, als hätten Sie sie schon erreicht

Dadurch, dass Sie Ihre Ziele so formulieren, als hätten Sie sie schon erreicht, programmieren Sie Ihr Unterbewusstsein sehr effektiv darauf, dieses Ziel tatsächlich Realität werden zu lassen. Viele formulieren: »Ich werde einen Job finden.« Diese Formulierung ist jedoch viel zu vage und soll irgendwann einmal stattfinden. Daraus ergibt sich für das Unterbewusstsein keine Dringlichkeit. Formulieren Sie deshalb immer genau das, was Sie erreicht haben wollen – das Ergebnis, den Endzustand.

Vom Ziel zur Handlung

Die Zielfindung und -formulierung ist der eine Schritt, die Umsetzung der zur Zielerreichung erforderlichen Maßnahmen der andere. Die aber können Sie nur selbst leisten, keiner kann Ihnen dabei etwas abnehmen – es sind Ihre Ziele und es ist Ihr Weg dorthin. Die Stolpersteine liegen im Alltag, in all dem scheinbar Dringenden, das uns vorgaukelt, unbedingt vor dem Wichtigen – Ihren Zielen – erledigt werden zu müssen.

Den Alltag und unseren inneren »Schweinehund« überwinden wir am besten mit einer konkreten schriftlichen Planung. Wenn Sie einen

Ziele, Strategie und Planung

Aktionspläne erstellen

1. Was hindert Sie daran, Ihre Teilziele morgen zu verwirklichen?
2. Was mussten Sie tun, damit Sie sie morgen erreichen können?

Fangen Sie an – noch heute?

- große Ziele in Teilziele unterteilen
- Zeitachsen festlegen
- für Teilziele Aktivitäten festlegen

Aktivitäten 1, Aktivitäten 2, Aktivitäten 3, Aktivitäten 4 → Ziel/Vision

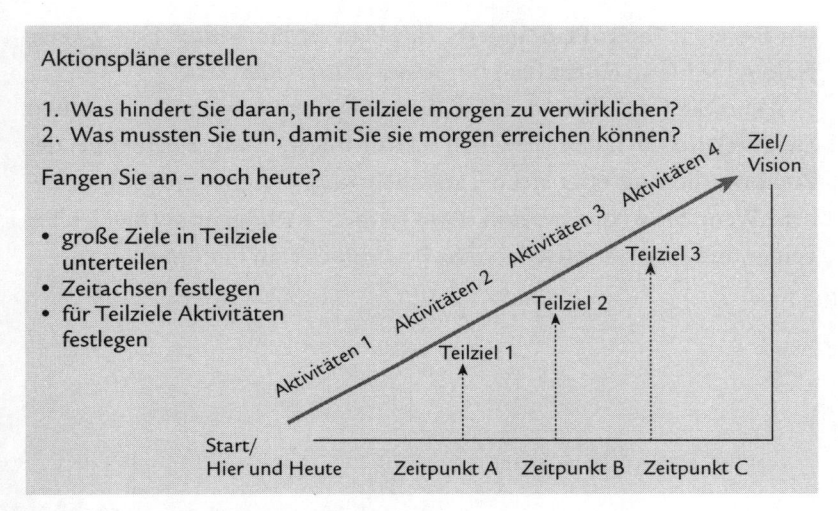

Start/Hier und Heute — Teilziel 1 (Zeitpunkt A), Teilziel 2 (Zeitpunkt B), Teilziel 3 (Zeitpunkt C)

Abbildung 12: Wie Ziele zur Realität werden
Quelle: Fischer, C., aus Andrzejewski, L. (2002)

»Aktivitätenplan« erstellen, erfordert dies, systematisch über die konkreten Schritte auf dem Weg zur Zielerreichung nachzudenken. Die notwendigen Schritte machen schnell deutlich, womit Sie anfangen und welche Aktivität für welche andere eine Voraussetzung ist.

Große Ziele sollten Sie in Teilziele und Aktionspakete herunterbrechen. So weit bis Sie sagen können: »Dieses kann ich morgen erreichen.« Lieber viele kleine als gar keinen Schritt gehen.

Aus den einzelnen Teilzielen ergibt sich auch, wie viel Zeit Sie für welche Aktivität einplanen sollten. Ihr Aktivitätenplan begleitet Sie auf dem ganzen Weg zu Ihrem Ziel. Er bietet Kontrolle, Erfolge, Orientierung und Motivation.

Bei allem Nutzen von Planung: Scheuen Sie sich nicht davor, Ihren Plan – wenn nötig – zu ändern oder sogar komplett über den Haufen zu werfen. Planung ist im Grunde immer nur der Versuch, die Wirklichkeit vorwegzunehmen, die eigenen Handlungen zu strukturieren sowie große Vorhaben überschaubar und handhabbar zu machen. Ihre heutige Planung basiert auf den Fakten, die Sie heute kennen. Erhalten Sie neue Informationen oder ändern sich Ihre Prioritäten, müssen Sie auch Ihren Plan ändern. Ein Plan ist ein Mittel zum Zweck. Halten Sie nie an einem Plan um seiner selbst willen fest.

Wenn Sie feststellen, dass Sie Ihren Plan anpassen müssen, sollten Sie durchaus nach den Ursachen hierfür fragen. Sind es Fehler bei der Zielformulierung oder neue Tatsachen und Ereignisse in Ihrem Leben? Wenn Sie wissen, warum etwas so nicht mehr geht, vermeiden Sie Fehler und Frustrationserlebnisse bei der weiteren Planung.

Kapitel 13
Der Arbeitsvertrag für morgen

Wenn der Moment kommt, an dem Sie sich mit einem neuen Arbeitgeber über eine zukünftige Zusammenarbeit einig sind, sollten Sie – gerade mit Blick auf die im Trennungsprozess gesammelten Erfahrungen – Ihre Aufmerksamkeit auf die »richtige« Gestaltung des neuen Arbeitsvertrages richten. Es geht um die richtige Vertragsform bzw. den richtigen Inhalt.

Entscheidend ist hier die Frage, ob Sie in einer Verhandlungsposition sind, die Ihnen die Möglichkeit zur Einwirkung auf das Arbeitsverhältnis erlaubt oder ob Ihre Situation eher so ist, dass Sie den Ihnen vom Arbeitgeber vorgelegten Arbeitsvertrag entweder im Ganzen akzeptieren oder aber ablehnen können. Diese Frage ergibt sich in der Regel aus zwei Perspektiven: aus dem »Marktwert« und der konkreten Firmenstrategie hinsichtlich der Einheitlichkeit von Arbeitsverträgen.

Steht Ihnen ein Verhandlungsspielraum zu, müssen Sie zum einen einschätzen, auf welche Bereiche der Vertragsgestaltung und der Vertragsinhalte sich Ihr Spielraum bezieht. Zum anderen sollten Sie an dieser Stelle bereits die Fragen »Was ist mir wichtig?« und »Was ist für mich gut und richtig?« für sich beantwortet haben. Diese Fragen sind zum Beispiel: Möchten Sie einen Vertrag mit langfristiger, möglichst über viele Jahre andauernder Bindung ohne die Möglichkeit einer Kündigung, oder sehen Sie sich in Ihrer beruflichen Situation noch auf einer Zwischenstation, die Sie bei interessanten Angeboten des Marktes kurzfristig verlassen möchten? Sind Sie bereit, soweit der Arbeitgeber Ihnen einen befristeten Arbeitsvertrag anbietet, ein Arbeitsverhältnis mit einem bereits bei Beginn festgelegten Ende einzugehen?

Allein diese wenigen beispielhaften Fragen machen deutlich, dass es einen einheitlichen Rat für die Ausgestaltung eines Arbeitsvertrages nicht geben kann. Auch hier geht es wieder um die differenzierte Betrachtung und Bewertung Ihrer individuellen Situation.

Die richtige Form, der richtige Inhalt

Grundsätzlich ist zunächst zu berücksichtigen, dass ein Arbeitsvertrag formfrei geschlossen werden kann. Dies bedeutet, dass Arbeitsverträge grundsätzlich mündlich, schriftlich, ausdrücklich oder durch schlüssiges Verhalten wirksam abgeschlossen werden können. Diese Bewertung gilt auch trotz des 1995 vom Gesetzgeber erlassenen Gesetzes über den Nachweis der für ein Arbeitsverhältnis geltenden wesentlichen Bedingungen (Nachweisgesetz): Dieses Gesetz gilt für Arbeitnehmer, die über einen Aushilfsstatus über einem Monat hinaus eingestellt werden, und verpflichtet den Arbeitgeber, die wesentlichen Vertragsbedingungen schriftlich niederzulegen und eine Kopie der Niederschrift an den Arbeitnehmer auszuhändigen. Bestandteile der schriftlichen Zusammenstellung sind:

- der Name und die Anschrift der Vertragsparteien,
- der Zeitpunkt des Beginns des Arbeitsverhältnisses,
- bei einem befristeten Arbeitsverhältnis die vorhersehbare Dauer des Arbeitsverhältnisses,
- der Arbeitsort oder, falls der Arbeitnehmer nicht nur an einem bestimmten Arbeitsort tätig sein soll, ein Hinweis darauf, dass der Arbeitnehmer an verschiedenen Orten beschäftigt werden kann,
- eine kurze Charakterisierung oder Beschreibung der vom Arbeitnehmer zu leistenden Tätigkeiten,
- die Zusammensetzung und Höhe des Arbeitsentgeltes, einschließlich der Zuschläge, der Zulagen, der Prämien und Sonderzahlungen sowie anderer Bestandteile des Arbeitsentgeltes und deren Fälligkeit,

- die vereinbarte Arbeitszeit,
- die Dauer des jährlichen Erholungsurlaubes,
- die Fristen für die Kündigung des Arbeitsverhältnisses,
- ein in allgemeiner Form gehaltener Hinweis auf die Tarifverträge, Betriebs- und Dienstvereinbarungen, die auf das Arbeitsverhältnis anzuwenden sind.

Die genannten und im Nachweisgesetz aufgeführten Mindestanforderungen, die – wie bereits dargestellt – nicht zur Wirksamkeit des Arbeitsvertrages notwendig sind, stellen bereits die Grundanforderungen an die Ausgestaltung eines Arbeitsverhältnisses dar.

Wie dieses nunmehr mit Leben gefüllt wird, hängt in erster Linie, soweit eine Verhandlungsmöglichkeit besteht, von der gewählten Konzeption hinsichtlich der beruflichen Karriere eines jeden Einzelnen ab. So dürfte der am Anfang seiner Karriere stehende Arbeitnehmer sein Vertragsverhältnis auch bei einem Wechsel grundsätzlich mit einem Standardvertrag in angemessener Art und Weise geregelt haben. Handelt es sich um einen bereits lange im Beruf tätigen Arbeitnehmer, dem der Schock der Trennung von seinem vorherigen Arbeitgeber noch in den Gliedern sitzt, sind die Bedürfnisse an die Ausgestaltung des Arbeitsverhältnisses, insbesondere nach Kündigungsschutz und Sicherheit, wesentlich höher anzusetzen.

Zunächst sollte jedem Arbeitnehmer klar sein, dass er seinen im bisherigen Unternehmen bestehenden Kündigungsschutz nach den Regelungen des Kündigungsschutzgesetzes verliert und in dem neuen Unternehmen in den ersten sechs Monaten ohne Angabe eines Kündigungsgrundes entlassen werden kann. Dieses Risiko sollte, soweit verhandelbar, im Arbeitsvertrag deutlich und unmissverständlich geregelt werden. So kann im Arbeitsvertrag festgehalten werden, dass, abweichend vom Kündigungsschutzgesetz, bereits vom ersten Tag der Einstellung der Rechtsschutz des Kündigungsschutzgesetzes gilt. Des Weiteren sollte, soweit verhandelbar, eine Verständigung darüber erzielt werden, dass dem Arbeitnehmer bei seinem Neueinstieg fiktiv Betriebszugehörigkeitszeiten eines anderen Arbeitgebers angerechnet werden, verbunden mit den daraus abzuleitenden Ansprüchen.

Auch ergibt sich für den aus starker Position verhandelnden Arbeitnehmer die entscheidende Frage, welche Kündigungsfrist für ihn sinnvoll ist beziehungsweise ob das Arbeitsverhältnis für einen bestimmten festzulegenden Zeitraum überhaupt nicht kündbar sein soll. Diese Frage ist sicherlich in erster Linie aus der jeweiligen konkreten Lebenssituation beziehungsweise der entsprechenden Branche zu bewerten. So wird der jüngere Arbeitnehmer, der einige weitere Arbeitswechsel für seine Karriere geplant hat, eine gute Absicherung seiner Position, kombiniert mit einer schnellen und kurzfristigen Wechselmöglichkeit in Form von kurzen, üblicherweise den gesetzlichen Regelungen angepassten Kündigungsfristen, vereinbaren. Wenn Sie bereits länger im Berufsleben stehen und Sie die neue Position dauerhaft, vielleicht bis hin zur Rente einnehmen wollen, sollten Sie sinnvollerweise eine erhebliche Absicherung in Form von langen Kündigungsfristen oder Unkündbarkeitsregelungen in Betracht ziehen.

Ganz gleich, wo Ihre persönlichen Motive liegen, entscheidend ist, im Rahmen der Vertragsverhandlungen nicht nur Ihre schlichten Forderungen gegenüber dem Arbeitgeber kundzutun, sondern diese auch aus Ihrer jeweiligen Position heraus entsprechend begründen zu können. Auch sollten Sie, insbesondere nach der bereits einschlägigen Erfahrung mit einer Kündigung, eine wirtschaftliche Regelung für die mögliche Beendigung des Vertragsverhältnisses in Betracht ziehen – sofern Ihre Verhandlungsposition dies zulässt. Diese in der Regel nur für Top-Arbeitskräfte in Betracht kommende Modifikation des Arbeitsvertrages erleichtert es, die wirtschaftlichen Folgen einer späteren Trennung abzuschätzen und einzugrenzen. Hierbei wird quasi die bereits oben in Kapitel 8 beschriebene Beendigungsvereinbarung im Vorfeld, zumindest hinsichtlich der wirtschaftlichen Rahmenbedingungen, abgesteckt und fest vereinbart. Dies ermöglicht dem Arbeitgeber eine klare Einschätzung der wirtschaftlichen Folgen einer Trennung und dem Arbeitnehmer die entsprechende wirtschaftliche Abfederung des Vertragsverhältnisses.

Von erheblicher Bedeutung ist es, im Arbeitsvertrag Ihren Tätigkeitsbereich sowie den jeweiligen Arbeitsort klar zu bestimmen. Sieht der Arbeitsvertrag eine äußerst weit gefasste Einsatzfähigkeit vor und ermöglicht darüber hinaus eine Beschäftigung in Betriebsstätten an anderen Orten, so kommt auf den Arbeitnehmer unter Umständen eine erhebliche Veränderung des Vertragsverhältnisses im Laufe seiner Arbeitszeit zu, ohne dass es hierzu einer Änderungskündigung bedarf. Soweit also eine örtliche Flexibilität nicht gegeben beziehungsweise nicht gewollt ist, ist auf die konkrete Beschreibung des Arbeitsplatzes, insbesondere unter Berücksichtigung einer örtlichen Benennung, zu achten.

Auch die Arbeitsaufgaben sind hierbei, soweit nicht eine unangenehme Überraschung hinsichtlich des Arbeitsumfeldes erfolgen soll, festzuschreiben. Hierbei sind in erster Linie im Rahmen der Vertragsverhandlungen Positionen (Hierarchie), Arbeitsaufgaben (Auslandstätigkeit etc.) sowie die konkrete Weisungsgebundenheit festzulegen.

Ist Ihre neue Position die eines Organs einer Gesellschaft, so sind Arbeitnehmerschutzrechte, insbesondere im Hinblick auf das Kündigungsschutzgesetz, nicht auf Sie anwendbar. Damit kommt der vereinbarten Vertragslaufzeit sowie den Kündigungsmodalitäten Ihres Dienstvertrages eine erhebliche Bedeutung zu. Während ein Arbeitnehmer nach dem Kündigungsschutzgesetz nur unter Angabe eines Kündigungsgrundes kündbar ist, sieht der Dienstvertrag des Organs einer Gesellschaft schlicht eine fristgerechte Kündigung vor, ohne dass es dazu einer konkreten Begründung bedarf.

Somit ist grundsätzlich eine Mindestlaufzeit des Vertragsverhältnisses, gekoppelt mit einer langen Kündigungsfrist, zu vereinbaren. Damit erreichen Sie, dass Ihnen bei einer Beendigung des Vertragsverhältnisses durch Ihren Vertragspartner genug Zeit eingeräumt wird, ein neues Vertragsverhältnis eingehen zu können. Gehen Sie ein neues Vertragsverhältnis ein und wollen mit Ihrem Arbeitgeber eine feste Laufzeit im Rahmen eines Dienstvertrages festlegen, so ist darauf zu achten, dass nach Beendigung der Laufzeit nicht »noch einige kaum anders zu vermarktende Restarbeitsjahre« verbleiben. So stellen sich befristete Dienstverträge, die das Dienstverhältnis im 57., 58. oder 59. Lebensjahr des Dienstnehmers beenden, als problematisch dar, soweit nicht eine Beendigung der beruflichen Tätigkeit zu diesem Zeitpunkt angedacht ist oder aber eine einvernehmliche Verlängerung zwischen den Parteien erfolgt.

Kapitel 14
Ausblick

Ein Buch, das Führungskräften bei Kündigung, Trennung, Abfindung und Neuorientierung helfen soll? Sicher, denn gerade Führungskräfte kommen in ihrer Laufbahn in Phasen, wo Konstellationen nicht beeinflussbar sind und die Situation nicht heilbar ist. Und gerade das Erlebnis der ungewollten Trennung ist ein Ereignis, wo guter Rat teuer ist und Fehlentscheidungen schnell getroffen werden.

Verhindern Sie unüberlegte Schritte in Trennungsphasen, werden Sie wachsam für erste Anzeichen. Befassen Sie sich frühzeitig mit Szenarien und Alternativen für das rechtssichere Vorgehen in Verhandlungsphasen und entwickeln Sie ein sicheres Gespür, wann ein externer Profi mehr bringt, als er kostet.

Das Tal der Tränen muss nicht so tief sein, wie vermutet. Die rechtzeitige Beschäftigung mit dem Gefühl der eigenen Wirkungslosigkeit muss nicht in der Wahrnehmung von Alternativenmangel oder Ausweglosigkeit münden.

Die Reaktivierung des eigenen Netzwerkes, das strategische, geplante Vorgehen und die konsequente Umsetzung sind nicht nur Erfolgsfaktoren in Ihrer Führungs- und Managerkarriere, sondern auch und gerade in Phasen beruflicher Veränderung.

Erleben Sie, wie Wechsel zu Chancen werden, obwohl sie nicht gewünscht oder gewollt waren, aber das rechtzeitige und gezielte Arbeiten an den wesentlichen Variablen die berufliche Auszeit deutlich kürzer werden lassen können. Aktivieren Sie hilfreiche nützliche Multiplikatoren, erwerben Sie für die nächste Situation die Fähigkeit, mit

Netz und Sicherungsseil zu arbeiten, und akzeptieren Sie den Wandel als unveränderliche Größe.

Sie sind dorthin gekommen, wo Sie waren, mit Kraft, Mut, Ausdauer, Geschick und Zähigkeit. Aber diese Situation war mit den vorhandenen Kräften und Fähigkeiten nicht zu halten – auch das gehört zum Erfahrungsrepertoire langjähriger Führungskräfte. Eine berufliche Konstellation kann so beschaffen sein, dass Sie selbst machtlos sind, und damit muss man als Führungskraft umgehen lernen.

Verzichten Sie dennoch nicht auf Ihr Lösungsversprechen als Manager: Sie haben (und wenn nur sich selbst) versprochen, wirksam zu sein, zu bewegen, zu gestalten, zu beeinflussen und Verantwortung zu übernehmen. Und genau das sollten Sie jetzt tun: Nur für kurze Zeit einmal ganz ausschließlich im besten Sinne für sich selbst.

Wenn Sie dieses Buch nützlich fanden, freuen wir uns über Ihre Gedanken, Anregungen, Feedback oder Kommentare.

Michael Lorenz   lorenz@grow-up.de
Uta Rohrschneider rohrschneider@grow-up.de
Stephan Wecke   steinerweckekollegen@t-online.de

Abkürzungsverzeichnis

ArbGG	Arbeitsgerichtsgesetz
BetrVG	Betriebsverfassungsgesetz
BetrAVG	Gesetz zur Verbesserung der betrieblichen Altersversorgung
BAG	Bundesarbeitsgericht
BbiG	Berufsbildungsgesetz
BGB	Bürgerliches Gesetzbuch
EstG	Einkommenssteuergesetz
HGB	Handelsgesetzbuch
KSchG	Kündigungsschutzgesetz
SGB	Sozialgesetzbuch

Literaturhinweise

Andrzejewski, L.: *Trennungs-Kultur: Handbuch für ein professionelles, wirtschaftliches und faires Kündigungs-Management*, Neuwied / Kriftel 2002

Bährle, R. J.: *Vorteilhafte Abfindung für Führungskräfte: Spielräume nutzen – Steuern sparen*, Regensburg / Bonn 1999

Bauer, J.-H.: *Arbeitsrechtliche Aufhebungsverträge*, München 1999

Bolduan, G., Debus, I.: *Outplacement als Chance: mit dem Karrierecoach zum beruflichen Neustart*, Frankfurt 2002

Corporate Research Founddation (CRF): *Top-Arbeitgeber in Deutschland*, Bielefeld 2003

Eichhorn, C.: *Souverän durch Self-Coaching: Ein Wegweiser nicht nur für Führungskräfte*, Göttingen 2002

Fischer, C.: „Outplacement – Abschied und Neubeginn. Wirkfaktoren in der Outplacementberatung", aus Andrzejewski, L.: *Trennungs-Kultur: Handbuch für ein professionelles, wirtschaftliches und faires Kündigungs-Management*, Neuwied / Kriftel 2002

Fischer, R., Ury, W., Patton, M.: *Das Harvard-Konzept: Sachgerecht verhandeln – erfolgreich verhandeln*, Frankfurt / New York 2000

Graupner, H.-B.: *Karriere: einsteigen, aufsteigen, umsteigen*, Freiburg 2001

Kellner, H.: *Das geheime Wissen der Personalchefs: Persönlichkeitsmerkmale im Test*, Frankfurt 1998

Küttner, W.-D.: *Personalbuch 2003*, München 2003

Leeds, D.: *Vermarkte dich selbst! Mit Eigenmarketing zum neuen Job*, Landsberg a. L. 1998

List, K.-H.: *Outplacement: Vom Kündigungsgespräch zur Karriereberatung*, Nürnberg 2003

Nölke, M.: *Konflikte mit Kollegen und Chefs,* Planegg 2000
Schaub, G., (u. a.): *Arbeitsrechts-Handbuch,* München 2002
Schiefer-Paris, E.: *Das Menschenkarussell,* Darmstadt 2001
Wolf, B.: *Kündigung nach Fusion: berufliche Neuorientierung für Manager. Ein Tagebuch,* Neuwied / Kriftel 2001

Register

Abfindung 15, 26, 30, 49 f., 79–86, 88 f., 91 f., 112 f., 116, 126–131, 133–135, 147, 157, 159, 161, 173, 203, 205, 235
–, sozialrechtliche Auswirkungen 131
–, steuerrechtliche Auswirkungen 128–131
Abmahnung 63, 70 f.
Abschlusszeugnis 113, 159
Abwicklungsvereinbarung 108, 110–113, 116 f., 121 f., 178, 180
Änderungskündigung 75, 129, 233
Arbeitnehmerschutzrechte 26, 78, 233
Arbeitsamt 185 f.
Arbeitsgerichtsgesetz 90
Arbeitslosengeld, Anspruchsvoraussetzungen 123–125, 135
Arbeitslosengeld, Gewährung 109 f., 118, 123 f., 131, 135
Arbeitslosengeld, Sperre 86, 110, 118–122, 126 f., 131
ArbGG *siehe Arbeitsgerichtsgesetz*
Aufhebungsvereinbarung/-vertrag 108–110, 127, 134 f., 147, 158, 177 f., 180, 205

Auflösungsantrag 82 f.
Ausgleich 165
Ausgleichsregelung 117
Auskunftsrecht 58
Auslauffrist 58
Ausschlussfrist 59 f.
Ausschlussklausel 59
Außenwirkung 99
Ausstiegsklausel 112

BAG *siehe Bundesarbeitsgericht*
Beendigungsvereinbarung 108–113, 115–117, 121 f., 232
Belastungsmanagement 132, 141
Beratung, rechtliche 46
Bestandsaufnahme 56
Betriebsrentenansprüche 114
Betriebsverfassungsgesetz 12 f.
–, Gesetzestext 12 f.
Betriebszugehörigkeitszeiten, fiktive 231
BetrVG *siehe Betriebsverfassungsgesetz*
Bewerbung, eigene 46, 53, 197–202
–, Anschreiben 197 f.
–, dritte Seite 200 f.
–, Foto 199 f.

–, Lebenslauf 199 f.
Beziehung, soziale 32
BGB *siehe Bürgerliches Gesetzbuch*
Bilanz, finanzielle 133
Bilanz, persönliche 96–98, 102, 213–216
»Blinder Fleck« 99 f.
Bundesarbeitsgericht 72, 74, 85
Bundessozialgericht 121
Bürgerliches Gesetzbuch 57–59, 67, 110, 113
- Gesetzestext 57 f., 67 f.
Büro Führungskräfte der Wirtschaft 186

Cash-Management 132
Coach/Coaching 46, 50–56, 101, 148, 158, 201, 209

Einkommenssteuergesetz 128–130
Einschränkungen, materielle 32
Entscheidungskriterien, objektive 169
Erfolge, persönliche 97 f.
Eskalation der Verhandlung 177
EstG *siehe Einkommenssteuergesetz*

Fachanwalt *siehe Rechtsanwalt für Arbeitsrecht*
Fähigkeiten 97
Familie, Veränderungen 136 f.
Feedback 53, 99–101
Feststellungsklage 91 f.
Freistellung 111 f., 117, 136, 158 f.
Fremdbild 99, 207 f.

Fremdeinschätzung 100
Führungskraft, arbeitsrechtliche Definition 11 f., 14

Gesprächskompetenz 147
Gesprächspartner 149–157, 166–168, 170–175
–, Typen 151–156
Gesprächsstrategie 147 f., 151, 156, 174
Güteverhandlung 90–92

Handeln, aktives 139 f.
Headhunter 20, 24, 26, 46, 184, 186, 190

Ich-AG 135
Interessen, eigene 147–149, 157, 159, 162–165, 169
Internet-Jobbörsen 191–193

Johari-Fenster 99 f.

Kammertermin 89, 91
Karriereberatung 51
Karrierestrategie 51, 53, 56
Kommunikation, nonverbale 171, 174
Kommunikationsverhalten 22 f.
Kompetenzprofil 51, 53, 56, 202, 208
Konfliktanalyse 177 f.
Konkurrenzstrategie 167
Kontakte 43, 158, 181 f., 184
Kooperationsstrategie 167
KSchG *siehe Kündigungsschutzgesetz*

Kündigung, außerordentliche 57–66, 71
Kündigung, betriebsbedingte 57, 59, 70, 72, 74 f., 77, 79
Kündigung, fristgerechte 57, 59 f., 67, 70, 76, 87, 113, 158, 233
Kündigung, fristlose 57 f., 62–65, 70, 87, 92, 122
Kündigung, personenbedingte 57, 70–75, 77
–, Gründe 72–74
Kündigung, verhaltensbedingte 57, 70–72, 75, 77, 122
Kündigung von Geschäftsführern 78
Kündigungsformen 57
Kündigungsfrist 27 f., 57–61, 66 f., 70, 77, 82, 86 f., 92, 121, 126–128, 131, 135, 232 f.
–, fiktive 126 f.
–, gesetzliche 67 f., 77 f., 92, 232
Kündigungsgründe 57–61, 66, 70, 79, 89, 231, 233
–, betriebliche 18, 74
–, überbetriebliche 18, 75
Kündigungsschutz 27–29, 78, 126, 231
Kündigungsschutzgesetz 25–27, 29 f., 75 f., 78, 80–82, 84, 89, 92, 231, 233
–, Gesetzestext 84
Kündigungsschutzklage 58, 77, 81, 89–92, 108
Kündigungsschutzverfahren 59, 80, 82, 89–91
Kündigungswirkung 58

Lebensplanung 217

Lebensstandard sichern 33, 132, 164, 217
Leitende Angestellte, arbeitsrechtliche Definition 12–14

Managementvermittlung 185
Maximalziele 160, 166, 179
Mindestbeschäftigungszahl 29
Minimalziele 160, 179
Misserfolge, persönliche 96–98

Nachweisgesetz 230 f.
–, Mindestanforderungen 231
Netzwerk 43, 46, 182–184, 187 f.
Neuorientierung, berufliche 33, 40, 46, 51, 53, 101, 140, 181, 201 f., 205–207, 209–213, 235

Online-Jobangebote von Unternehmen 196
Outplacement-Beratung 46, 51, 116, 158, 188, 201–212
–, Einzelberatung 206 f.
–, Gruppenberatung 206 f.
–, Kriterien 204

Personalberater 46, 186–190, 209
Position, eigene 28–31, 33, 59, 101, 106, 162–165
Position, neue berufliche 101 f., 104, 132, 134, 141, 158, 181, 184, 199, 203, 205, 211 f., 233
Positionsveränderungen, arbeitsrechtliche Folgen 25–27
Prioritäten festlegen 160, 221 f.
Prozessdokumentation 105–107

Rechte 28, 162
Rechtsanwalt für Arbeitsrecht 46–50, 79, 81, 89 f., 92, 108, 148, 161 f., 166–168, 176, 205
Rechtsweg 89, 91
Rückzahlungsverpflichtungen 115 f.

Schadensersatzanspruch 58
Schutzrechte 25 f., 30
Schwächenprofil 97
Selbstbild 32 f., 94, 96, 99 f., 207 f.
Selbstmarketing 195, 197, 208
Selbstwertgefühl 37 f., 94–96, 205, 207
Selbstzweifel 137 f.
SGB *siehe Sozialgesetzbuch*
Signale/Anzeichen für eine Kündigung 16, 18–25, 27
Situationsanalyse 157 f.
Sonderschutzrechte 30
Sonderzahlungen 159
Sozialauswahl 75 f., 79, 85
Sozialgesetzbuch 118, 120, 122–124, 126 f., 131
–, Gesetzestext 118–120
Standortbestimmung 207, 214
Stärkenprofil 97 f.
Stellengesuch, eigenes 191, 194–196
Steuerberater 134, 148
Stressmanagement 141, 144–146

Tarifvertrag 28, 77, 126, 231
Trennungskultur 95
Trennungsverhandlungen 11, 148, 150, 202

Überbrückungsgeld 135
Überzeugungskraft, eigene 148
Umfeld, persönliches 39, 41–44
Unkündbarkeitsregelungen 232
Unternehmenskultur 95, 103, 157
Unterstützung, externe 161 f., 170, 181, 201

Vergleich 91
Vergleichsgespräche 58
Verhandlungen 18, 147 f., 152, 157–162, 165–167, 169 f., 178, 212
Verhandlungskompetenz 148
Verhandlungsstrategie 162, 165–167, 169
Vertragsarten 27–29
Vertragsauflösung, vorzeitige 108

Wettbewerbsverbot 159
Wiedereinstellungsanspruch 114 f.
Win-Win-Lösung 167, 169
Wünsche, berufliche 101 f., 141, 202, 210, 212, 216

Zeitrad 215 f., 219 f.
Zeitverteilung, persönliche 215
Zeugnisanspruch 113
Ziele, eigene 36, 52–55, 139, 147–150, 157–162, 164 f., 169, 173, 179, 207, 213 f., 216–227
–, Veränderung 32 f.
Zielfindung 41, 46, 215–219, 226
Zielformulierung 216, 223–226, 228
Zielkonflikt 220 f.
Zumutbarkeitsprüfung 66
Zwischenzeugnis 113, 159

Lesen Sie täglich eine Neuerscheinung.

Auf unseren Buch-Seiten und in unseren Literatur-Beilagen finden Sie Besprechungen der interessantesten Neuerscheinungen. Testen Sie uns. Mit dem Probeabo zwei Wochen kostenlos. Telefon: 0800/8 666 8 66. Online: www.fr-aktuell.de

Frankfurter Rundschau

Bringt Sie weiter.